다음 세대를
위한
관계
전도법

다음 세대를 위한 위한 관계 전도법

THE
UNEXPECTED
ADVENTURE

리 스트로벨
마크 미텔버그

홍병룡 옮김

포이에마
POIEMA

일러두기

- 이 책은 《전도, 그 뜻밖의 모험》(2010, 포이에마) 개정판입니다.
- 본문의 성경 인용은 대한성서공회에서 펴낸 개역개정판을 따랐으며, 다른 번역을 인용한 경우에는 따로 표기를 하였습니다.

다음 세대를 위한 관계 전도법

리 스트로벨, 마크 미텔버그 지음 | 홍병룡 옮김

1판 1쇄 발행 2016. 6. 10. | **1판 3쇄 발행** 2024. 8. 9. | **발행처** 포이에마 | **발행인** 박강휘 | **등록번호** 제 300-2006-190호 | **등록일자** 2006. 10. 16. | 서울특별시 종로구 북촌로 63-3 우편번호 03052 | 마케팅 부 02)3668-3260, 편집부 02)730-8648, 팩스 02)745-4827

값은 표지에 있습니다. ISBN 979-11-5809-050-0 03230 | 이메일 masterpiece@poiema.co.kr | 좋은 독자가 좋은 책을 만듭니다. | 포이에마는 독자 여러분의 의견에 항상 귀를 기울이고 있습니다.

그리스도를 아는 것, 날마다 그분의 뜻을 따르는 것,
위험을 무릅쓰고 대화 중에 믿음에 관한 이야기를 꺼내는 것,
사람들의 질문에 대답하는 것, 복음의 메시지를 분명히 밝히는 것,
나를 통해 일하시는 성령님의 역사로 삶이 변화되는 걸 목격하는 것보다
더 긴장감 넘치는 일은 없다.

들어가는 말 "자네에게 기독교란 도대체 뭔가?" 8

차
례
———

1주차

월요일	당신은 전도를 위해 초대받았다	22
화요일	모르면 잘 모르겠다고 말하라	29
수요일	뜻밖의 질문을 던지는 모험을 해보라	36
목요일	기회는 무한정 주어지지 않는다	43
금요일	전도를 위해 모든 것을 기꺼이 감내하라	50
토요일	자기 검열의 함정에 빠지지 마라	57
주 일	진리와 친절은 환상의 짝꿍이다	64

2주차

월요일	몸으로 사랑을 실천하라	72
화요일	올바른 방향을 제시하는 작은 몸짓을 해보라	79
수요일	기회가 주어지면 일단 복음을 전하라	86
목요일	우리의 서툰 몸짓도 사용하신다	93
금요일	어린아이 같은 믿음을 가지라	100
토요일	계획과 일정에 끼어든 사건에 열린 태도를 가지라	107
주 일	이야기는 힘이 있다	114

3주차

월요일	복음 전도의 기회는 순간적 결정으로 잡는다	124
화요일	우리는 심거나 물 주는 자일 수 있다	131
수요일	뜻밖의 만남을 환영하라	139
목요일	진리는 우리 편이다	147
금요일	절박한 상황에서는 기도하라	155
토요일	자기 모습을 있는 그대로 드러내라	162
주 일	가망 없는 후보는 없다	171

나가는 말 하나님은 지금 '당신'에게 누구의 문을 두드리라고 말씀하시는가 337
주 註 344
추천도서 346

4주차

월요일 끈질기게 기도하라 180
화요일 다양한 채널과 방법을 시도하라 188
수요일 진짜 속내를 간파하라 195
목요일 서로 협력하라 203
금요일 위급한 상황에서는 도전적인 전도가 필요하다 210
토요일 의문의 여지를 남겨두라 218
주 일 유머를 적절히 사용하라 225

5주차

월요일 논리와 증거는 설득력을 갖게 한다 234
화요일 평범한 삶도 비범한 영향을 미친다 241
수요일 의미 있는 동창회를 가져보라 248
목요일 3분짜리 자기 간증을 준비하라 255
금요일 하나님이 우리의 영적 후원자임을 기억하라 263
토요일 뜨거운 열정을 가지라 269
주 일 보이지 않는 손길을 의지하라 276

6주차

월요일 놀라운 하나님의 은혜를 전하라 284
화요일 복음의 능력을 믿으라 291
수요일 우연의 일치란 없다 298
목요일 긴급하게 전해야 할 때가 있다 306
금요일 구도자에게 시간과 마음을 투자하라 314
토요일 복음의 수혜자는 수여자가 된다 322
주 일 변화된 인생은 전도의 연료다 329

"자네에게 기독교란 도대체 뭔가?"

리 스트로벨

신문사에서 편집자로 일하던 시절 눈코 뜰 새 없이 바쁜 나날을 보냈다. 마감 시간 직전에 굵직한 이야기들이 쏟아져 들어왔고, 기자들은 기사를 마무리하느라 정신이 없었다. 정서가 완전히 메말라 분노가 폭발하기 일보 직전에 이르기 일쑤였다.

나도 기사를 편집할 때마다 스트레스 때문에 냉정을 잃은 적이 한두 번이 아니었다. 당시는 내가 그리스도인이 된 지 얼마 안 되었을 때인데, 스스로 통제가 안 된다고 느낄 때마다 하나님께 도움을 구했다. 덕분에 그 와중에도 나답지 않게 침착할 수 있었다.

마지막 기사 편집을 끝낸 뒤에 고개를 들어보니 상사가 책상 앞에서 있는 것이 아닌가! 분명 좋은 징후는 아니었다. 그런데 알고 보니 실수나 잘못을 질책하려던 것이 아니었다. 질책하는 대신 상사는 호기심 어린 질문을 던졌다. "스트로벨, 자네는 어떻게 하루 종일 화내지 않고 견딜 수 있나?"

상사는 내가 주일마다 교회에 나가는 것과 내게 생긴 변화가 관련이 있다고 생각했는지 한 마디 덧붙였다. "자네에게 기독교는 도대체 뭔가?" 등골이 오싹했다. 헉! 잠시 몸이 얼어붙었다. 그런 질문을 받은 것도 처음이었고 그 전까지 다른 사람에게 내 신앙에 대해 이야기한 적이 한 번도 없었기 때문이다. 언젠가 상사에게 일요일 아침에는 야유회에 갈 수 없다고 말한 적이 있는데, 그때 내가 교회에 다니는 걸 눈치 챘던 것 같다. 어쨌든 상사의 질문은 정곡을 찌르는 것만 같았다.

무슨 말을 해야 할지, 또 어떻게 말해야 할지 전혀 몰랐다. 혹시 엉뚱한 말이 튀어나오지는 않을까 겁이 나기도 했다. 당혹스런 처지에 빠지거나 놀림감이 되고 싶지는 않았다. 만일 내 믿음에 대해 열변을 토해서 뉴스 편집부의 '광신자'로 소문이 나면 어떻게 될까 생각하니 마음이 초조했다. 어떻게 반응하느냐에 따라 평판이 달라질지도 모르는 상황이었다.

머릿속에서 여러 생각이 다투었다. 그냥 농담으로 받아넘기면 어떨까? "기독교라고요? 교회 안에서 일어나는 일은 교회 울타리 속에 묶어둬야죠" 하는 식으로. 아니면 뉴스 편집부의 소음을 핑계로 못 들은 척하면 어떨까? "네, 정말 정신없는 하루였네요. 아니, 시간이 벌써 이렇게 됐나? 빨리 집에 가봐야겠어요. 아내한테 바가지 긁히기 전에!'

하고.

그런데 바로 그 순간 사도 바울의 달갑잖은 말이 내 마음을 스쳤다. "내가 복음을 부끄러워하지 아니하노니"(롬 1:16). '좋아, 나한테 필요한 말씀이지. 죄의식을 불러일으키는 바로 그 말씀.'

몇 분의 시간이 흐른 듯했지만 실은 번개처럼 스친 생각이었다. 마침내 입을 열어 대답하려는 순간 즉각적인 결단을 내렸다. 영적 모험을 감행하기로 결심한 것이다.

상사를 쳐다보면서 "정말 알고 싶으세요? 그럼 실장님 사무실로 가시죠" 하고 말했다.

문을 닫고 우리는 45분간 이야기를 나누었다. 솔직히 말하면 거의 내가 주도한 일방적인 대화였다. 나는 정말 신경이 곤두서 있었다. 다른 사람과 믿음에 관해 이야기하는 법을 배운 적이 없어서 말을 더듬는 통에 내 생각을 평소만큼 명료하게 전달하지 못했다. 서툴긴 했지만 그래도 나름 성실한 자세로 내가 어떻게 예수님을 만났고 내 삶이 어떻게 바뀌었는지 이야기해주려고 애를 썼다.

그런데 놀라운 일이 벌어졌다. 그는 비웃지 않았다. 나를 조롱하지도 않았다. 주제를 바꾸려고 애쓰지도 않았고 핑계를 만들어 그 방을 떠나지도 않았다. 오히려 열심히 들었다. 한 마디 한 마디에 귀를 기울이면서 말이다.

가슴이 터질 것만 같았다. 그 순간 이 뜻밖의 대화를 이어가는 것만큼 긴급하고 가슴 벅찬 일이 없다는 생각이 명료하게 떠올랐다. 마치 시간이 멈춘 것 같았고 영원이 숨을 죽이는 것만 같았다.

그 대화를 통해 내 상사의 삶에서 하나님이 무슨 일을 하셨는지 나는 확실히 모른다. 하지만 내 삶에서 하나님이 그 대화를 사용하신 것만큼은 분명하다. 내가 사무실에서 나올 때는 원기가 충만해 있었다. 공기가 온통 탄산가스로 가득 찬 것처럼 청량했다! 하나님과 멀리 있는 누군가에게 희망의 메시지를 전달하는 도구가 되었다는 생각에 느꼈던 짜릿함은 말로 다 표현할 수 없었다. 그 전까지 내 인생이 마치 찍찍 잡음이 나고 화질이 떨어지는 16밀리 흑백 필름이었다면, 상사와 대화를 나눴던 45분은 훌륭한 서라운드 입체 음향에 생생한 총천연색 필름이었다고 할 수 있다.

그런 경험을 더 해보고 싶었다! 더 이상 따분한 신앙생활로 돌아가고 싶지 않았다. 바람도 물결도 일지 않는 잔잔한 물 위에 보트를 띄우고 정처 없이 표류하는 듯한 신앙생활 말이다. 개인 전도라는 높은 파도 위에서 즉흥적인 모험을 하는 것이 신앙생활에 가슴 벅찬 흥분과 성취감과 목적의식을 안겨준다는 것을 처음 깨달았다. 우주를 만드신 창조주의 메신저로서 불확실한 미래를 살아가는 누군가에게 다가가는 일보다 더 중요한 일이 있을까?

이후에도 여러 번, 누군가와 만나 예수님에 관해 이야기를 나누면서 모험으로 사는 인생이 신앙생활의 진면목을 맛보게 해준다는 사실을 배우게 되었다. 그 과정에서 다음과 같은 일이 일어나기 때문이다.

1. 성경공부가 더욱더 뜨겁게 달아올랐다. 단순히 경건의 연습이나 학술 활동의 일환으로 성경을 읽는 것이 아니라, 영적으로 길을 잃은 이웃에게 다가가는 데 필요한 참신한 통찰력과 지혜를 얻으려고 성경을 대하기 때문이다.

2. 기도생활에 초점이 생겼다. 아직 그리스도를 모르는 가족을 전도하는 데 필요한 하나님의 도우심과 인도하심을 간구하게 되기 때문이다.

3. 더 정성껏 예배를 드리게 되었다. 방황하는 친구들을 우리보다 더 사랑하시고 그들에게 다시 한 번 기회를 주시는 하나님의 놀라운 은혜를 생각하면 찬양이 절로 나오기 때문이다.

4. 하나님을 더욱 의뢰하게 되었다. 우리가 예수님을 신뢰하도록 인도하시는 분이 성령님뿐이라는 사실을 알기 때문이다.

수많은 그리스도인이 바로 이 점을 놓치고 있다. 나는 이제까지 다음과 같이 불평하는 사람을 본 적이 없다. "내 신앙생활은 너무나 메말랐어. 마치 사막에 살고 있는 것 같아. 그런데 말이야, 요즘 한 친구를 그리스도에게 인도하려고 열심히 노력하는 중이야."

전 세계를 여행하면서 하나님과 가장 풍성한 관계를 누리는 그리스도인은 이런 뜻밖의 모험을 감행하는 사람이라는 사실을 깨달았다. 그들의 하루는 평범하게 시작될지 모르지만 언제나 삶을 변화시키고 영원을 바꿔놓는 뜻깊은 만남으로 이어질 잠재력을 갖고 있다.

나는 이런 일을 셀 수 없이 많이 보았다. 〈시카고 트리뷴〉 법률 담당 편집자로 일하던 시절 내가 취재했던 재판 중에 가장 악명 높은 재판이 열렸던 연방법원을 방문한 날이었다. 그곳에서 나는 동역자 마크 미텔버그와 우리 교회 리더 한 명을 만나기로 했다.

연방법원이 있는 21층에서 엘리베이터 문이 열리자 복도에 서 있는 한 남자가 눈에 들어왔다. 내가 술에 찌들어 살던 무신론자 시절에 다른 뉴스 매체에서 일하던 나의 경쟁자였다. 하루 종일 불도 붙지 않은 큰 여송연을 씹고 있던 강인한 시카고 기자들 중 하나였다.

나를 보자 그는 "스트로벨!" 하고 소리를 질렀다. "그동안 어떻게 지냈어? 아니, 이게 몇 년 만이야! 아직도 〈시카고 트리뷴〉에서 일해?"

"실은 큰 변화가 있었어. … 그리스도인이 되었거든. 그리고 지금은 목사야."

순간 그 친구의 입에서 여송연이 떨어질 뻔했다. 그는 너무 놀란 나머지 "무슨 이런 일이 다 있어!"(I'll be damned!: 직역하면 '난 저주를 받을 거야!'라는 뜻) 하고 중얼거렸다.

"아니야, 꼭 그럴 것까진 없어" 하고 내가 장난스레 대꾸했다. 이를 계기로 하나님은 나에게 그와 함께 예수님에 관해 조금 이야기할 수 있는 기회를 주셨다!

그런 일이 일어날 거라고는 꿈에도 생각하지 못했다. 그날도 다른 날과 다름없이 평범하게 시작되었지만, 갑자기 거의 십 년 만에 만난 누군가와 지극히 중요한 영원의 문제에 대해 이야기할 기회를 얻은 것이다. 이것이 바로 뜻밖의 모험이다!

예수님을 보라. 예수님이야말로 사역을 하는 내내 뜻밖의 모험을 직접 체험하신 분이다. 사람들이 느닷없이 그분 앞에 나타나서는 영적 질문을 던지는 일이 계속 이어졌다. 가령, 한 젊은 부자 관원은 갑자기 나타나서 "내가 무엇을 해야 구원을 얻겠습니까?" 하고 물었다.

이 물음은 "무슨 이런 일이 다 있어!"라는 말보다 세련되긴 했지만, 뜻밖의 발언이기는(적어도 제자들에게는) 마찬가지이다.

그러면 예수님은 훌륭한 인생을 살아온 부자 관원을 어떻게 다루셨는가? 먼저 예수님은 열정적으로 뜻밖의 모험에 뛰어드셨고, 그에게 하나님께 가는 데 방해가 되는 모든 것을 포기하라고 도전하시면서 그 사람도 모험에 합류하도록 권했다.

바울도 똑같은 길을 걸었다. 그는 가는 곳마다 모종의 행동을(그리고 종종 논쟁을) 불러일으켰다. 어떤 사람은 바울이 입을 떼는 곳마다 부흥 아니면 폭동의 불이 붙었다는 식으로 그의 영향력을 요약했다. 달리 말하면, 그의 인생은 하나의 큰 모험이었다고 할 수 있다.

바울은 이런 인생을 한 마디로 "때를 얻든지 못 얻든지"(딤후 4:2) 하나님의 메시지를 전할 준비를 갖추는 삶이라고 요약했다. 이는 곧 "예측할 수 있을 때나 예기치 못할 때나 당신의 믿음을 나눌 모험을 감행할 준비를 갖추라!"는 뜻이다. 이를 유진 피터슨은 《자유*Traveling Light*》라는 책에서 이렇게 표현했다.

> '그리스도인'이란 단어는 사람에 따라 다른 의미를 갖는다. 어떤 사람에게는 딱딱하고 올곧고 완강한 생활방식, 무미건조하고 고집불통인 인생살이를 의미한다. 또 어떤 사람에게는 위험하고 놀라움으로 가득 찬 모험, 무언가를 학수고대하며 사는 인생을 뜻한다. ⋯ 성경을 근거로 하면 분명히 그리스도인은 춤을 추면서 껑충껑충 뛰고 대담무쌍한 인생을 사는 사람이다.[1]

학수고대하며 사는 인생이라. 그렇다, 우리는 바로 이런 인생을 살도록 창조된 존재들이다. "다른 사람에게 하나님에 관해 이야기해줄 '깜짝 놀랄' 기회를 주십시오" 하고 하나님께 구하면, 그분은 분명 상대방에게는 영구적인 영향을 끼치고 우리에게는 평생 잊지 못할 짜릿함을 맛보게 해줄 흥미진진한 모험으로 인도하실 것이다. 모든 걸 예측할 수 있는 재미없는 인생과 하나님의 거룩한 섭리 아래서 '우연의 일치'가 연속적으로 일어나는 신나는 인생은 하늘과 땅 차이이다.

무슨 우연인지, 아니면 운명인지! 여느 날과 다름없이 신문사를 나서려고 가방을 챙기고 있을 때 성령님이 나를 부드럽게 자극하셨다. 영업부에 가서 한 무신론자 친구를 부활절 예배에 초대하라고 말씀하시는 것 같았다. 아주 강한 충동이 생겨 무언가 극적인 일이 일어날 것이라는 생각이 들었다. 예감은 적중했다. 하지만 내가 미처 예상치 못했던 방식으로 일어났다.

영업부 사무실에 들어가서 주위를 둘러보았다. 자리에 앉아 있는 내 친구 말고는 아무도 없는 것 같았다. 완벽한 기회였다! 부활절에 우리 부부와 함께 교회에 가면 어떻겠느냐고 친구에게 물었다. 그는 한 마디로 거절했다. 혹시 영혼의 문제에 약간이라도 관심이 있냐고 묻자 단호하게 부인했다. 혹시 하나님에 관해 알고 싶은 것이 있냐고 묻자 다시 부정적인 대답이 돌아왔다. 부활이 얼마나 중요한 사건인지 설명해주었는데도 전혀 관심이 없었다.

전도할 때 흔히 사용하던 밑천이 다 떨어지자 나는 조금 당황하기 시작했다. 아니, 하나님이 내게 그 사람과 이야기하라고 촉구하셨다면, 왜 그는 영혼의 문제에 대해 이토록 무관심할까? 마지막으로 나는 더듬거리면서 "음, 혹시 뭔가 궁금한 게 생기면 … 언제든 나를 찾아와"라고 말하고는 밖으로 걸어나갔다.

도대체 이게 무슨 일인가? 나로서는 그가 왜 그토록 완강하게 저항했는지 이해할 수가 없었다. 곰곰이 생각한 끝에 나는 내가 장차 그를 그리스도에게 인도할 많은 사람과 경험의 긴 사슬에 포함된 하나의 고리에 불과하다는 결론에 도달했다. 내가 알기로 그는 지금까지 회의주의자로 남아 있다.

그 후 몇 년이 훌쩍 흘렀다. 당시 나는 시카고 근교에 있는 윌로우 크릭 교회에서 교육 담당 목사로 일하고 있었다. 어느 주일 아침, 예배가 끝났을 때 한 중년 남성이 나를 찾아와 악수를 청했다. 그러고는 "당신이 내 인생에 미친 영적 영향력에 감사하고 싶습니다" 하고 말했다.

"아, 그랬군요. 그런데 누구시죠?" 하고 내가 물었다.

"제 이야기를 좀 하겠습니다. 몇 년 전에 직장을 잃은 적이 있었습니다. 돈도 한 푼 없이 집까지 잃을까 봐 두려웠습니다. 그래서 신문사를 운영하는 친구에게 전화를 해서 혹시 일거리가 없는지 물었습니다. 그러자 혹시 바닥에 타일을 깔 줄 아냐고 묻더군요. 우리 집 욕실에 타일을 깔아본 적이 있어서 할 수 있다고 대답했죠. 그랬더니 신문사 바닥에 타일을 깔아주면 돈을 좀 벌 수 있을 거라고 하더군요.

그래서 신문사 영업부 사무실 타일을 깔게 되었죠. 부활절이 얼마 남지 않은 날이었어요. 영업부 사무실 책상 밑에 쪼그리고 앉아 일을 하고 있는데 목사님이 그 방에 들어오셨어요. 목사님은 저를 못 보셨을 겁니다. 어떤 사람에게 하나님과 예수님, 부활절과 교회에 관해 이야기하시는데 정작 그 사람은 전혀 관심이 없더군요. 하지만 저는 귀담아 들었죠. 목사님의 말씀을 듣고 제 가슴이 고동치기 시작했습니다. '나야말로 하나님이 꼭 필요해! 꼭 교회에 가야겠어!' 하는 생각이 들었습니다.

신문사에서 나오자마자 아내에게 전화를 걸어 이번 부활절에 교회에 가자고 말했습니다. 아내는 저더러 농담하지 말라고 하더군요. 결국 그해 부활절부터 이 교회에 다니기 시작했고, 우리 부부와 아들까지 모두 그리스도를 믿게 되었답니다. 그래서 목사님에게 감사를 드리고 싶습니다."

나는 놀라서 입이 떨어지지 않았다! 아니, 그 놀라운 은혜의 하나님이 아니면 도대체 누가 이런 일을 계획했겠는가?

하나님은 우리가 그 좋은 소식을 널리 전하는 일에 참여하길 원하신다. 성경을 읽어본 사람은 누구나 아는 사실이다. 참으로 신비한 것은 왜 그분의 선교에 우리를 포함시키기로 하셨는가 하는 점이다. 혹시 뜻밖의 모험을 이용해서 우리의 삶을 풍성하게 만들기 위해서가 아닐까?

하나님이 우리를 전도의 길로 인도하실 때, 영적 혼란에 빠진 친구를 위해 기도하는 우리의 간구에 응답해주실 때, 복음이 그리스도를 믿게 된 사람을 혁명적으로 변화시키는 것을 목격할 때, 우리의 믿음은 더 깊어지는 법이다.

급진적인 삶의 변화에 대해 나는 정말 열광하게 되었다. 평범한 사람이 비범한 하나님의 추종자가 되어 성령의 감화를 받아 그 능력으로 다른 사람의 삶에 엄청난 영향을 끼치는 모습을 보는 것보다 더 보람 있는 일은 없다.

무신론자가 선교사로 변신한 사건. 한때 문제아였던 아이가 지금은 예배 인도자로 서 있는 모습. 냉담한 재소자가 사랑 많은 목사로 변신한 일. 늘 부재중이던 아빠가 이제는 그리스도 중심의 가정을 이끄는 영적 가장으로 변모한 모습. 자기애에 빠졌던 나르시시스트가 헌신적으로 남을 섬기는 종이 된 것. 마약 중독자가 중독자의 인생(그리고 영혼)을 구하는 사람으로 변화한 것. 모든 것을 가졌다고 생각하던 평범한 인생이 어느 날 예수보다 더 귀한 것이 없음을 깨닫게 되는 일. 이보다 더 좋은 일이 이 세상에 있을까?

그래서 나는 아침마다 몸을 일으킨다. 오늘도 똑같은 하루처럼 시작되지만, 하나님이 어떤 식으로든 내게 뜻밖의 기회를 주셔서 누군가의 인생을 뒤집어놓을 능력의 복음을 전할 수 있게 해주실 것이라는 생각 때문에.

당신도 이런 일이 더 일어나길 바라지 않는가? 아마 당신 주변에 있는 동창, 직장 동료, 동네 이웃, 가족 가운데도 이 세상에서 마지막으로 눈을 감은 뒤에 그리스도 없는 그 깊은 수렁을 대면할 사람이 있을 것이다. 그런데 하나님께서는 그들을 구속하고 회복하고 방향을 수정해줄 능력이 있고, 그들에게 새로운 가치관과 참신한 목적과 변화된 우선순위를 선사할 은혜가 있다. 당신과 나처럼 가망이 없는 이들에게 그런 은혜를 베푼 경력이 풍부하신 하나님이 아닌가?

마크 미텔버그와 나는 당신이 당신만의 복음 전도 이야기를 만들어가도록 돕기 위해 이 책을 썼다. 우리 두 사람은 이십 년 넘게 친구이자 동역자로 지내왔다. 우리는 혼자 있을 때나 함께 있을 때나 이 뜻밖의 모험에 계속해서 몸을 담게 되었다. 때로는 무서워 죽을 뻔했고, 때로는 웃음보를 터뜨리기도 했다. 하나님이 우리의 모든 예상을 뛰어넘으실 때면 놀라움과 감사로 머리를 설레설레 흔들면서 말이다.

그런데 고백할 것이 하나 있다. 우리는 이 책에서 우리가 저지른 실수도 함께 나눌 것이다. 하지만 우리가 이따금 범하는 어리석은 언행에도 불구하고, 아니 어떤 경우에는 망설이기도 하고 실패하는데도 불구하고, 하나님이 우리의 노력을 사용하셔서 많은 친구와 낯선 이에게 영적 유익을 주시는 것을 여러 번 목격했다. 때로는 그들이 회개와 믿음에 이르도록 인도하시는 것도 보았다.

당신도 추측할 수 있듯이 우리는 그 과정에서 많은 교훈을 얻었으며, 이 책에서 우리의 모험을 들려주면서 교훈을 함께 나눌 생각이다. 우리는 개인 전도를 매우 생생하게 묘사하되 아주 매력적이고 인상적이며 감칠맛 나게 그리려고 한다. 그래서 이 모험에 뛰어들고 싶은 마음이 당신 안에서 간절해지게 하는 것이 우리의 뚜렷한 목표이다. 그 첫걸음은 새로운 사람을 만나는 것일 수도 있고, 누군가와 영적인 대화를 시작하는 것일 수도 있고, 어떤 사람에게 복음을 전하고 그가 그리스도를 영접하도록 함께 기도하는 것일 수도 있다.

당신이 모든 신학적인 물음에 다 답변할 필요는 없다. 또 복음 전도의 공식을 외워서 상대방이 듣고 싶어 하든 말든 기계적으로 암송해야 하는 것도 아니다. 그리고 차세대 빌리 그레이엄이라도 되는 양 가장할 필요도 없다. 그저 진심으로 예수님을 따르고 잠잠히 복음을 전할 기회를 기다리게 해달라고 그분에게 부탁하면 된다. 그리고 당신의 흠과 약점과 결점에도 불구하고(그리고 때로는 그것 때문에) 그분이 당신을 사용하실 것이라 굳게 신뢰하면 된다.

우리가 할 역할을 한 마디로 요약하면 '준비를 갖추고 자발적인 자세를 취하는 것'이다. 하나님은 언제나 전도의 능력이 있는 분이시니 말이다. 그분이야말로 위대한 복음 전도자가 아닌가? 우리는 세상을 구원하시려는 그분의 선교(한 번에 한 사람씩)에 사용되는 도구에 불과하다.

앞으로 여섯 주에 걸쳐 하루에 한 가지 이야기를 읽으라. 당신의 가슴에 불이 붙어 용서와 영생의 메시지를 갖고 사람들에게 나아가게 해달라고 하나님께 간구하라. 그리고 메모장을 준비하는 일을 잊지 마라. 이제 하나님이 당신을 잊지 않으시고 뜻밖의 모험으로 연이어 인도하실 테니 당신의 이야기를 적을 공간이 필요하지 않겠는가?

1
week

월요일 당신은 전도를 위해 초대받았다

화요일 모르면 잘 모르겠다고 말하라

수요일 뜻밖의 질문을 던지는 모험을 해보라

목요일 기회는 무한정 주어지지 않는다

금요일 전도를 위해 모든 것을 기꺼이 감내하라

토요일 자기 검열의 함정에 빠지지 마라

주 일 진리와 친절은 환상의 짝꿍이다

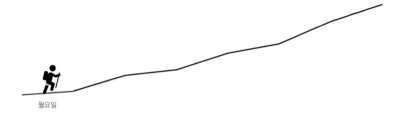

당신은 전도를 위해 초대받았다

마크 미텔버그

> 위험을 무릅쓰고 대화 중에 믿음에 관한 이야기를 꺼내는 것,
> 이런 종류의 긴장은 마땅히 경험하고 즐겨야 한다.

"그러니까, 마크, 네가 그리스도인이란 말이야?"

테리의 단순한 질문이 당시에는 아주 위협적인 일격으로 다가왔다. 테리와 나는 중학교 동창으로 오랜 세월 우정을 나눠온 사이였다. 나는 언제나 테리의 직선적인 성격이 좋았다. 물론 테리가 내 일관성 없는 생활방식에 도전하기 전까지는 말이다.

목소리를 높이지 않으려고 애쓰면서 "그래, 난 그리스도인이야. 그게 뭐 어쨌는데?" 하고 조금은 방어적으로 응답했다. 친구들이 우리 대화를 엿듣고 내 평판에 금이 가는 것이 싫었고 그들과 즐기던 재미에 재를 뿌리고 싶지도 않았다.

열아홉 살이었던 나는 나름대로 잘 산다고 생각했다. 전자상가에서 일하면서 '레코드판'과 최고급 스테레오 장비를 팔고 있었고, '턴테이블'에 레코드판을 올려 음악을 틀곤 했다.

그 가게에서 우리는 정말로 좋은 음향 장비를 팔았고 그걸 이용해서 아주 훌륭하고 멋진 음악을(그것도 큰 소리로!) 들려주었다는 말만으로도 내가 얼마나 의기양양했는지 충분히 짐작할 수 있을 것이다. 나와 같은 젊은이가 일하기에는 안성맞춤이었다. 나는 그 시절이 선사해준 환경과 돈과 친구들과 자유를 만끽했다. 반면에 하나님이나 교회나 종교는 관심 밖의 일이었다.

그런데 그 운명의 날에 테리는 내게 뭔가 이야기를 하려고 우리 가게에 들어왔다. 무슨 이유 때문인지 모르지만 나의 영적 안일함을 지적하고 내게 어떤 도전을 주고 싶었던 모양이다.

테리는 형사 콜롬보처럼 내 대답에 또 다른 질문으로 응수했다. "어떻게 그리스도인을 자처하면서 신자들이 해서는 안 되는 일을 그렇게 밥 먹듯 할 수 있어?"

"음, 그건 내가 '쿨한' 그리스도인이기 때문이야" 하고 가볍게 반응하고 말았다. 이보다 더 바보 같은 소리가 없지만, 그때는 기껏해야 그런 말밖에 떠오르지 않았다.

테리는 내 말을 그냥 넘기지 않았다. 눈 하나 깜짝하지 않고 되받아쳤다. "아, 그래? 일명 그렇게 '쿨한 그리스도인'을 가리키는 단어가 있다는 건 알아?"

나는 고개를 가로저었다. 테리가 내 대답을 기다리는 것이 아니라는 걸 알면서도.

"그들을 일컬어 '위선자'라고 부르지!" 하고 테리가 내뱉었다.

아이쿠!

미사일 같은 공격에 어떻게 대처해야 할지 모른 채 본능적으로 반격을 퍼부었다. "아, 그래? 그러면 너는 어떤데? 너는 완벽한 삶을 살고 있다는 말이야?"

"아니" 하고 조금 누그러진 말투로 테리가 대답했다. "하지만 적어도 나는 솔직하거든."

테리가 떠난 뒤에도 그의 말이 내 귓전에서 맴돌았다. 속에서 화가 치밀어 올랐다. 나한테 그런 식으로 말하다니, 그럼 도대체 테리는 자기가 어떤 사람이라고 생각하는 걸까? 하루 이틀이 지난 뒤에야 화가 가라앉았다. 그리고 테리의 도전이 왜 그토록 나를 괴롭혔는지 비로소 깨달았다. 그의 말이 옳았기 때문이었다.

테리와 나눈 대화를 계속 떠올리면서 나는 내 태도가 점차 부드러워지는 걸 느꼈다. 애초의 분노는 성찰로 바뀌었고 며칠도 안 되어 그 성찰은 회개로 변했다.

마침내 몇 주에 걸쳐 하나님이 배치해놓으신 여러 사건들(우리를 방문한 할머니의 기도, 엄마의 격려, 아빠와의 진지한 대화, 형제자매의 경건한 본보기, 유능한 설교자들의 설교, 성경공부에서 만난 새 친구들의 영향, 그리고 이번에 받은 테리의 책망 등)에 영향을 받아, 1976년 11월 8일 저녁에 더 이상의 싸움을 포기하고 내 인생을 그리스도께 드리기로 결단했다. 하나님께 값없이 주시는 완전한 용서를 구했고, 그날부터 영원까지 그리스도를 따르고 싶다고 말씀드렸다.

그리고 그날 이후 나는 다른 사람이 되었다. 하나님이 내 삶에 함께

하셔서 나를 인도하시는 것을 인식했고 새로운 사명을 느꼈다. 내가 이 땅에 존재하는 이유는 개인적으로 하나님을 알 뿐 아니라 그분의 사랑과 진리를 주변 사람들에게 전하기 위해서라는 것을 깨달았다.

당장 직장을 그만두고 신학교에 간다거나 기독교 사역에 종사하는 길을 택하지는 않았다. 그 대신 내가 있는 그곳에서 쓰임 받는 길을 모색했다. 하나님이 문을 열어주신 덕분에 친구, 동료, 가끔은 손님들과도 믿음에 관한 이야기를 나누기 시작했다. 그들 가운데 일부는 그리스도를 믿는 신앙을 갖게 되었다.

또 하나님은 내가 교회 고등부 교사가 되도록 문을 열어주셨다. 그래서 성경공부를 인도하는 걸 돕기도 하고 몇몇 친구들과 CCM 그룹을 초대하여 전도 콘서트를 열기도 했다.

내가 경험한 모든 것을 두 단어로 요약할 수 있다. 하나는 '뜻밖의'라는 단어이다. 만일 당신이 내게 테리와의 대화가 있기 두 주 전에 '너는 곧 사람들에게 신앙에 관해 열정적으로 이야기하게 될 거야'라고 말했다면, 나는 큰 소리로 웃었을 것이다. 그때는 내가 하나님과 동행하지 않고 그분에게 쓰임 받아 다른 이들의 삶에 영향을 준다는 것이 얼마나 신나는 일인지 몰랐기 때문이다.

또 하나는 당신도 쉽게 추측할 수 있는 것인데, 바로 '모험'이라는 단어이다. 그리스도를 아는 것, 날마다 그분의 뜻을 따르는 것, 위험을 무릅쓰고 대화 중에 믿음에 관한 이야기를 꺼내는 것, 사람들의 질문에 대답하는 것, 복음의 메시지를 분명히 밝히는 것, 나를 통해 일하시는 성령님의 역사로 삶이 변화되는 걸 목격하는 것이 그토록 긴장감 넘치는 일인 줄은 전혀 예상하지 못했다. 이런 일들은 내가 예전에 경험한 그 어떤 것보다 훨씬 더 큰 흥분을 불러일으켰다. 리 스트로벨의 말처럼 이런 일들은 내게 '보람 있는 긴장'을 더해주었다.

이런 종류의 긴장은 우리 각자가 마땅히 경험하고 즐겨야만 하는 것이라는 말도 덧붙이고 싶다.

행동 지침

나처럼 미처 모르고 있을 수 있지만, 당신이 그리스도인이라면 당신 역시 자신의 신앙을 다른 사람들에게 전하는 이 뜻밖의 모험에 초대받은 사람이다. '그리스도인'이란 당연히 예수 그리스도를 따르는 사람이고, 그분은 "잃어버린 자를 찾아 구원하려"(눅 19:10) 이 땅에 오셨고, 또 우리에게 자기의 본을 좇아 "가서 모든 민족을 제자로 삼으라"(마 28:19)는 사명을 주신 분이기 때문이다. 우리가 구원받은 이유 중 하나는 그리스도를 위해 다른 사람에게 복음을 증언하게 하기 위함이다. 그러므로 우리가 그리스도의 도구가 되어 다른 사람에게 그분의 메시지를 전하기 전에는 결코 하나님과 온전한 관계를 누릴 수 없을 것이다.

모험에 뛰어들기

어릴 적부터 그리스도를 따라야 한다는 사실을 알고 있었고 그렇게 하려고 나름대로 노력하며 살았다. 그런데 나중에는 그 부름에 저항했다. 내가 좋아하는 것, 그리고 새로운 것을 경험하고 싶어 하는 모험심을 하나님이 빼앗아가시지는 않을까 걱정이 되었기 때문이다. 지금 와서 돌이켜보면 아이러니가 아닐 수 없다. 당시 나는 기독교의 가르침은 옳지만, 기독교인의 생활방식은 큰일을 하지 못하는 사람들에게나 맞는 것이라고 나름대로 확신하고 있었다. 신앙이 위험을 감수하거나 흥미로운 것과 관련이 있다는 생각은 전혀 해본 적이 없었다.

혹시 당신도 나와 같은 생각을 했는가? 어쩌면 이런 생각은 우리 주변에 있는 종교적인 사람들을 보고 우리가 보이는 일반적인 반응일지도 모른다. 그들은 좋은 사람이지만 위험이나 모험과는 너무나 거리가 먼 것처럼 보인다. 설사 그런 생활을 한 적이 있다고 해도 그것은 아주 먼 과거의 일일 뿐이다. 따라서 그들을 보면서 우리가 하품을 하는 것은 전혀 놀랄 일이 아니다. 교회는 무척 따분한 곳이 될 수 있기에 우리는 그런 분위기를 바꿔가야 한다.

당신이 속한 교회의 문화를 바꾸려면, 먼저 당신의 영혼에 하나님의 부흥이 일어나야 한다. 그것은 이 잃어버린 세상, 죽어가는 세상을 구하려는 그분의 비전을 가슴에 되새길 때 가능하다. 이 뜻밖의 모험을 향한 열정과 흥분을 회복하라. 그러면 당신은 나이, 성별, 배경, 경험과 상관없이 당신의 교회를 자극하여 좀 더 영적으로 역동적인 교회가 되도록 기여할 수 있을 것이다.

우리는 하나님의 성품을 과소평가하고 우리를 향한 그분의 뜻을 헤아리지 못하기 일쑤이기 때문에 그리스도인의 삶에 대해 오해하기 쉽다. 우리는 마치 그분이 우리의 자유를 빼앗고 영혼을 억눌러서 우리를 더 잘 통제하고 조종하고 싶어 하시는 것으로 생각한다. 그러나 이런 생각은 전지전능하신 하나님을 완전히 오해한 것이다. 하나님은 우리 속에 모험과 흥분을 좋아하는 마음을 심어놓으셨을 뿐 아니라 아름다움과 자연과 색깔과 감정과 예술 그리고 생명 자체를 창조하신 분이다.

하나님은 실로 창조력과 상상력을 만드신 분이다. 그분은 자발성과 완전성을 겸비한 예측 불가능한 존재이시다. 그분은 자기가 창조한 사람들을 끔찍이 사랑하시고, 온 세상을 향한 당신의 구원 계획을 위해 우리 각 사람이 놀라운 방법으로 복음 전하는 것을 기뻐하시며, 복음을 전해 들은 사람들의 삶이 변화되길 기대하신다.

이것이 바로 내가 말하는 모험이고, 이 모험에 당신도 초대를 받았다.

기억할 말씀   (고전 1:8-9, 《메시지》)

여러분을 이끌어 이 영적 모험을 하게 하신 하나님께서, 자기 아들이시며 우리 주님이신 예수의 생명을 우리와 함께 나누고 계십니다. 하나님께서는 여러분을 결코 포기하지 않으실 것입니다. 그 점을 절대 잊지 마십시오.

모르면 잘 모르겠다고 말하라

:리 스트로벨

> 당신이 도무지 모르는 질문을 받았다면 솔직히 모른다고 말한 뒤에
> 함께 답을 찾아보자고 권하는 것이 좋다.

"와, 이거 귀엽지 않아? 무척 재미있을 것 같은데?" 전화를 끊으며 내가 아내에게 한 말이다.

당시 초신자였던 나는 자원봉사단의 일원으로 주일 예배에 참석했다가 질문지를 제출한 방문자들을 접촉하는 일을 맡고 있었다. 어느 주일에 쾌활하고 조숙한 열두 살짜리 소녀가 진심이 담긴 간단한 질문을 제출했는데, 거기에는 "예수님에 대해 더 알고 싶어요"라고 적혀 있었다. 아이와 통화를 하게 되었는데, 우리 부부를 자기 집에 초대하면서 자기 아빠와 함께 예수님에 대해 이야기하자고 했다.

"이야, 이건 정말 굉장한 기회야! 이보다 더 좋은 일은 없을 거야!"

우리 부부는 잔뜩 기대를 하고 그다음 주 금요일 저녁에 아이의 집을 찾아갔다. 문을 열고 들어서는 순간 거실에 있는 다과용 탁자와 두꺼운 책으로 가득 찬 책장이 눈에 들어왔다. 알고 보니 아이의 아버지는 오랜 세월 기독교의 토대를 공격하는 학술 논문과 진지하고 무거운 저술들을 연구해온 과학자였다.

우리는 응접실 탁자에 둘러앉아 피자와 음료수를 먹었다. 곧이어 그는 내게 신구약 성경과 예수의 신빙성을 둘러싼 까다로운 반론을 퍼붓기 시작했다. 부활과 삼위일체에 대해서도 도전했다. 이제까지 무신론자들과 다른 비판가들이 쓴 글을 통해 배웠던, 신앙에 반대하는 많은 논증을 그대로 쏟아내고 있었다.

질문들 중에는 내가 대답할 수 있는 것도 있었지만, 내가 전혀 생각해본 적도 없는 이슈들도 연거푸 터져 나왔다. 얼마 지나지 않아서 머리가 핑핑 돌기 시작했다. '영적 현기증'을 느끼기 시작한 것이다. 영적 현기증이란 누군가 당신에게 감당할 수 없는 방식으로 신앙의 핵심에 도전할 때 구역질이 나면서 어지럽고 혼란스러운 상태에 빠지는 것을 일컫는다. 내 신앙 자체가 흔들리기 시작했다.

당신도 영적 현기증을 느낀 적이 있는가? 없다면 조만간 겪게 될지도 모른다. 요즘에는 성경적 예수에 도전하는 목소리가 베스트셀러 도서, 대중 잡지, 대학 강의실, TV 다큐멘터리, 인터넷 등에서 점차 커지고 있으니 말이다. 당신이 친구나 이웃과 신앙에 관한 대화를 나눌 기회를 포착해서 뜻밖의 모험에 뛰어들고자 한다면, 조금만 기다려라. 누군가가 금방 나타나서 도무지 대답할 수 없는 질문을 던지며 당신에게 도전할 것이다.

나는 줄곧 피자를 우적우적 씹고 음료수를 홀짝홀짝 마시면서 어떤 심오한 통찰이 머릿속에 떠오르길 간절히 바라며 기도했다. 그런데도 아무 생각도 떠오르지 않았다. 거짓말을 해서라도 궁지에서 벗어나보려 했으나 전혀 길이 보이지 않았다. 그때 유리컵을 내려놓고 그를 똑바로 쳐다보고는 한 마디를 던졌는데, 그 순간 마음속에서 해방감을 느꼈다.

"솔직히 말해서 저는 그런 질문들에 대한 답을 모릅니다" 하고 시인했다.

그때 나는 패배감을 느끼기보다는 오히려 마음이 차분해졌다. 모든 질문에 대한 답변을 꼭 갖고 있지 않아도 괜찮다는 사실을 깨달은 것이다. 그가 제기한 광범위한 도전을 즉석에서 응답할 수 있는 사람은 별로 없을 것이다.

그때부터 긍정적인 면이 보이기 시작했다. 여기에 정당한 반론과 함께 인생의 가장 중요한 문제를 논하기 원하는 사람이 하나 있다. 이에 못지않게 중요한 사실은 예수님이 정말 믿을 만한 인물인지 궁금해하는, 감수성이 예민한 딸이 그 곁에 앉아 있다는 것이다. 그것은 분명 기회였다!

이런 상황에서 "나는 모르겠다"는 말은 우리가 보일 수 있는 최선의 반응일 것이다. 내 친구 클리프 네틀Cliffe Knechtle은 《내게 응답하라 Give Me an Answer》의 저자로 신앙에 관한 까다로운 질문에는 전문가이다. 그의 사역 중 하나는 여러 대학을 돌아다니면서 기독교에 반대하는 회의적인 학생이나 교수 들과 토론을 벌이는 일이다. 네틀이 특별히 까다로운 공격을 받았을 때 한 걸음 물러서서 "저는 … 잘 … 모르겠습니다" 하고 각 단어를 또박또박 발음하는 모습을 몇 번 본 적이 있다. 그렇게밖에 대답할 수 없는 상황이었기에 그렇게 말했던 것이다.

어떤 문제에 대해서는 성경이 침묵을 지키기도 하는데, 이런 경우에는 성경적 근거가 없는 답변을 하지 않는 것이 최선이다. 또 어떤 경우에는 우리 지식이 짧아서 어떻게 응답해야 할지 모를 때도 있다. 물론 우리는 바보 같아 보이거나 무식한 사람으로 보이는 걸 싫어한다. 하지만 얼렁뚱땅 둘러대는 것보다는 무지를 자백하는 편이 낫다.

다 같이 큰 소리로 한 번 따라해보라. "저는 … 잘 … 모르겠습니다." 이제 주변을 둘러보라. 그런다고 하늘이 무너지지 않는다.

그런데 과학자와 그의 딸과 나의 대화는 거기에서 멈추지 않았다. "참 좋은 논쟁거리를 많이 제기하셨네요"라고 대화를 마무리하면서 내가 말했다. "하지만 당신은 2천 년이 흐른 뒤에도 기독교를 무너뜨릴 만한 반론을 생각해낸 것 같지는 않습니다. 그래서 나도 가능한 한 정직하게 이 문제를 알아보고 다시 연락드리겠습니다."

그 후 그가 제기한 문제를 하나씩 확인하고 흡족한 답변들을 찾을 수 있었다. 하나도 빠짐없이 말이다. 쟁점들의 이면을 고찰한 결과 다시금 내 신앙을 북돋워준 사실과 논리와 증거를 찾을 수 있었고, 그 자료를 과학자에게 전달할 수 있었다.

이후로는 그 부녀와 연락이 끊겨서 둘 중 한 명이라도 그리스도를 믿게 되었는지 어쨌는지 모른다. 그러나 밤늦게까지 이어졌던 그날의 대화 덕분에 나는 그때와 비슷한 반론에 충분히 답을 할 수 있게 되었다. 영적 현기증에 빠지지 않고 정면으로 대처할 준비를 갖추게 된 것이다.

그럼에도 여전히 "저는 … 잘 … 모르겠습니다"라고 고백해야 할 때가 더러 있다. 그래도 괜찮다. 나는 이제 그렇게 말하는 것을 두려워하지 않는 법을 배웠다. 우리가 "하지만 당신이 답을 얻도록 돕겠습니다" 하며 사후 조치를 취하기만 하면, 그것이 계기가 되어 더 신나는 영적 상호작용으로 이어질 수 있는 가능성도 보게 되었다.

행동 지침

답변이 곤란한 반론을 누군가가 제기할 때 혼자 냅다 지껄이거나 샐쭉해지거나 당황하거나 화를 내거나 무언가 할 말이 있는 것처럼 설명을 꾸며내는 것은 바람직하지 않다. 상대방에게 솔직히 모른다고 말한 뒤에 함께 답을 찾아보자고 권하는 것이 좋다.

모험에 뛰어들기

루스벨트 대학교에서 수정헌법 제1조를 가르칠 때 나는 신참 언론인들에게 어디서부터가 사생활 침해고 명예 훼손에 해당하는지를 정확히 아는 것이 매우 중요하다고 강조했었다. 단순히 그들이 고소를 당해 법정에 가는 것을 피하기 위해서만은 아니었다. 기자가 어떤 내용을 보도해도 안전한지 모를 때에는 법에 저촉될까 두려워 스스로 검열관이 되어, 꼭 보도해야 할 내용임에도 몸을 사리는 경우가 많기 때문이었다.

이와 비슷하게 그리스도인들도 혹시 답변할 수 없는 질문을 받을까 봐 두려워서 신앙에 관해 대화를 나누는 모험에 뛰어들지 못하는 경우가 적지 않다. 자기가 믿는 바에 정통하지 못하다고 느낀 나머지 스스로 검열관이 되어 몰라서 당황할까 봐 아예 복음에 관한 대화조차 피하는 것이다.

그렇기 때문에 베드로전서 3장 15절을 유념할 필요가 있다. "너희 속에 있는 소망에 관한 이유를 묻는 자에게는 대답할 것을 항상 준비하라." 우리가 충분히 공부하여 신앙에 대한 사실적인 토대를 제대로 갖추었다고 느끼면 의문이 있는 사람들과 마주치는 게 두렵지 않을 것이다.

하지만 회의주의자가 제기하는 물음에 그 자리에서 모두 답변할 수 있는 사람은 극히 드물다. 만일 대답할 수 없을 것 같은 문제에 부딪히면, 기독교는 지난 2천 년 동안 이런 도전에도 잘 버텼다는 사실을 기억하라. 그리고 의문을 가진 사람이 있다는 사실이 나쁜 게 아니라는 점을 유념하라. 의문을 계기로 그 사람과 함께 증거를 찾아보면서 대화를 이어갈 수 있으니까 말이다.

자칫하면 한 번의 대화로 끝날 수 있는 만남이 그가 답을 찾는 걸 돕기 위해 책과 인터넷 등 여러 자료를 활용하면서 계속 대화를 진행할 수 있게 된다. (이 책 뒤편에 도움이 될 만한 자료를 소개했다.)

이런 식으로 반응해보라. "아, 그건 무척 까다로운 주제군요. 어떻게 답변해야 좋을지 모르겠습니다. 그 문제에 관해 우리가 읽을 만한 책을 찾으면 다음 주 화요일 저녁에 커피숍에서 만나 함께 이야기하면 어떨까요?"

만일 비슷한 의문을 갖고 있는 친구가 여럿 있으면, 소그룹을 만들어서 일정 기간 함께 답을 찾아갈 수도 있을 것이다. 내 친구 게리 풀Gary Poole은 《구도자를 위한 소그룹Seeker Small Groups》이란 책에서 이런 소그룹을 인도하는 법을 잘 설명하고 있다.

그러므로 당신은 어려운 질문에 부딪혀 "저는 … 잘 … 모르겠습니다"라고 말해야 할 상황에 처할까 봐 두려워서 이 뜻밖의 모험을 놓치지 않도록 하라. 모른다고 말하는 것 자체가 바로 모험이 아닌가? 어느 방향으로 튈지 모르는 대화에 뛰어들되 하나님이 당신과 당신의 친구에게 필요한 적절한 답을 찾도록 인도하실 줄 믿고 나아가는 태도를 갖춰라.

기억할 말씀 (약 5:19-20, 《메시지》)

사랑하는 친구 여러분, 하나님의 진리에서 떠난 사람들을 알고 있거든, 그들을 포기하지 마십시오. 그들을 찾아가십시오. 그들을 돌아서게 하십시오. 이는 귀한 생명들을 파멸에서 건져내는 일이며, 하나님을 등지는 일이 전염병처럼 퍼지는 것을 막는 일입니다.

뜻밖의 질문을 던지는 모험을 해보라

마크 미텔버그

> 뜻밖의 모험을 막는 가장 큰 적은
> '정상적인' 테두리 안에서만 있겠다고 고집하는 것이다.

"질문이 있으면 무엇이든 말씀하십시오." 유명한 이탈리아 음식점의 한쪽 구석에서 웨이터가 기둥에 몸을 기댄 채 한 말이다.

당시는 내 인생에서 스릴이 넘치는 시간이었지만 그에 못지않게 스트레스도 많았던 때였다. 대학원 공부를 위해 얼마 전에 고향인 중서부 소도시에서 대도시인 시카고로 이사를 온 터였다. 사업을 하던 내가 종교철학 석사 과정을 시작했으니 버거울 만도 했다.

그렇다고 새로 시작한 공부를 즐기지 않았다거나 교수들에게 불만이 있었다는 말은 아니다. 사실 무척 흥미로웠다. 그런데 혹시 칸트의 《순수 이성 비판》을 조금이라도 읽어본 적이 있는가? 이 책의 첫 문장을 보라. "지식의 양태가 어떤 방식으로 또 어떤 수단으로 객체들과 연관이 되든지 간에 직관은 객체들과 즉각적인 관계를 맺는 통로이고, 수단으로서의 모든 생각은 객체들을 향하고 있다."[2]

당신은 어떤지 모르지만, 나는 그동안 이런 이야기를 하나도 몰라도 인생을 사는 데 전혀 지장이 없다고 확신하고 있었다. 학생들이 종종 떠올리는 의문들을 소리 내어 말하고 싶은 생각이 굴뚝같았다. "인생을 살면서 이런 내용 중에 어느 것 하나라도 활용할 기회가 있을까? 이건 누가 학위를 얻으려고 죽도록 공부했는지를 판가름하는 수단에 불과하지 않은가?"

그날 저녁 우리 부부가 새로운 학교 친구 몇 명과 유명한 이탈리아 음식점에 앉아 있을 때, 내 머리는 온통 이런 생각들로 가득 차 있었다. 방금 구운 시카고 스타일의 피자가 풍기는 향긋한 냄새가 바람을 타고 우리 코를 간질였다. 우리에게 자리를 안내한 그 웨이터는 다정하고 활달한 성격이었다. 그가 기둥에 몸을 기댄 채 어떤 질문이든 대답하겠다고 제의한 것은 우리에게 음료수를 갖다 준 뒤였다.

음식점이 손님들로 북적거리기 시작하자 다른 종업원들은 몰려드는 사람들을 시중드느라 눈코 뜰 새 없이 바빴다. 그런데도 그 웨이터는 느긋하게 우리 테이블 근처에 머물러 있으니, 무척 의아했다. 그때 나는 우리가 앉은 위치가 음식점 사장의 눈에 잘 안 띄는 곳이라는 사실을 알게 되었다. 그 웨이터는 우리를 이용해서 잠시 휴식을 취하고 있었던 것이다. 그가 예상했던 질문은 피자를 어떻게 던져 올리는지, 소스에는 무슨 재료가 들어가는지 등과 같은 것이 아니었을까 싶다. 어쨌든 그는 몇 분 동안 몸을 움직이지 않아도 되는 상황이었다.

내가 놀란 이유는 그가 완전히 무제한적인 제의를 했기 때문이다. 그는 우리에게 질문이 있으면 무엇이든 말하라고 했지, 메뉴와 관련된 질문만 하라고 구체적으로 제한하지 않았다. 순간 한 가지 아이디어가 떠올랐는데 상당한 힘이 실려 있어서 혹시 성령의 충동이 아닌가 하는 생각이 들었다. '내게는 온갖 질문이 있지. 칸트의 글을 읽고 있었으니 이것을 한번 써먹어 볼까. 좀 유별난 주제를 제기해서 어떻게 되는지 보면 어떨까' 하는 생각이었다. '어쩌면 하나님이 이것을 사용하셔서 피자보다 더 중요한 문제에 관해 이야기하도록 인도하실지도 몰라.'

그러나 내 머릿속에 질문이 생기면서 한쪽 구석에서는 의심도 생기기 시작했다. '그는 나를 아주 괴팍한 인간으로 생각할 거야. 아내와 새로 사귄 친구들도 마찬가지일 테고.' 동시에 그가 마치 무슨 일이 일어날 것을 기다리듯 거기에 서 있는 것이 참 이상하다는 생각이 들었다.

"좋습니다" 하고 나는 경쾌한 어조로 말했다. "나에게 중요한 질문이 있습니다."

"아주 좋아요! 무슨 질문이죠?" 그가 대답했다.

"이마누엘 칸트를 읽는 중인데 궁금한 게 참 많아요"라고 호기심이 많은 체하면서 말했다. "당신은 정신의 범주들이 페노메논phenomenon 세계에 적용되는 것과 똑같은 방식으로 누메논noumenon의 세계에도 적용된다고 생각하십니까?" (나는 확실히 내가 무슨 말을 하는지 알았지만, 그는 그렇지 못할 거라는 생각에 마음이 편했다.)

그는 놀란 표정으로 나를 쳐다보았다. 그 후 미소를 짓더니 힘 있는 목소리로 이렇게 대답했다. "잘 모르겠습니다만, 언젠가 한 과학자가 망원경을 들여다보다가 하나님을 본 것 같았다는 이야기를 들은 적이 있습니다. 좀 이상한 이야기이긴 하지만요."

"아니, 전혀 이상하지 않습니다." 그가 내놓은 의외의 대답에 놀라 말했다. "당신이 들었다는 그 이야기의 주인공이 맞는지는 모르겠지만, 최근에 로버트 재스트로Robert Jastrow라는 유명한 과학자가 쓴 《하나님과 천문학자God and the Astronomers》라는 아주 흥미로운 책을 읽었습니다. 재스트로는 믿기 어려울 만큼 정교한 질서와 우주의 복잡한 현상을 관찰하고 나서 마침내 하나님이 틀림없이 존재한다는 결론을 내렸지요. 이 책은 과학계 인사들을 발칵 뒤집어놓았답니다."

"와, 아주 흥미로운 이야기군요." 그가 대꾸했다. "저는 사실 하나님에 관해 많이 생각하지 않는 편입니다. 방금 말씀하신 그 책의 제목이 뭐라고 하셨죠?"

갑자기 대화의 방향이 영적인 주제로 흘렀다. 나도 모르는 사이에 어느덧 기독교 신앙을 지지해주는 과학적 증거를 설명하고 있었고, 우리 중 두어 명은 그리스도로 말미암은 삶의 변화를 간증하기도 했다.

결국에는 어떤 피자를 주문할지 의논하긴 했어도 그날 밤에 먹은 음식은 거의 기억나지 않는다. 내 머리에 뚜렷이 남아 있는 것은 우리가 가졌던 의외의 토론이 유별난 발언을 하고 싶었던 무모한 충동에서 비롯되었다는 사실이다.

우리의 상호작용은 그날로 끝나지 않았다. 그에게 재스트로의 책을 읽을 생각이 있냐고 묻자 그렇다고 대답했다. 그래서 며칠 후에 그 책과 더불어 그의 영적인 질문에 정확히 답변해줄 만한 책 두어 권을 더 가져다주었다.

웨이터는 이런 정보를 진심으로 고맙게 여기는 듯했다. 이후에 그와 다시 연락할 기회는 없었지만, 그날 밤 좀 장난스럽게 뜻밖의 질문을 던지는 약간의 모험을 감행한 건 잘한 일 같다. 그러고 나자 어떤 일이 일어났는가? 우리는 그저 조용하고 자유로운 분위기에서 밥을 먹을 생각만 했는데, 그날 저녁 우리는 누군가와 예수님에 관해 이야기하며 식사를 하게 되었다. 그뿐인가? 그의 삶을 변화시킬 수 있는 자료까지 손에 들려줄 수 있었다.

하나님이 이 즉흥적인 대화를 통해 웨이터의 삶에 영향을 주리라고 누가 상상이나 했겠는가? 이런 생각을 하면 향긋하고 따뜻한 피자에 관한 추억도 그날의 대화보다 매력적으로 다가오지 않는다.

행동 지침

하나님은 당신의 독특한 성격을 활용하길 원하신다. 용기를 품고 장난도 좀 치면서 마음을 편하게 가져라. 나름대로 괴짜가 되어 의외의 모험을 시작해보라.

모험에 뛰어들기

뜻밖의 모험을 막는 가장 큰 적은 그리스도인으로서 소위 '정상적인' 테두리 안에만 있겠다고 고집하는 것이다. 그래서 우리는 결국 다른 사람들처럼 옷을 입고 치장을 하고 말을 하고 행동도 한다. 이렇게 되면 개성도 발휘하지 못하고, 주변 사람들과 관계를 맺을 수 있는 독특한 능력도 사장시켜버리기 마련이다.

마치 하나님이 복제품들을 창조하시기라도 한 것처럼 말이다.

하나님은 시편 139편 14절에서 우리를 심히 기묘하게 지으셨다고 말씀하신다. 한 절 앞에는 "주께서 … 나의 모태에서 나를 만드셨나이다"라고 되어 있는데, 이는 우리의 몸뿐 아니라 성격과 기질과 특이한 스타일까지 모두 포함하는 말이다. 하나님은 '나를 나답게' 그리고 '당신을 당신답게' 만드셨으며, 우리 각 사람을 하나님의 특별한 설계에 따라 사용하고 싶어 하신다.

당신 주변에 아직은 그리스도를 모르지만 당신의 자연스러운 모습을 통해 하나님을 알아야 할 사람들이 있다고 해보자. 이 사람들은 하나님의 섭리에 따라 아주 다양하게 창조되었고, 당신이 진면목을 보이지 않으면 당신과 관계를 맺기 어려운 이들이다.

"용기를 내 약간 괴짜가 되어보자." 심리학자 앨런 로이 맥기니스 Alan Loy McGinnis가 《자신감: 있는 그대로의 모습으로 성공하는 법 Confidence: How to Succeed at Being Yourself》이라는 유명한 책에서 한 말이다.[3] 내가 아는 아주 매력적인 인물들을 떠올려봐도 대다수가 다소 엉뚱한 구석이 있는 사람들이다. 무언가 참신하고 유별나고 때로는 놀라운 방식으로 자신을 표현하길 두려워하지 않는 사람들. 이들 주위에 있는 것 자체가 뜻밖의 일을 경험하는 것이다. 이들의 성격은 전염병처럼 많은 사람들에게 영향을 끼친다.

그날 밤 하나님은 나의 개성을 사용하여 중요한 대화의 문을 열어 주셨다. 그렇다면 하나님은 당신의 어떤 면을 사용하실까?

지금 잠깐 시간을 내어 당신의 개성을 충분히 표현할 수 있는 용기를 달라고 하나님께 기도하라. 성령의 인도를 받아 기도하면서 당신도 남에게 영향을 끼칠 수 있게 해달라고 간구하라.

그리고 마음을 편히 가져라. 자신을 열어 보여라. 좀 더 장난스러워져라. 생각처럼 잘 굴러가지 않으면 농담도 좀 해보고 스스로 우습다고 말해보라. 당신만의 독특한 특성을 지닌 괴짜가 되어보라. 그러면 하나님이 당신을 독특하게 사용하시는 것을 보게 될 것이다.

기억할 말씀   (고후 3:12)

우리가 이 같은 소망이 있으므로 담대히 말하노니.

기회는 무한정 주어지지 않는다

리 스트로벨

그리스도에 관해 이야기할 만한 완벽한 기회를 기다리다가
이야기를 영원히 꺼내지 못할 수도 있다.

달갑지 않은 전화가 걸려왔다. "스트로벨 씨, 지난번에 실시한 조직
검사 결과가 나왔는데, 유감스럽게도 암입니다." 의사가 던진 한 마디
였다.

이런 말을 듣는 순간 어떤 일이 벌어지는지는 나 자신의 경험을 토
대로 생생하게 말해줄 수 있다. 머리는 순간적으로 최악의 시나리오
를 떠올리고, 그 즉시 내가 죽을 운명이라는 걸 절감하게 된다.

그러나 다행스럽게도 암이 내 생명을 위협하지는 않았다. 그럼에도
검사 결과를 처음 듣는 순간 느꼈던 그 두려움은 도무지 지울 수 없을
정도로 강한 인상을 남겼다. 만일 내가 살아갈 날이 얼마 남지 않았다

면 내 행실이 어떻게 바뀌게 될까 하는 생각을 하게 되었다. 이제 팀에 관한 이야기를 할까 한다.

팀은 중학교 1학년 때 우리 동네로 이사를 온 뒤에 나와 절친한 친구가 되었다. 그 후 6년간 가까이 지내면서 앞마당에서 농구도 하고 공원에서 소프트볼도 하고 여학생과 차와 스포츠에 관해 이야기하면서 많은 시간을 함께했다. 물론 여자아이가 주된 화제였다.

혹시 내가 여자아이를 언급했던가?

나는 가끔 기독교에 대해 폭언을 던지곤 했었다. 십 대 시절만 해도 새내기 무신론자였던 우리는 그런 폭언을 심심찮게 했으며 영적인 문제를 입에 올린 적은 거의 없었다. 팀과 그의 가족은 우리 가족과 달리 교회에 다니지 않았지만, 나만큼 종교에 대해 적대적이지는 않았다. 팀은 하나님에 대해 무관심한 편이었다.

고등학교를 졸업하고 우리는 각자 다른 대학에 진학했다. 요즈음에는 문자 메시지나 이메일 또는 휴대폰으로 쉽게 연락을 할 수 있지만, 당시만 해도 다른 지역에 있는 대학에 진학하면 그냥 그대로 헤어지는 것이었다. 팀과 나의 관계도 마찬가지였다. 몇 년이 흐른 뒤 들려오는 소식을 통해 그가 먼 도시에 있는 큰 회사에서 일하고 결혼을 한 번 했다가 이혼했다는 사실을 알게 되었다. 그동안 나는 무신론에 대한 믿음을 버리고 그리스도인이 되었다.

그 후 팀이 재혼하여 부인과 함께 내가 사는 곳에서 멀지 않은 도시로 이사를 온다는 아주 기쁜 소식을 들었다. 그동안 끊어졌던 관계를 회복하고 팀에게 예수님에 관해 이야기해줄 수 있을 거라고 생각했다.

하지만 차근차근 일을 진행하고 싶었다. 먼저 서로 관계를 돈독히

한 뒤에, 그러니까 신뢰하는 마음이 자리 잡은 뒤에 신앙이란 주제를 끄집어낼 생각이었다. 많은 것이 걸려 있는 사안이라 여겼기에, 일을 망치지 않도록 가장 좋은 기회를 찾아야겠다고 생각한 것이다.

우리 부부는 팀 부부를 저녁식사에 초대했다. 바비큐치킨을 먹는 동안 프로 농구 팀 시카고 불스와 프로 야구 팀 시카고 컵스, 프로 미식축구 팀 시카고 베어스에 관해 이야기를 나누었다. 시카고 주민들끼리 이야기할 때는 그냥 '불스', '컵스', '베어스'라고 부른다. 그 다음에 만났을 때는 팀과 함께 스포츠 경기를 시청했다. 하나님을 떠올릴 완벽한 기회를 엿보았지만 그런 순간은 오지 않았다. 우리가 운동 경기에 너무 빠져 있거나 팀의 아내가 함께 있는 바람에 일이 성사되지 않았다. (팀과 단둘이 있을 때 신앙 이야기를 끄집어낼 생각이었다).

그런데 어느 날 팀에게 연락이 왔다. 아주 먼 도시로 전출 발령을 받았다는 것이다. 곧바로 떠나야 한다고 했다. 순식간에 팀을 전도할 기회도 날아가 버렸고 우리는 다시 헤어지게 되었다.

나는 자책하기 시작했다. 정말 소중한 친구와 함께 세상에서 가장 중요한 주제를 이야기할 수 있는 기회를 놓치다니…. 내가 결혼할 때 어머니가 해주신 충고가 떠올랐다. "자녀를 가질 만한 완벽한 때를 기다린다면 평생 자녀를 낳을 수 없을 거다." 결국 신앙에 관해 이야기할 완벽한 때만 기다리다 이렇게 되어버린 꼴이었다.

한참 뒤에 팀에 관한 소식을 들었다. 팀이 이사한 후에 어느 그리스도인 친구를 사귀자마자 그가 신앙 이야기를 바로 꺼내면서 팀을 교회로 초대했다는 소식이었다. 나도 모르는 사이에 팀은 하나님에 관해 듣고 즉시 그리스도를 뜨겁게 영접했던 것이다.

이 소식을 듣고 전율을 느꼈다. 한편으로는 팀과 더 오랜 시간을 함께했다면 신앙에 관해 대화를 나눌 만한 이상적인 순간을 과연 찾을 수 있었을까 하는 생각이 들었다. 팀이 그리스도인이 되고 한참 뒤에 내게 털어놓은 말이 있다. 왜 내가 복음과 같이 지극히 중요한 주제에 관해 그토록 오랫동안 침묵을 지키고 있었는지 무척 의아했다는 말이었다.

인내심은 개인 전도에서 무척 중요하다. 우리는 상대방의 마음 상태를 주시하길 원하고, 상대가 감당할 수 없을 만큼 너무 빠르게 밀어붙이지 않으려고 조심한다. 이런 자세는 좋다. 하지만 인내심이 너무 지나쳐서 그리스도에 관해 이야기할 만한 완벽한 기회를 기다리다가 이야기를 영원히 꺼내지 못할 가능성이 크다.

죽을 날이 얼마 남지 않았다는 사실을 염두에 두었더라면 상황은 달라졌을 것이다. 잠시 후에 죽을 것을 알았다면 훨씬 절박한 심정으로 전도에 박차를 가하면서 아마 정면으로 영혼의 문제를 거론했을 것이다. 그랬다면 예수님에 관해 이야기할 이상적인 때를 한없이 기다리지는 않았을 것이다. 우리 모두 이 점을 명심하자. 완벽한 순간은 거의 오지 않는다는 사실 말이다.

우리가 깨어서 성령의 이끄심에 주파수를 맞추면 예수님에 관해 이야기를 꺼낼 적절한 기회를 포착할 수 있을 것이다. 비록 이상적인 상황은 아닐지 몰라도 사랑을 품고 민감한 태도로 접근하면, 하나님은 우리의 작은 노력을 사용하여 친구의 삶에 큰 변화를 일으키실 수 있다.

우리에게 시간이 무한정 주어지는 게 아니라는 사실을 직시하자.

이보다 더 중요한 사실은 친구에게도 시간이 무한정 허락된 것이 아니라는 점이다.

행동 지침

만일 당신이 다른 사람에게 예수님에 관해 이야기를 꺼낼 이상적인 순간을 기다리고 있다면 그 순간은 영원히 오지 않을 가능성이 크다. 인내심을 갖되 끈질긴 태도를 취하라. 하나님은 불완전한 기회를 사용하여 완전한 목적을 이루신다.

모험에 뛰어들기

내 친구 케리 슉Kerry Shook과 그의 아내 크리스Chris Shook는 《내 생애 마지막 한 달One Month to Live》이라는 베스트셀러를 썼다. 이 책은 그리스도인들에게 30일 뒤에 죽는다면 인생의 우선순위와 삶의 태도가 어떻게 바뀔지 생각해보라고 권한다. 이런 생각은 시간과 자원을 쓰는 방식, 다른 사람에게 전할(또는 전하지 않을) 말, 가장 소중히 여기는 것 등에 영향을 미칠 것이다. 아울러 그저 인내하면서 두고두고 복음을 전하려던 태도에서 절박하게 좋은 소식을 나누는 태도로 바뀌게 될 것이다.

가만히 두면 우리는 여유만만해지는 경향이 있다. 그러나 내가 팀에게 그랬듯이 너무 오래 기회를 노리고만 있으면 아무 일도 일어나지 않는다. 물론 다른 극단으로 나가 상대방을 너무 밀어붙이면 오히려 불쾌감만 주고 좋은 기회를 놓칠 위험도 있다. 하지만 선한 의도를 품고 있는 것만으로는 충분하지 않다.

자, 그러면 실험을 한번 해보자. 지금부터 한 달이 당신 인생의 마지막 달인 것처럼 생각하고 살아보면 어떨까? 이런 생각이 다른 사람에게 하나님을 소개하는 태도에 어떤 변화를 가져올 거라고 생각하는가? 지금보다 얼마만큼 더 절박한 태도로 바뀔 것 같은가? 이를 통해 당신이 경험한 내용을 일기장에 적어도 좋고, 당신이 속한 소그룹이나 주일학교에서 이런 실험을 해보아도 좋을 것이다.

어쨌든 우리의 날은 제한되어 있지 않은가! 케리의 말을 들어보라.

> 이 땅에서의 삶은 제한되어 있다. 이 말이 당신을 안절부절못하게 할 수도 있겠지만, 나는 사실을 말하고 있다. 당신이 누구든, 젊은이든 노인이든, 성공했든 안 했든, 사는 곳이 어디든, 유한한 죽음은 모두에게 공평하다. 초침이 째깍할 때마다 삶의 한순간은 과거가 된다. 이 단락을 읽고 있는 순간조차 영원히 되돌릴 수 없다. 당신이 살 수 있는 날은 이미 계수되었기에 흘러가는 하루하루는 영원히 지나가버린 것이다.[4]

하지만 케리는 그로 인해 우울해지지 않는다. "당신도 나처럼 이 현실을 가혹하고 피하고 싶은 것으로 여기고, 경악하다 못해 마비될지 모른다. 그러나 그저 삼가고 조심하기보다는 이 땅에서의 시간이 제한돼 있음을 받아들이면 더 자유롭게 될 수 있다고 확신한다."[5]

말하자면, 우리가 새로운 활력과 열정을 회복하고, 우리가 사랑하는 하나님에 관한 소식을 우리가 사랑하는 사람들에게 전할 창의적인 방법을 찾을 수 있다는 뜻이다.

기억할 말씀 (시 90:12)

우리에게 우리 날 계수함을 가르치사 지혜로운 마음을 얻게 하소서.

전도를 위해 모든 것을 기꺼이 감내하라

마크 미텔버그

> 하나님을 신뢰하고 섬기다가 그분과 함께 궁지에 몰리는 것보다
> 더 신나고 보람 있는 일은 없다.

여름 단기 선교로 런던 남부에 위치한 한 교회를 섬기는 중이었다. 우리의 목표는 가가호호 방문하여 사람들과 예수님에 관해 이야기를 나누고 그들을 교회로 초대하는 것이었다.

전혀 모르는 집 문을 두드리고 낯선 사람에게 하나님을 전하는 것은 썩 내키지 않는 일이었다. 그나마 아내가 함께해서 다행이었다. 아내는 매력 있는 사람인데다 활달하고 사교적이어서 나 혼자 하는 것보다 훨씬 많은 성과를 올릴 수 있었다.

런던 사람들은 대체로 예의바른 편이지만, 영적인 주제로 대화하는 데는 별로 관심이 없었다. 솔직히 말하면 무척 힘들었다. "미국식 영어를 쓰시는군요”라고 말하는 사람도 있었고, “집에 가서 당신네 나라 사람이나 괴롭히지 그래요” 하고 빈정대기도 했다. 많은 사람들이 종교를 아주 사사로운 문제로 생각하는 것이 분명했고, 일부는 이미 여러 사이비 종교의 방문에 넌더리가 난 상태였다.

이런 주제에 대한 토론에 가장 열려 있는 이들은 주로 외국에서 이민 온 사람들이었다. 그중 한 부부가 특히 잘 받아주었다. 아쉬와 산야는 영국으로 이사 온 지 2년밖에 되지 않은 부부였다. 그들은 주저하지 않고 우리를 반겼고 새 친구를 알게 되어 기뻐하는 눈치였다.

두 사람은 인도양에 있는 작은 섬나라(나는 들어본 적도 없는 모리셔스라는 나라) 출신으로 무척 좋은 사람들이었다. 내가 모리셔스가 어디쯤 있느냐고 묻자 마다가스카르 동쪽 해안에서 조금 떨어진 곳에 있다고 설명해주었다. 이에 내가 다시 마다가스카르는 어디쯤 있느냐고 묻자 그 나라는 훨씬 큰 섬(아프리카라고 불린다)의 동쪽 해안에서 조금 떨어진 곳에 있는 섬이라고 말해주었다. (다행히 나도 아프리카가 어디에 있는지는 알고 있었다.)

두어 차례 만나 뜻깊은 대화를 나눈 뒤에 산야는 며칠 후에 정통 모리셔스 음식을 먹으러 오라고 우리를 초대했다. 무슨 음식이 나올지 전혀 예상할 수 없었지만, 이들의 초대는 음식에의 모험으로 우리를 부르는 것처럼 들렸고 그들을 더 잘 알 수 있는 기회라는 생각이 들었다.

우리가 도착하자 두 사람은 현관에서부터 반갑게 맞아주었다. 우리와 시간을 함께하는 것을 영예롭게 생각하는 듯했다. 우리는 두 사람이 아주 정성들여 준비한 훌륭한 정찬을 보고 무척 감동을 받았다.

음식을 먹기 전에 우리 부부는 옆방에서 야쉬와 이야기를 나누며 잠시 앉아 있었다. 그런데 갑자기 야쉬가 방을 나가더니 귀한 손님을 대접하기 위해 준비한 아주 특별한 샴페인을 들고 나타났다.

어떻게 반응해야 할지 무척 고민이 되었다. 야쉬의 마음을 상하게 하고 싶지도 않았고, 모든 술을 철저히 금하는 런던 교회를 실족시킬 마음도 없었다. 머릿속에 "너희 앞에 차려놓은 것은 무엇이든지 양심을 위하여 묻지 말고 먹으라"(고전 10:27)고 했던 바울의 권면이 떠올랐지만 일단 중용의 길을 걷기로 했다.

그래서 이렇게 말했다. "야쉬, 그건 정말 큰 행사를 위해 아껴놓았던 거잖아요. 그러니 우리를 위해 뜯을 필요는 없어요. 주스나 물로도 충분해요."

야쉬는 내 말을 들으려 하지 않았다. 내 말이 미처 끝나기도 전에 그는 환희에 찬 목소리로 이렇게 외쳤다. "바로 오늘 같은 날을 위해 아껴둔 거예요. 여러분 같이 특별한 친구를 대접하기 위해서 말이에요." 그러고는 코르크를 비틀어 열기 시작했다.

그런데 샴페인 병을 선반에서 내리면서 병이 흔들린 모양이었다. 게다가 실내가 따뜻하기까지 했다. 원인이 무엇이든 코르크가 펑 소리를 내면서 튀어나왔고 샴페인의 반이 분출하여 내 몸을 덮쳤다.

충격을 받은 나는 잠시 서 있었다. 샴페인이 내 머리와 얼굴과 유리잔에서 뚝뚝 떨어져서 셔츠 속으로 들어갔고 내 바지까지 흠뻑 적셨다. 마치 큰 스펀지가 된 기분이었다. 몸에서 포도주 양조장에서 나는 냄새가 났다.

아주 불편하긴 했지만 되도록 평정을 되찾고 웃어넘기려고 애썼다.

하지만 야쉬는 미안해서 어쩔 줄 몰랐다. "죄송해요, 죄송해요, 죄송해요, 죄송해요" 하면서 나를 응시했고, 소스라치게 놀란 표정으로 정말 어떻게 해야 좋을지 몰라 하는 모습이었다.

이층으로 가서 옷을 말리자고 했다. 무슨 계획을 세웠는지 알 수 없었지만 다른 뾰족한 수가 없어서 그를 따라 위층으로 올라갔다.

"바지 이리 주세요." 다리미와 다리미판을 내면서 야쉬가 내게 말했다. 마침 여자들은 아래층에 있어서 안심하고 바지를 벗어 건네주었다.

야쉬는 내 바지를 빨리 말리려고 다리미를 고온으로 해놓고 다렸다. 그 바람에 나는 멍하니 앉아 야쉬가 내 바지를 다리미로 지지는 냄새를 맡고 있어야 했다. 스팀이 마구 솟아오르면서 바지가 지글지글 타들어가는 것 같았고 다리미 열기에 탄 샴페인 냄새가 온 방에 진동했다.

'어쩌다 이 지경이 되었지?' 속옷 차림으로 앉아 이렇게 자문하는 동안 야쉬는 내 바지를 말리고 내 품위를 세워주려고 부지런히 움직였다. '주님, 저는 지금 당신을 섬기는 중이라고요. 그런데 도대체 이게 뭡니까?' 하고 중얼거렸다.

하나님의 음성을 실제로 들었다고 주장할 생각은 없지만, 그분이 내게 이렇게 말씀하시는 것만 같았다. "날 사랑하니까, 그리고 내가 깊이 사랑하는 이 부부에게 관심이 있으니까 네가 거기에 있는 거 아니었니? 내게 순종하고 나를 섬길 마음으로 거기에 있는 거잖아. 그래서 너를 영화롭게 해주고 싶단다. 그래, 지금은 아주 불편하겠지. 그래도 너무 침울해하지는 마라. 아주 심한 고통은 아니잖니? 사실 마음을 조금만 느긋하게 먹으면 꽤 재미있는 일이라는 걸 알게 될 거야."

바로 그 순간 한 가지 유머가 떠올랐다. 나는 가볍게 생각하기로 마음먹고 심호흡을 하고서(탄 알코올 냄새와 연기 나는 청바지를 뒤로하고) 내 모습에 웃음을 지으며, 친구 야쉬에게 친절하기로 결심했다. 이렇게 마음을 다잡고, 이제는 거의 말라 뜨듯해진 바지를 입고 아래층으로 내려갔다. 우리는 맛있는 음식을 먹으며 그해 여름의 백미라고 기억되는 아주 만족스런 영적 대화를 나누었다.

나는 야쉬와 산야가 우리 이야기를 듣고 앞으로 어떻게 반응할지 알 수 없다. 하지만 우리 모두는 그 특별한 여름날에 복음 전도라는 모험을 하며 함께 보냈던 시간을 아름다운 추억으로 간직할 것이다.

행동 지침

많은 그리스도인에게 인생은 너무나 평범한 생활의 연속이다. 이런 생활을 잘못된 것이라 할 수는 없으나 정말이지 흥미진진한 일이 너무 없는 것은 사실이다. 또 하루가 가고 또 다른 하루를 맞이하는 따분한 인생. 이제 다른 사람과 당신의 믿음을 함께 나누는 모험을 시작해보라. 어색할 때도 있겠지만 기억에 남을 만한 흥미진진한 순간이 될 것이다. 개인 전도가 모험으로 사는 인생의 잃어버린 퍼즐 조각일는지 누가 아는가!

모험에 뛰어들기

예수님은 이 세상에서 우리가 환난을 당할 것이라고 말씀하셨고(요 16:33 참조), 예수님 자신도 하나님의 사명을 이루는 동안 말로 다할 수 없는 환난을 당하셨다. 바울도 고린도후서 11장에서 예수님의 생각을 반영하듯 세상 사람들에게 예수님을 전하다가 당한 고난을 열거하고 있다. 매를 맞고, 태장을 당하고, 성난 군중에게 돌로 맞고, 하루 밤낮을 바다에서 선헤엄을 치고, 몇 차례나 배가 난파되고, 잠도 못자고 굶주렸던 일 등. 이런 이야기를 들으면, 내가 방금 겪은 사건에 당혹스러워하는 것이야말로 정말 당혹스러운 일이 아닐 수 없다.

다행히도 현대인이 그리스도의 제자로서 전도할 때 당하는 최악의 경험은 조금 불편을 겪는 것과 주변 사람에게 가끔 조롱과 놀림을 당하는 일 정도이다. 물론 드물기는 하지만 대놓고 배척을 당하는 경우도 있다. 그렇다고 세상이 무너지는 것은 아니지 않는가? 그 정도는 하나님이 그토록 사랑하는 사람들에게 복음을 전하기 위해 감수할 만한 일이 아닐까?

유명한 노래 가사처럼 "하나님에게 받은 사명을 수행하는" 순간보다 더 나은 순간이 있을까? 그보다 더 중요한 게 무엇일까? 분명히 말하건대, 하나님을 신뢰하고 섬기다가 그분과 함께 궁지에 몰리는 것보다 더 신나고 보람 있는 일은 없다. 이런 경험은 신앙생활을 더욱 감칠맛 나게 할 것이다.

그러므로 눈을 높이 들고 주변 사람들을 향한 하나님의 계획을 깨닫고 믿음의 발걸음을 내디더 성령님이 당신을 통해 하시는 일을 보라. 그러면 당신에게도 남에게 들려주고 싶은 흥미로운 이야깃거리가 많아질 것이다.

나에게 이르시기를 내 은혜가 네게 족하도다. 이는 내 능력이 약한 데서 온전하여짐이라 하신지라. 그러므로 도리어 크게 기뻐함으로 나의 여러 약한 것들에 대하여 자랑하리니 이는 그리스도의 능력이 내게 머물게 하려 함이라.

자기 검열의 함정에 빠지지 마라

리 스트로벨

처음에는 친구가 대화를 주도하도록 허용하라.
그리고 적당한 질문을 던져라.

우리 부부가 새 동네로 이사를 갔을 때 어떻게 하면 이웃 사람들에게 예수님의 메시지를 전할 수 있을지 함께 전략을 논의한 적이 있다. 우리는 세심하게 그들을 섬기고 하루 빨리 우리가 그리스도인이라는 힌트를 주어서 영적 대화의 물꼬를 트겠다고, 경건한 생활방식을 좇아 '빛과 소금'이 되겠다고, 저녁 산책을 하며 기도할 때는 방해되지 않도록 조용히 기도하겠다고 다짐했다. 꽤 괜찮은 낚시법이라 여겼다. 그리고 이제는 복음 전도의 모험이 늘 그렇듯 우리를 놀라게 할 하나님의 역할을 기대하는 일만 남았다고 생각했다.

어느 날 한 번도 본 적이 없는 이웃 사람이 눈에 띄었다. 차고 입구에서 열심히 자동차를 닦고 있었는데, 번호판이 없는 것으로 보아 방금 구입한 차라는 걸 알 수 있었다. 상대방을 알 수 있는 기회가 왔다고 생각하고 그에게 다가가 새 차 구입을 축하했다.

"아주 멋진 차를 고르셨네요. 자동차 잡지에서 높은 평점을 받은 차네요." 하면서 그에게 다가갔다.

그는 미소 지으며 고맙다고 응답하면서 걸레로 은색 보닛 위에 남은 물기를 훔쳐냈다.

우호적이고 외향적인 사람이었다. 우리의 대화는 금방 활발하게 이어져 자동차에서 시작해 가족과 농구 등으로 화제를 바꿨다. 얼마 지나지 않아 내가 좋아하는 주제 중 하나인 음식점에 관해서도 이야기를 나눴다.

"최근에 개업한 바비큐 음식점 보셨어요?"

그는 눈을 크게 떴다. "못 봤어요. 나도 바비큐 정말 좋아하는데, 어디에 있어요?"

"별로 멀지 않아요."

그는 시계를 슬쩍 보았다. 오후 5시 15분.

"아내를 불러 당장 거기에 갑시다."라고 하는 게 아닌가.

"그거 좋은데요. 당신의 새 차를 타고 가면 어때요?"

"좋아요." 차가 자랑스러운 듯이 그가 대답했다.

서둘러 집에 가 보니 아내가 저녁을 준비하려던 참이었다. 집에서 먹지 말고 외식하러 나가자고 쉽게 설득할 수 있었다.

"이 친구는 정말 좋은 사람인 것 같아. 이 부부를 알 수 있는 좋은 기회야. 하지만 그들에게 하나님을 들이밀지는 말자. 상대방을 압도해서 쫓아버리고 싶은 생각은 없으니까. 그냥 밥이나 맛있게 먹고 그들에 관해 많이 알고 이번 식사를 계기로 친구가 될 수 있을지만 보면 될 것 같아. 일단 든든한 관계를 맺고 나서 나중에 기회가 오면 영적인 문제를 끄집어내는 게 좋겠어."

레슬리가 고개를 끄덕였다. "좋아요, 그렇게 해요."

"오늘 밤에는 교회나 종교, 하나님이나 예수님, 신앙이나 다른 어떤 영적인 주제도 꺼내지 말자. 그냥 서로 더 알아가기 위해 만나는 것뿐이니까." 그때만 해도 좋은 계획처럼 보였다.

우리는 새 차 뒷좌석에 올랐고 새 친구 부부는 앞좌석에 앉아 음식점으로 향했다. 날씨가 적당해서 창문을 내리고 가벼운 바람과 그보다 더 가벼운 대화를 즐겼다.

잠시 후, 우리 집에서 멀지 않은 사거리 모퉁이에 새로운 교회가 건축될 예정이라는 표지판을 지나치게 되었다.

"저기에 교회를 건축할 모양이군요." 우리 이웃은 창밖을 가리키며 외쳤다.

"첨탑은 물론이고 모든 것을 갖춘 멋진 장소가 되었으면 좋겠네요." 그의 아내가 거들었다. "우린 교회에 나가지는 않지만 영적인 것도 매력이 있다고 생각해요. 오프라 윈프리 같은 사람들에 대해 아시죠?"

신호에 걸리는 바람에 예스러운 도심지 입구에서 차가 멈췄다. 사제 셔츠를 입은 나이 지긋한 가톨릭 신부가 횡단보도를 천천히 가로질러 자동차 앞으로 지나갔다.

"요즘에는 신부들 평판이 안 좋은 것 같지 않아요?" 우리 이웃이 백미러를 통해 레슬리와 나를 쳐다보며 말했다. "몇몇 나쁜 신부들 때문에 교회가 베푼 온갖 좋은 일들이 퇴색되죠. 가령, 도심지에서 야구 리그도 주관하고 아이들이 길거리에 접근하지 못하게 보호하기도 하고 말이에요. 하나님을 믿지는 않지만 좋은 일을 하는 종교인들이 있어서 기뻐요."

레슬리와 나는 눈짓을 주고받다가 애매한 반응을 보이면서 슬쩍 넘어갔다.

이웃집 여자가 침묵을 깨고 다시 입을 열었다. "나는 가톨릭 집안에서 자랐어요. 그리고 가톨릭 계통 학교에 다녔죠. 그 당시 가장 큰 문제는 성경을 많이 읽지 않는다는 거였어요. 참 부끄러운 일이죠. 성경을 더 알고 싶은데 헷갈리는 부분이 많아요."

그녀는 몸을 돌리고 팔꿈치를 좌석 위에 걸친 채 우리를 똑바로 쳐다보았다. "두 분은 성경 읽어본 적 있으세요?"

바로 그 순간 아내와 맺은 약속은 깨져버렸다!

이 얼마나 오묘한 일인가! 뒷좌석에 앉은 복음주의사 두 녕은 이웃이 놀라 물러설까 봐 영적인 화제를 꺼내길 주저하고 있는데, 오히려 이웃 부부가 교회와 영성과 성경을 거듭해서 유쾌하게 언급하고 있으니 말이다. 더군다나 그 주제를 놓치지 않으려 했다.

레슬리와 나는 그 대화에 뛰어들었다. 차를 타고 있을 때나 맛있는 바비큐 갈비를 먹는 동안에나 모두 여러 영적인 주제를 놓고 신나게 토론했다. 그 후에도 우리가 다른 동네로 이사를 갈 때까지 여러 번 또 다른 이웃들과 더불어 하나님에 대한 이야기를 나눌 기회가 있었다.

이로써 우리는 간단하면서도 중요한 교훈을 배웠다. 사람들은 대체로 영적인 문제에 관해 우리가 생각하는 것보다 더 많은 관심이 있다는 교훈이다. 일반적으로 사람들은 교회와 종교와 하나님과 예수님에 관해 나름대로 의견이 있고, 이런 주제에 대해 이야기하고 싶어 하는 마음도 많다. 우리가 그들의 관점을 존중하고 경청하기만 한다면, 많은 친구와 이웃이 신앙에 관한 토론을 즐길 거라고 생각한다.

거기다 바비큐 요리가 맛있다면 더할 나위 없이 좋고.

행동 지침

흔히 그리스도인들은 믿지 않는 사람을 영적인 대화의 장으로 데려오려면 온갖 수단과 강제력을 동원해야 한다고 생각하는 것 같다. 그런데 요즘에는 영성이 주된 관심사로 떠올랐다. 사람들은 자신의 관점과 당신의 관점을 비교해보고 싶어 한다. 그러므로 자기도 모르게 자신을 옥죄는 자기 검열의 함정에 빠지지 마라. 우리의 일상은 하나님에 관한 대화를 나눌 기회로 가득 차 있다.

모험에 뛰어들기

어쩌면 당신은 다음 통계 결과를 듣고 놀랄지도 모르겠다. 여론조사에 따르면 미국인 열 명 중 여덟 명이 종교가 자신의 일상생활에서 상당히 중요하다고 생각한다.[6] 그리고 여론조사 담당자 조지 바나 George Barna는 '교회에 다닌 적이 없는' 미국인 가운데 다섯 명 중 한 명꼴로 성경을 읽고 있으며 열 명 중 약 일곱 명이 한 주에 한 번은 기도하고 있다는 사실을 알아냈다.[7]

몇 년 전에 〈타임〉지에서 뉴스거리가 없어서였는지 표지 기사로 예수님에 관한 글을 실었는데, 그 호號가 그해 최대 판매 부수를 기록했다. 찬반을 막론하고 하나님에 관한 책들이 베스트셀러 목록에 올라간다. 내 친구들 가운데 무신론자들이 오히려 그리스도인보다 신앙 이야기를 더 자주 거론하기도 한다.

이처럼 많은 사람이 영적인 주제에 관심이 있다. 과거 어느 때보다 지금 이 시대가 신앙에 관한 대화를 사회적으로 허용하는 분위기이다. 다만 우리가 섬세하고 예민하게 다루기만 하면 된다. 이에 다음 몇 가지를 제안하고 싶다.

자연스럽게 영적인 주제로 옮겨가는 법을 배워라.

만일 이번 주말에 할 일을 이야기하고 있다면, 이런 식으로 말해도 좋을 것이다. "이번 주말에 스포츠 경기를 시청하고 세차를 하고 교회에 가려고요. 그런데 혹시 교회나 하나님에 관해 깊이 생각해본 적이 있으세요?" 만일 크리스마스나 부활절이 다가오고 있다면, "어릴 적에 가족들이 지키는 특별한 절기가 있었나요? 그중에 교회 절기도 있었나요? 혹시 교회에 나가지 않으세요? 어떤 계기로 교회에 나가지 않게 되셨어요?"

귀담아 듣고 듣고 또 들어라.

처음에는 친구가 대화를 주도하도록 허용하라. 그리고 적당한 질문을 던져라. 갈수록 더 많이 질문하라. 그의 관점에 진심으로 관심을 보여라. 가능하면 언제든지 그의 느낌에 공감하라. 성경이나 기독교에 관해 잘못된 이야기를 한다고 해서 곧바로 뛰어들어 고쳐주지는 마라. 그런 문제는 나중에 얼마든지 이야기할 수 있다. 우리가 상대방의 의견을 존중하는 태도로 들어주면, 나중에라도 우리의 믿음을 이야기할 수 있는 기회를 얻게 된다.

성령의 인도하심을 위해 기도하라.

당신이 무슨 말을, 언제, 어떻게 할지 분별하게 해달라고 성령님에게 도움을 구하라.

아, 한 가지 더 있다.
모험을 즐겨라!

기억할 말씀   (골 4:5-6)

외인에게 대해서는 지혜로 행하여 세월을 아끼라. 너희 말을 항상 은혜 가운데서 소금으로 맛을 냄과 같이 하라. 그리하면 각 사람에게 마땅히 대답할 것을 알리라.

주일

진리와 친절은 환상의 짝꿍이다

마크 미텔버그

> 오늘 하루도 아주 작은 친절과 행동이
> 엄청난 결과를 낳을 수 있다는 사실을 명심하라.

오후 시간이 완전히 날아가 버리기 전에 집에 들어가야겠다는 생각에 식료품 가게에서 얼른 물건을 사서 나오려고 허둥대고 있었다. 그러다 내가 미처 깨닫지 못한 사실을 하나 발견했다. 찾아야 할 품목을 도무지 찾을 수 없는 상황에서는 서두른다고 될 일이 아니라는 사실이었다. 어쨌든 간신히 내게 필요한 것을 모두 챙겨 계산대를 향해 발걸음을 옮겼다.

가는 도중에 방금 꽃이 들어온 판매대에 눈길이 쏠렸다. 꽃 판매대는 마음 약한 남자가 보면 아내에게 사다 주고 싶은 생각이 들 정도로 완벽한 위치에 있었다. 뿐만 아니라 내 아내가 진짜 좋아할 만한 매우 아름다운 꽃다발도 눈에 띄었다. 나는 마음이 약한 남자인지라, '이걸 사가야지. 하이디가 무척 좋아 할 거야' 하고 속으로 생각했다.

꽃다발을 들고 계산대로 향하면서 다른 사람들의 쇼핑카트에 얼마나 많은 식료품이 담겨 있는지 눈으로 좇고 계산원들이 업무를 얼마나 효율적으로 처리하는지 살펴보았다. 그러고는 그중 가장 빨리 줄어드는 줄에 섰다.

그런데 내 마음속에서 진행되던 '계산대를 향한 경주'를 방해하는 일이 발생했다. 내 앞에 서 있던 온화한 표정의 할머니 한 분이 기다리는 시간이 지루했는지 내게 말을 걸어와 이런저런 이야기를 나누게 된 것이다. 드디어 계산대에 도착해서 카트에서 물건을 꺼내는데, 할머니가 내 꽃다발을 보게 되었다.

"남편이 나한테 꽃을 안겨주던 때가 기억나는군요." 할머니는 그리운 듯이 말했다. "벌써 오래전에 죽었답니다."

많은 세월이 흘렀는데도 그리워하는 눈빛이 역력했다. 할머니가 계산을 하실 때까지 기분을 북돋워주기 위해 몇 마디 말을 더 나누고 헤어졌다.

직원이 내 물건을 계산하는 동안 할머니는 가게를 떠나고 없었는데, 그때 갑자기 '아내의 꽃다발을 저 할머니에게 드릴까' 하는 생각이 들었다. 아내의 표정을 상상하니 처음에는 갈등이 되었다. 그러나 하이디는 자기가 꽃다발을 받는 것보다 고운 할머니에게 힘이 되어주는 일을 더 좋아할 거라는 확신이 들었다.

서둘러 물건 값을 치르고 밖으로 나가니 주차장을 가로질러 저쪽 끝으로 걸어가는 할머니가 보였다. 할머니를 향해 뛰어가면서 꽃다발을 꺼내 따로 들었다.

"이제 할아버지는 할머니께 꽃다발을 드리지 못하잖아요. 그래서 제가 대신 … 이 꽃을 드리고 싶어요." 약간 수줍어하면서 말했다.

할머니가 보인 반응으로 미루어보건대 젊은 남자가 쫓아오거나 꽃을 준 지가 꽤 오래된 것 같았다. 그분은 무척 놀라고 기뻐하면서 "아, 정말 감사합니다! 참 친절하시네요. … 내 남편에게나 기대했던 친절을 베풀다니…."

할머니는 생면부지의 사람에게 자기 꽃을 빼앗긴 아내를 염려했다. 아마 하이디는 오히려 할머니에게 작은 행복을 선사한 것을 더 기뻐할 거라고 말했다. 잠깐 이야기를 계속하다 할머니가 가는 방향에 주차된 차가 하나도 없다는 사실을 발견했다.

"그런데 차는 어디 있어요?" 내가 물었다.

"아, 나는 운전을 안 해요." 할머니가 대답했다. "여기서 여섯 블록쯤 떨어진 곳에 사는데, 오늘처럼 날씨가 좋은 날에는 충분히 걸어갈 수 있어요."

"이미 꽃다발을 선물한 마당에 집까지 태워드리는 건 일도 아니죠." 내가 대답했다.

"아니, 정말 그럴 필요 없는데." 할머니는 잠깐 멈칫하다가 눈을 반짝이며 말했다. "하지만 정 그렇게 하고 싶다면, 차를 대접하고 남편 사진도 보여드리죠. 남편은 참 특별한 사람이었어요."

"분명히 그런 분이셨을 거예요. 차도 마시고 싶네요. 제 차는 이쪽에 있습니다." 내가 대꾸했다. 하나님은 내가 세운 계획과는 전혀 다른 계획을 갖고 계셨던 것이 분명하다.

나는 할머니를 태워드리고 집에 들어가서 향긋한 차를 마시면서 할아버지 사진도 보고 그분에 관한 이야기도 들었다. 할머니도 나와 내 아내에 대해 알고 싶어 하셨고, 무엇 때문에 이 젊은 사업가가 가던 길을 멈추고 "나처럼 늙은 여자를 위해" 수고를 아끼지 않았는지 궁금해했다.

그리 나이 들어 뵈지는 않는다는 말로 할머니를 안심시켰고, 하나님이 내 마음에 할머니에게 꽃을 주고 싶은 마음을 불러일으킨 것 같다고 말했다. 이어서 나는 불과 몇 년 전에 내 인생을 그리스도에게 맡겼다는 것과 그분이 나를 변화시켜 남의 필요에 관심을 기울이는 사람으로 천천히 빚어가신다고 이야기했다.

설교를 한 것이 아니라 내가 배우고 경험한 것을 자연스럽게 나누었고, 할머니에게 복음에 대해 한번 생각해보라고 권했다. 우리는 그날 뜻깊은 대화를 나눴다. 그것을 계기로 나중에도 여러 번 영적인 주제로 이야기를 나눌 수 있었다(하이디도 몇 번 함께 시간을 보냈다. 아내는 내가 그 꽃을 할머니에게 드린 것을 기뻐했다). 나는 할머니가 하나님과의 관계에서 어떤 결론에 도달했는지 모른다. 하지만 당시에 할머니가 열린 마음으로 열심히 내 말을 경청했던 것은 분명한 사실이다.

십 년이 흐른 뒤, 하이디와 나는 여러 번 이사를 한 끝에 다른 주에 살게 되었다. 그때 할머니는 새 주소를 수소문해서 우리 아이들 선물과 감사 편지를 담은 소포를 보내주었다. 편지의 내용은 이러했다. 우리가 처음 만난 지 십 년이나 지났는데도 할머니는 지금도 친구들에게 나의 친절한 행실을 자주 이야기한다고, 그날은 정말이지 복 받은 날이었다고. 작은 행동 하나가 어떻게 그토록 사람의 마음을 감동시킬 수 있는지 생각만 해도 놀라울 따름이다. 할머니가 우리 주님의 사랑에도 마음을 열길 기대해본다.

행동 지침

사람들은 당신이 얼마만큼 관심이 있는지 알고 나서야 비로소 당신이 얼마만큼 알고 있는지 관심을 보인다는 격언이 있다. 달리 말하면, 우리의 사랑이 선행될 때 사랑의 메시지가 훨씬 더 큰 힘을 발휘한다는 뜻이다. 그러므로 주변 사람과 복음을 나눌 준비를 할 때 진리와 친절이 환상의 짝꿍인 것을 유념하면서 복음을 구체적인 행동으로 보여줄 기회를 얻기 위해 기도하라.

모험에 뛰어들기

아시시의 성 프란체스코는 이렇게 말했다. "언제나 복음을 전하라. 필요하다면 말을 사용하라." 일상의 행실이 무엇보다 중요하고, 그 행실이 하나님의 사랑의 메시지를 전달하는 것이어야 한다는 사실을 날카롭게 지적한 명언이다.

야고보 사도도 아주 도전적인 질문과 함께 위와 같은 견해를 표현한 바 있다. "만일 형제나 자매가 헐벗고 일용할 양식이 없는데 너희 중에 누구든지 그에게 이르되 평안히 가라, 덥게 하라, 배부르게 하라 하며 그 몸에 쓸 것을 주지 아니하면 무슨 유익이 있으리요. 이와 같이 행함이 없는 믿음은 그 자체가 죽은 것이라"(약 2:15-17).

이 말씀이 주는 교훈은 아주 분명하다. 우리의 실제 '행실'이 정말로 중요하다는 것이다!

오늘 하루도 아주 작은 행동이 엄청난 결과를 낳을 수 있다는 사실을 꼭 명심하라. 친절한 말을 건네거나 이웃을 도와주거나 어린아나 노인을 부축하거나 무거운 짐을 진 자의 부담을 덜어줄 기회를 포착하라. 희생을 감수하는 행동과 섬기는 손길을 통해 하나님의 사랑을 보여줄 수 있게 해달라고 하나님께 기도하라. 그리고 이런 길이 열리면 주저 없이 행동에 옮겨라.

하지만 동전의 다른 면도 잊지 않아야 한다. 성경은 또 이렇게 말한다. "그런즉 그들이 믿지 아니하는 이를 어찌 부르리요. 듣지도 못한 이를 어찌 믿으리요. 전파하는 자가 없이 어찌 들으리요"(롬 10:14).

하나님의 말씀은 성 프란체스코가 말한 명언의 진실성을 '말이 필요하다'는 점을 상기시킴으로써 완성시킨다. 우리가 그저 묵묵히 사람들을 섬기면서 그들이 어떻게든 우리의 영적인 동기를 파악하리라고 막연히 기대하는 것만으로는 충분하지 않다. 방금 인용한 바울의 말처럼, 그들이 우리의 메시지를 진정으로 이해하고 받아들이려면 그것을 말로도 설명할 필요가 있다.

여기에서 우리는 두 번째 교훈을 얻는다. 우리가 입으로 '말하는' 내용도 정말 중요하다는 것이다. 그렇다. 우리는 사랑으로 다른 사람을 섬기는 길을 찾아야 한다. 더불어 하나님의 사랑의 메시지를 그들에게 설명하는 것도 필요하다. '행동과 말', 이 둘은 이 뜻밖의 모험에서 우리가 사용해야 할 가장 귀중한 도구들이다.

기억할 말씀

(요일 3:18)

자녀들아 우리가 말과 혀로만 사랑하지 말고 행함과 진실함으로 하자.

2
week

월요일 몸으로 사랑을 실천하라

화요일 올바른 방향을 제시하는 작은 몸짓을 해보라

수요일 기회가 주어지면 일단 복음을 전하라

목요일 우리의 서툰 몸짓도 사용하신다

금요일 어린아이 같은 믿음을 가지라

토요일 계획과 일정에 끼어든 사건에 열린 태도를 가지라

주 일 이야기는 힘이 있다

월요일

몸으로 사랑을 실천하라

리 스트로벨

남을 섬길 수 있는 기회는 널려 있다.
우리의 눈을 열어주셔서 그런 상황을 보게 해달라고 간구하라.

우리 부부는 결국 울음을 터뜨리고 말았다. 냉혹해 보이는 의사들
이 아내의 침대 곁에서 그 소식을 전했을 때 우리는 문자 그대로 엉엉
울고 말았다. 갓 태어난 딸아이에게 심각한 문제가 있었던 것이다.

엘리슨은 곧장 신생아 중환자실로 옮겨졌다. 의사들은 응급 처치
동의서에 보호자 서명을 하고 최악의 경우를 대비하라고 했다. 우리
는 온통 두려움에 사로잡혀 망연자실한 상태였다. '하필이면 왜 우리
아이가? 하필이면 왜 우리가?' 부모에게 닥칠 수 있는 최악의 악몽이
었다.

엘리슨이 태어난 첫 날만 해도 모든 것이 순조로웠기 때문에 이런

72

갑작스런 상황이 우리에겐 큰 충격으로 다가왔다. 레슬리가 유난히 오랫동안 진통을 하기는 했지만, 분만 자체는 무난했고 아기도 건강하고 행복해 보였다.

처음으로 부모가 되는 모든 사람이 그렇듯이 우리 부부도 오랫동안 고대했던 일인지라 온통 흥분과 기분 좋은 행복에 사로잡혀 있었다. 회복실에서 친척들에게 전화하던 일이 지금까지도 기억에 남아 있다. "원래 신생아들은 주름투성이인데다가 못생겼잖아요. 근데 엘리슨은 그렇지 않아요. 너무 예쁘고 귀여워요!" 물론 지금 엘리슨의 출생 사진을 보면 엄마 뱃속에서 빠져나오려고 씨름하느라 애쓴 여느 신생아와 똑같이 생겼다. 하지만 처음 아빠가 된 사람의 눈에는 그 모습이 그렇게 귀여워 보이는 모양이다.

다음 날 우리 부부는 오후 1시, 젖 먹일 시간에 간호사가 엘리슨을 데려오길 기다리고 있었다. 그런데 시간이 되어도 오지 않았다. 마음이 조급해지기 시작했다. 무슨 일인지 알아보려고 막 나서려는 찰나에 노크 소리가 들렸다. 의료진을 대표하여 의사 몇 명이 우리를 기절시킬 만큼 끔찍한 소식을 들고 온 것이다.

그 후 며칠간 그야말로 죽을 지경이었다. 우리 첫 아이에게 의료 기구와 모니터가 연결되고 손목에 정맥 주사가 꽂혀 있는 모습을 보는 것은 너무 괴로운 일이었다. 게다가 당시만 해도 우리는 그리스도인이 아니었다. 하나님을 모르는 우리로서는 붙들 지푸라기 하나 찾을 수 없었다.

이처럼 두렵고 떨리는 와중에 낙담하여 병원 복도를 걷고 있는데 복도에 설치된 전화에서 벨이 울렸다. 한 간호사가 전화를 받더니 주변을 돌아보고는 나한테 온 전화라며 수화기를 건넸다.

전화를 건 사람은 내가 수년 전에 알았지만 한동안 보지 못했던 친구 데이비드였다. 처음에는 그가 병원에 있는 내게 왜 전화를 걸었는지 의아했다. 사실을 말하면, 과거에 데이비드와 친하게 지내는 동안 나는 그에게 거짓말을 하고, 그를 오도하고 조롱하고, 약속도 지키지 않았다. 특히 그가 다니는 교회와 기독교에 대해 무자비한 비판을 가했다. 그런데도 신실한 그리스도인이었던 데이비드는 그날 일부러 내게 전화를 걸었던 것이다.

"자네 딸에게 일어난 일을 전해 들었어." 데이비드는 걱정스런 목소리로 말했다. "내가 도울 수 있는 일이 있을까? 함께 있어줄까? 이야기나 좀 할까? 뭐 필요한 건 없어? 혹시 심부름시킬 일이라도…. 연락만 하면 최대한 빨리 갈게. 그리고 자네 딸을 위해 기도할게. 우리 교회 친구들도 함께 기도할 거야."

나는 도무지 믿을 수 없었다! 일부러 나를 수소문해서 만사를 제쳐놓고 일하는 시간을 떼어 나를 도우려고 100킬로미터나 되는 길을 오겠다니, 믿을 수 없는 일이었다. 그리고 나를 모르는 자기 교회 친구들과 함께 무릎을 꿇고, 만난 적도 없는 아이(그것도 공공연한 무신론자의 딸)의 회복을 위해 자신들의 하나님에게 간구하겠다니…. 아무리 생각해도 나에게는 너무도 과분한 대접이었다.

나는 데이비드의 제의를 받아들이지는 않았지만 그에게 고마움을 표했다. 긴장 속에 열흘이 지나고 엘리슨은 그 불가사의한 병에서 회복되었다. 의사들은 어떻게 설명해야 할지를 몰랐고, 하나님의 은혜로 오늘까지 엘리슨은 아무런 후유증이 없이 잘 살고 있다.

그때 이후로 레슬리와 나는 엘리슨이 입원해 있는 동안 겪었던 모든 충격을 잊으려고 노력했다. 그럼에도 삼십 년이 지난 오늘까지 나는 데이비드의 전화를 받았던 바로 그 장소를 생생하게 기억한다. 그만큼 내 뇌리에 깊이 각인되었던 것이다. 넘치도록 우리를 섬기려고 했던 데이비드의 태도는 나의 영적 여정에 기여한 하나의 요인이 되었다.

데이비드의 행실은 그리스도인이 말로만 사랑하지 않고 그리스도의 사랑을 몸소 실천함으로써 미칠 수 있는 영향을 잘 보여주는 본보기이다. 어쨌든 말은 쉬운 것 아닌가? 예수님을 보라. 그분은 말로만 세상을 사랑한 것이 아니라 몸소 종이 됨으로써 그 사랑을 '보여주셨다.'

예수님은 눈 먼 자의 눈을 뜨게 하고, 문둥병자의 건강을 되찾아주고, 죄인들의 잘못을 용서하고, 가나에서 열린 결혼식 하객들에게는 물로 포도주를 만듦으로써 그들을 섬기셨다. 그뿐인가? 하나님의 아들을 믿는 자들에게 천국 문을 열어주시기 위해 자기 목숨을 기꺼이 희생하셨다. 역사상 가장 위대한 섬김이 아닌가!

우리가 예수님처럼 남을 섬기고 남을 위해 희생하고 예수님의 본을 좇아 구체적으로 사랑을 실천할 때, 그리스도의 메시지에 둔감한 굳은 마음까지 열 수 있다. 예수님이 마태복음 5장 16절에서 말씀하셨듯이, 사람들은 우리의 "착한 행실을 보고 하늘에 계신 우리 아버지께 영광을 돌리게" 될 것이다. 말하자면, 우리가 어려움에 빠진 누군가를 돕기 위해 우리의 시간과 힘과 재정을 희생하기로 하면(즉, 나르시시즘에 빠진 자기 본위의 문화를 거슬러 행동하면) 사람들은 그런 일을 하는 동기를 궁금해할 것이다. 그들의 눈은 자연스럽게 하늘에 계신 우리 아버지, 곧 그분의 아들이 보여준 사랑의 생활방식을 실천하도록 이끄시는 하나님에게로 향하게 될 것이다.

말은 금방 증발하기 마련이다. 목사가 주일 오전에 한 설교는 대부분 저녁을 먹기도 전에 기억 저편으로 사라지고 만다. 그러나 희생적인 섬김은 영원히 기억된다. 예수님이 말한 소금과 빛의 은유를 사용하자면, 예수님의 이름으로 베푼 단순한 친절만큼 맛깔나고 빛나는 것은 없다.

이 말을 자신 있게 단언할 수 있는 것은 데이비드가 내게 베푼 친절을 결코 잊을 수 없기 때문이다.

행동 지침

만일 모험으로 가득한 인생을 살고 싶으면, '연민의 레이더'를 가동하여 이웃과 동료 등 주변 사람의 삶을 세밀히 살펴보라. 그들의 필요를 알아낸 뒤에 그들을 섬길 수 있는 기회를 찾아보라. 그들을 위해 기꺼이 지불하는 당신의 희생은 예수님이 어떤 분인지를 보여줄 것이고, 그들은 당신에게 그런 행동을 하게끔 동기를 부여한 하나님에 대해 더 알고 싶어 할 것이다.

모험에 뛰어들기

혹시 주변에 혼자된 어르신은 없는가? 매주 그분이 식료품 가게에서 쇼핑할 때 도움을 필요로 하지는 않을까? 함께 놀아줄 필요가 있는 아이들은 없는가? 두 아이를 키우는 미혼모가 있다면 가끔 한 번씩 아이들을 돌봐주어 그녀가 외출할 시간을 만들어주는 건 어떨까? 장애가 있는 퇴역 군인의 집 앞에 쌓인 눈을 대신 치워주는 건 어떨까? 점심시간에 짬을 내어 이혼 위기에 처한 동료의 이야기를 들어주는 건 어떨까?

남을 섬길 수 있는 기회는 우리 주위에 널려 있다. 하나님에게 우리의 눈을 열어주셔서 그런 상황을 보게 해달라고 간구하기만 하면 된다. 일단 사람들이 당신이 베푼 도움에 고마움을 느끼면, 자연스럽게 영적인 대화를 나눌 수 있는 기회를 포착할 수 있다.

몇 년 전 눈보라 치는 날씨에 시카고 미드웨이 공항에 도착한 적이 있다. 인도 출신의 엔지니어가 옆 좌석에 앉아 있었다. 서로 이야기를 나누다가 그가 버스로 오헤어 공항까지 갈 예정이고, 임신 중인 그의 아내가 어린 두 아이를 데리고 먼 교외에서부터 그를 마중 나올 계획이라는 걸 알게 되었다. 내가 보기에는 상당히 무리한 계획처럼 보였다.

"내 차가 미드웨이 공항에 있으니 당신을 집까지 태워다주면 어떨까요?" 하고 내가 제안했다.

그는 무척 고마워했다. 눈보라를 헤치며 차를 타고 가는 중에 그는 내게 물었다. 어째서 가던 길을 멈추고 낯선 사람을 위해 고생하느냐고 말이다. "혹시 과거에 당신에게 아주 큰 친절을 베푼 사람 때문에 당신도 누군가에게 그런 친절을 베풀어야겠다는 마음이 생긴 적은 없었나요?" 나는 내 의도대로 설명하려 애썼다.

그는 잠시 생각하더니 고개를 살짝 끄덕였다.

"바로 예수 그리스도가 나에게 놀라운 친절을 베풀어주셨답니다."

내가 말했다.

대화가 이어지면서 그는 결국 하나님의 엄청난 은혜로 말미암아 내가 그를 돕게 되었다는 것을 이해하기 시작했다. 드디어 집에 도착하자 그는 춥지 않게 옷을 챙겨 입고 차에서 내렸다. 그러고는 내게 고맙다고 작별 인사를 하면서 "이 모든 일에 대해 좀 더 생각을 해봐야겠어요"라고 말했다.

나는 확신한다. 예수님에 관한 나의 '메시지'가 그의 마음에 새겨졌을 거라고 말이다. 눈보라를 무릅쓰고 그를 태워다준 나의 친절을 통해 예수님의 '사랑'을 경험했을 것이기 때문이다.

아주 단순한 행동이 큰 영향을 미칠 수 있다.

기억할 말씀 (마 5:16)

이같이 너희 빛이 사람 앞에 비치게 하여 그들로 너희 착한 행실을 보고 하늘에 계신 너희 아버지께 영광을 돌리게 하라.

화요일

올바른 방향을 제시하는 작은 몸짓을 해보라

마크 미텔버그

그냥 초대하기만 하라.
하나님이 그 만남을 어떻게 사용하실지 누가 아는가?

"안녕하세요, 마크. 저 기억하죠?"

나는 그렇다고 말하고 싶었다. 그래서 애써 기억을 더듬었다. '그럼요'라는 말을 내뱉고 싶어서 입을 열었지만, 솔직히 기억난다고 말할 수가 없었다.

"음, 힌트를 좀 주시겠어요?" 나는 내 앞에 있는 젊은 여자에게 말했다. 이 여자는 교회 연못가에 선 채로 머리카락에서 물을 뚝뚝 떨어뜨리고 있었다.

우리는 6월 연례행사인 세례식을 막 끝낸 참이었고, 하나님의 은혜로 수백 명의 새신자가 그리스도에 대한 헌신을 다짐하고 그 사실을 친구와 가족과 그 외의 사람들에게 알리기 위해 물속에 들어갔던 터였다.

이 세례식은 우리 교회가 치르는 연중행사 가운데 가장 중요한 행사였다. 특히 복음 전도 사역에 종사하는 우리들에게는 최고의 경사였고, 어쩌면 크리스마스와 부활절과 생일 파티를 모두 합한 것만큼 중요한 행사였다. 이 행사는 일 년 동안 해왔던 기도, 관계 수립, 영적 대화, 친구 초청, 주말 예배, 소그룹, 특별 전도 집회 등이 가시적으로 열매를 맺는 추수 현장이다.

나는 매년 6월마다 세례식에서 일어나는 일들을 열심히 주목하곤 했다. 일찌감치 도착해서 바위가 있는 곳에 앉되 발을 적시지 않고도 가장 가까이서 볼 수 있는 곳에 자리를 잡는다. 그러고는 사람들이 물에 들어가기 전후의 모습을 망원 렌즈를 이용하여 스냅 사진을 찍곤 한다.

특히 내가 아는 사람들을 유심히 관찰하는데, 그의 영적인 여정에 내가 개인적으로 관여한 경우에는 각별히 신경을 쓴다. 그것은 내 나름대로 내가 시도한 전도 활동의 열매를 기록하는 방법이었다. 성령님이 그 사람을 그리스도에게로 인도하시는 과정에서 비록 아주 작은 고리 역할밖에 하지 못했어도 그 사람을 내가 맺은 열매의 목록에 올렸다.

하나님이 나를 사용하셔서 믿게 한 경우라면 이름은 몰라도 얼굴을 기억하는 것이 보통이었다. 그러나 내 앞에 서 있는 여자는 정말 기억이 나지 않았다.

"4년 전에 만났잖아요. 당신네 부부가 스트림우드에서 아파트를 찾고 있을 때였어요. 나는 아파트를 중개하는 부동산 회사에서 일했어요. 그때 제가 당신에게 아파트를 보여주었죠. 상당히 관심이 있는 것 같았는데 다시 오지 않더라고요."

"아, 죄송해요. 교회 서쪽에 있는 다른 지역에 자리를 잡았거든요" 하고 말하면서 희미한 기억을 더듬어 당시로 돌아가 보려고 애썼다. 그 아파트 단지와 다른 몇 군데를 둘러본 기억은 나는데 그녀와 나눈 대화는 전혀 생각이 나지 않았다.

"괜찮아요. 당신들의 본분을 다했으니까요."

"뭐라고요?" 호기심과 안도감을 동시에 느끼면서 내가 물었다.

"확실히 그랬어요. 내게 이 교회에 관해 이야기했는데, 기억 안 나요? 이 교회가 새로운 친구를 만나고 성경을 배울 수 있는 좋은 곳이라고 제게 일러주었잖아요."

"아, 이제 조금씩 기억나네요."

"당신이 제게 명함 크기의 교회 초청장을 줬었죠. 약도가 그려져 있는 그 카드, 생각나세요?"

"물론이죠. 언제나 그걸 가지고 다니거든요"라고 대답하며, 속으로 그 습관을 계속 유지해야겠다고 다짐했다.

우리 교회는 초청 카드를 만들어서 모든 교인이 지갑에 넣고 다니게 했다. 앞면에는 교회 이름과 주소, 전화번호, 예배 시간이 인쇄되어 있고, 뒷면에는 교회 위치를 알려주는 약도가 그려져 있어서 그것만 있으면 누구를 만나든지 교회에 초청할 수 있었다. 요즘에는 웹 주소까지 들어 있어서 방문하기 전에 온라인으로 얼마든지 확인해볼 수 있다.

나는 언제나 초청 카드를 가지고 다니다가 관심이 있어 보이는 사람이면 누구에게나 건네주곤 했는데, 특히 사람들이 교회에 올 가능성이 높은 절기가 가까울 때는 더 열심히 나눠주었다. 카드가 지닌 또하나의 장점은 무리하게 밀어붙이지 않는다는 점과 무언가를 팔려고 하지 않는다는 점이다. 달리 말해서, 그 카드를 받는 순간에 〈나 같은 죄인 살리신〉과 같은 찬송이 울려 퍼지지도 않고 '천국에 가는 여섯 단계'와 같은 내용이 기재되어 있지도 않다는 뜻이다. 물론 이런 시도가 잘못된 것은 아니지만, 진지한 구도자에게는 너무 단순해 보이는 것이 문제이다. 이 카드는 교회에 관한 필수 사항만 알려주고, 방문객을 언제든지 환영한다는 점을 분명히 밝히고 있다.

"그때 나눈 대화와 그 직후에 있었던 다른 사람과의 대화를 사용하셔서 하나님이 저를 이 교회로 인도하셨어요" 하고 그녀는 말을 이었다. "한동안 교회를 다닌 다음에야 메시지를 이해하기 시작했어요. 마침내 예수님에게 내 죄를 용서해달라고 간구했고 오늘 이렇게 세례를 받게 되었답니다. 예배 시간에 당신 얼굴을 보고 나중에 당신을 만나 나를 다시 소개하고 그동안 무슨 일이 있었는지 알려줘야겠다고 마음먹은 거죠. 하나님이 당신을 도구로 사용하신 것에 감사드려요!"

"천만의 말씀입니다." 나는 예상치 않은 소식에 좀 얼떨떨하면서도 전율을 느끼며 힘차게 대답했다. 그녀를 포옹하고 다시 한 번 축하해 주면서 속으로 '이건 정말 놀라운 일이야!'라고 소리쳤다.

이 젊은 여자의 경험담은 내게 큰 교훈을 주었다(오늘 당신에게도 그런 일이 일어나길 바란다). 우리 각 사람이 하나님을 알지 못하는 누군가에게 작은 손길만 뻗어도 하나님은 그것을 크게 사용하실 수 있다는 교훈 말이다.

행동 지침

우리는 전도를 너무 어렵게 생각하는 경향이 있다. '무엇이든지' 할 만한 준비가 되어 있지 않으면 '아무것'도 할 수 없다고 생각한다. 그래서 다른 누군가가 그 일을 해주길 바라면서 손을 놓고 있는 경우가 너무 많다. 그러면 전도의 모험을 놓쳐버려 영적인 영향도 끼치지 못한다. 그러므로 가능하면 언제든지 사람들에게 올바른 방향을 제시하는 작은 몸짓을 할 필요가 있다. 일단 '무언가'를 한 뒤에 하나님이 그것을 어떻게 사용하시는지 보라는 이야기이다.

모험에 뛰어들기

공을 발명하고 생산하고 운반하고 공의 모든 움직임을 추적하는 일은 우리의 몫이 아니다. 우리가 할 일은 그저 공을 굴리는 것뿐이다.

우리가 한 사람의 영적 여정을 처음부터 끝까지 관여하는 경우는 극히 드물다. 만일 그래야 한다면 너무 버거워서 숨도 제대로 못 쉴 것이다. 그런데도 어떤 이들은 그 모든 것이 자기 책임이라고 생각하는 것 같다. 모든 사람을 사귀고, 영적 호기심을 불러일으키고, 교회로 인도하고, 모든 영적 물음에 응답하고, 하나님의 본성(물론 삼위일체의 모든 면을 포함한)을 비롯한 복음의 내용 일체를 설명해주고, 결신 기도를 드리도록 도와주고, 세례를 받게 하고, 제자로 양육한 뒤에 계속 사후 관리를 해서 마침내 목사 안수를 받게 하고 선교지로 보내는 일까지 확실히 끝내야 한다고 말이다. 만일 당신이 정기적으로 이 모든 일을 잘 해낼 수 있다면 나는 당장이라도 '당신'이 쓴 책을 읽어보고 싶다.

진심으로 말하건대, 하나님은 방금 열거한 여정의 일부분만 우리에게 맡기시지, 이 모든 일을 우리에게 떠맡기지 않으신다. 우리에게 교회를 주신 중요한 이유 중 하나도 이 복음 전도의 모험에서 서로 협력하게 하려는 것이다. 한 공동체로서 우리는 사람들로 하여금 그리스도를 보고 생각하고 선택할 수 있도록 서로 합력하여 기도하고 섬기고 전할 수 있다.

더 나아가 우리가 교회 모임을 잘 계획하고 인도하여 "지혜롭게 외부 사람들을 대하고 때를 선용하면"(골 4:5 참조) 교회는 방문자들에게 영적 매력을 풍기는 장소가 될 것이다. 교회야말로 처음 방문하는 우리 친구들에게 하나님의 사랑이 신자들 사이에서 구현되고, 하나님을 예배하는 모습을 보여주는 곳이어야 한다. 또한 가르침의 은사를 받아 가르치는 사역을 훌륭하게 해내는 지도자가 복음 진리를 분명히 전하는 곳이 되어야 한다. 가르치는 자는 청중이 이해할 수 있는 언어로 중요한 진리를 가르쳐서 청중의 삶에 영향을 미치고, 그 진리는 거기에 모인 신자들의 삶(열심히 배우고 자라 세상과 하나님과 서로를 섬기는 삶)을 통해 입증되는 법이다.

요약하면, 우리 모임은 "너희가 서로 사랑하면 이로써 모든 사람이 너희가 내 제자인 줄 알리라"(요 13:35)는 예수님의 말씀이 이루어지는 장場이 될 수 있다.

이 같은 전도의 가능성을 염두에 둘 때 우리가 할 수 있는 작은 일은 사람들을 우리의 모임(공적 예배, 소그룹, 주일학교, 특별 행사 등)에 초청하는 것이다. 그냥 초대하기만 하라. 하나님이 그것을 어떻게 사용하실지 누가 아는가? 몇 년 뒤에 세례식이 끝나고 누군가 물에 흠뻑 젖은 몸으로 다가와서 당신을 포옹하면서 진심으로 감사하다고 말할지 누가 알겠는가?

기억할 말씀　　　　　　　　　　　　　　　　　　　　(눅 14:23)

주인이 종에게 이르되 길과 산울타리 가로 나가서 사람을 강권하여 데려다가 내 집을 채우라.

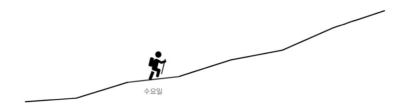

기회가 주어지면 일단 복음을 전하라

리 스트로벨

하나님이 당신의 능력을 신장시키려고 할 때에는
유연한 태도를 갖는 것이 최선임을 명심하라.

태양이 뜨겁게 타오르고 있었다. 나는 큰 나무 아래 드리운 한 조각 그늘을 찾아 까슬까슬한 고동색 풀 위에 다리를 꼬고 앉았다. 당시 나는 인도 남동부에 위치한 힌두교 지역인 안드라프라데쉬 주를 방문하는 중이었고, 거기서 열리는 전도 집회를 취재하는 중이었다. 내 임무는 예수님에 관한 메시지를 듣기 위해 야간 전도 집회에 몰려드는 수천 명의 청중에 관해 기사를 쓰는 것이었다.

그런데 오늘은 좀 달랐다. 미국인 목사가 그곳을 방문하여 인구가 별로 없는 그 농촌 마을에서, 그것도 너무나 뜨거운데다 사람들이 들판에서 일할 시간인 정오에 설교를 할 예정이었다. 솔직히 아무도 나타나지 않을 거라고 생각했다.

인도인 음악가 여섯 명이 사람들을 모으기 위해 연주를 시작했다. 나는 탬버린을 잡고 재즈 리듬을 따라가려고 애썼다(다행히 아무도 이 장면을 비디오에 담지 않았고 당시에는 유튜브도 없었다.) 조금 있으니 구경 꾼들이 모여들기 시작했다. 15분이 지나자 25명이 풀밭에 앉아 있었다. 아무도 모를 것 같은 외딴 지역에 사람들이 찾아오는 것이 참 신기했다.

음악가들은 연주를 계속하면서 목사를 초조하게 기다렸다. 시간이 다 되었는데도 목사가 나타나지 않았다. 사람들은 점점 더 불안해졌다. 사람들이 자신들의 일터인 들판으로 돌아가지 못하게 잠시나마 막을 수 있는 건 음악뿐이었다. 마침내 한 음악가가 허리를 숙이더니 내게 귓속말로 "한 곡 더 연주한 뒤에 당신이 설교하세요"라고 말했다.

나는 깜짝 놀라 그를 쳐다보며 "내가요?" 하고 거의 외치다시피 말했다. 나는 기자이지 설교자가 아니었다. 여태껏 설교를 해본 적도 없거니와 지구를 반 바퀴나 돌아온 이곳에서 어떻게 설교를 할 수 있겠는가? 사실 사람들이 모인 자리에서 내 믿음에 관해 이야기해본 적도 없었다. 내가 마지막으로 일종의 연설을 한 것은 고등학교 시절이다. 설교 원고도, 전할 메시지도, 훈련 경험도, 아무것도 없었다. 무대만 보면 몸이 마비되는 체질 외에는 가진 것이 없었다. 뭐라고 하겠는가? 나와는 문화적으로 엄청난 차이가 있는 이 힌두교도들에게 어떻게 설교를 하겠는가?

드디어 음악이 멈췄다. 그리고 침묵이 흘렀다. 스물다섯 쌍의 야릇한 눈동자가 나를 뚫어지게 바라보고 있었다. 손바닥에는 땀이 흐르고, 무릎은 떨리고, 가슴은 두근거리기 시작했다. 메스꺼움을 애써 억누르며 천천히 일어섰고, 내 말을 텔루구어로 통역할 사람이 자리를 잡는 동안 무슨 말을 해야 할지 열심히 머리를 굴렸다.

"그러니까…" 하고 어색한 미소를 지으면서 "여러분은 힌두교도이지요?" 하고 말문을 열었다.

통역사가 어리둥절한 눈빛으로 나를 쏘아보면서 마치 '정말 그런 말로 시작할 참인가요?'라고 따지는 것 같았다. 나도 그에게 '그냥 통역하세요. 내가 지금 하고 싶어서 하는 줄 아세요?'라고 대꾸하고 싶은 심정이었다. 그러나 나는 아무 말도 건네지 않았고, 그는 성실하게 내 말을 통역했다. 청중들은 별 반응을 보이지 않았다.

그 후에 내가 무슨 말을 했는지 자세한 내용은 기억나지 않는다. 아마 예수님에 관해 이야기했을 것이다. 내가 그분을 왜 사랑하는지, 그분이 어떻게 나의 과거와 현재, 미래의 잘못을 모두 용서해주셨는지에 대해 말했던 것만은 확실하다. 아울러 내가 어떻게 믿음을 갖게 되었는지 이야기했던 것 같다.

복음을 증거할 시간이 되었을 때는 머릿속이 온통 뒤죽박죽이 되어버렸다. 성경 구절도 잘 기억나지 않았고 예수님의 십자가에 대해서도 일목요연하게 설명하기가 어려웠다. 나는 카스트제도에서 하층 계급에 속하는 힌두인 노동자들이 이제까지 알고 있던 유일한 종교인 힌두교를 버리고 그리스도를 영접하고 가족과 친구와 공동체에게 배척받을 각오를 해야 하는 이유를 설명하려고 끙끙거렸다. 결국 두서없이 이런저런 이야기를 하다가 끝나버렸다.

완전히 실패했다고 느꼈다. 모든 것이 엉망진창이 되었다는 생각이 마음을 짓눌렀다. 끝날 때는 이렇게 이야기했던 것 같다. "저는 여러분이 예수님을 영접하면 큰 희생을 감수해야 한다는 것을 알고 있습니다. 예수님을 영접한다는 것이 이 지역에서는 위험천만한 모험이니, 마음을 굳게 먹고 단단히 준비되기 전에는 아예 생각도 하지 마십시오. 여러분이 그러더라도 저는 충분히 이해할 겁니다. 이제 제가 기도하는 동안에 우리 악단이 한 곡 더 연주할 겁니다. 그동안 여러분은 다시 한 번 깊이 생각해보십시오. 그래도 그리스도를 믿고 싶다면 제가 도와드리겠습니다."

나는 두 손을 모으고 눈을 감고 머리를 숙였고 낙담과 절망에 빠진 채 조용히 기도했다. '회개'의 기도였다.

'아, 아버지, 정말 죄송합니다. 저는 빌리 그레이엄이 아닙니다. 설교할 자격도 없습니다. 저는 이처럼 중요한 일을 맡을 자격이 없는 사람입니다. 제가 이 기회를 망쳐버린 게 확실합니다. 저 같은 죄인이, 이름도 없는 무신론자 출신인 제가 이 귀한 사람들에게 당신을 대변할 수 있다고 생각한 것을 부디 용서해주세요. 이들은 저보다 훨씬 나은 강사를 맞을 자격이 있습니다. 여기서 저를 안전하게 벗어날 수 있게만 해주신다면 다시는 이런 일을 하지 않겠다고 약속합니다. 제발, 제발 저를 용서해주십시오.'

이렇게 기도하고는 눈을 뜨고 위를 쳐다보았다. 숨을 헐떡이면서! 그런데 열두 명의 남녀가 제 발로 일어서서 두 뺨에 눈물을 흘리며 그리스도를 영접하러 앞으로 나오는 것이 아닌가! 나는 온몸에 전기 충격을 받은 것만 같았다. 그 순간 나는 깨달았다. 더 이상 나는 이전의 내가 아니라는 사실을.

만일 그 음악가가 내게 선택권을 주었더라면, 나는 그날 절대로 입을 열지 않았을 것이다. 피할 수 있는 그럴듯한 길이 있었다면 분명히 피했을 것이다. 나는 분명 자격도 없고 준비도 되지 않은 사람이었다. 그럼에도 찌는 듯이 더운 오후에 지구 반대편의 시골 한 구석에서, 하나님은 나를 고치에서 내쫓아 분에 넘치는 모험에 뛰어들게 하셨다. 그 사건이 일어난 지 5년 만에 내가 미국에서 가장 큰 교회에서 교육목사가 되고, 교회는 물론이고 전국을 돌아다니며 영적인 일에 관심이 있는 수천 명에게 말씀을 전할 줄은 꿈에도 예상치 못했다.

그러나 하나님은 아셨다.

하나님이 당신을 위해서 무엇을 준비하고 계실지 아무도 모르지 않는가? 어쩌면 당신은 평생 인도에 가지 못할 수도 있고, 설교할 기회가 한 번도 없을 수도 있다. 그러나 만일 당신이 하나님께 당신의 믿음을 남들과 나누는 기쁨을 경험하게 해달라고 부탁하면, 그분은 언젠가 당신을 고치에서 부드럽게 밀어내실 것이다. 그분은 지금 당신에게 영적으로 혼란한 이웃에게 친구가 되어주라고, 제멋대로 사는 형제와 하나님의 은혜를 나누라고, 당신이 속한 독서 그룹 사람들에게 간증을 들려주라고, 어떤 회의주의자와 인터넷 대화를 나누라고 말씀하시는지도 모른다.

이런 순간이 올 때 당신이 자격도 갖추고 준비도 되어 있다면 좋겠지만, 그렇지 못할 확률이 높다. 그때가 되면 두려워하지 않길 바라지만, 그렇지 못할 가능성이 크다.

그러나 한 가지는 분명히 말해줄 수 있다. 당신은 결코 예전과 같지 않을 것이다. 그리고 당신을 둘러싸고 있던 고치 안으로 다시 돌아가고 싶은 마음이 전혀 없어질 것이다.

행동 지침

우리는 우리의 앞날을 알 수 없지만 하나님은 아신다. 때로는 하나님이 억지로 우리를 거기로 끌고 가시기도 한다. 그분이 우리에게 복음 전도의 모험을 한 단계 더 끌어올리라고 요구하실 때는 부담을 느낄 수도 있다. 그러나 하나님의 뜻 안에 거하는 것보다 더 안전한 일은 없다. 그러므로 하나님이 당신의 능력을 신장시키려고 할 때에는 유연한 태도를 갖는 것이 최선임을 명심하라.

모험에 뛰어들기

그 사람은 불신 가정에서 자라 보잘것없는 곳에 사는 평범한 사람이다. 성격은 우유부단하고 의심도 많았다. 성경 속에서 그는 무법자들이 습격할 때 붙잡힐까봐 두려워 떨었다.

그의 이름은 기드온이다. 어느 날 그에게 천사가 나타났다. 벌벌 떨고 있는 그 겁쟁이에게 천사는 어떻게 인사했을까? "어이, 겁 많은 애송이!"라고 부르든가, "이봐, 연체동물 같은 친구야!"라고 부를 수도 있었다. 그런데 천사는 전혀 예상 밖의 호칭으로 기드온을 불렀다. "큰 용사 기드온아!"

왜 그렇게 불렀을까? 하나님은 기드온의 현재 모습뿐만 아니라 장차 이뤄질 모습까지 보실 수 있기 때문이다. 하나님이 그를 위해 열어놓은 모험을 감행하기만 한다면 말이다. 기드온은 가끔 넘어지면서도 하나님을 위해 위대한 일을 성취할 수 있었고, 그의 이름은 오랜 세월을 거쳐 오늘에 이르기까지 우리의 기억 속에 살아 있다.

그러면 하나님이 바로 여기에 있는 당신을 바라볼 때 뭐라고 부르실까? "변화를 일으키는 친구야!", "하나님나라를 건설하는 사람아!", "내 은혜를 전하는 사자야!", "그리스도를 위한 대사야!" 어떤 것이 맘에 드는가?

하나님이 우리를 어디로 데려가실지 우리는 모른다. 장차 무슨 일이 일어날지 모르기 때문에 우리는 염려하고 불안해한다. 그러나 성경은 우리에게 그 길이 홀로 가는 길이 아니라고 안심시킨다. 성령님이 우리를 인도하고 격려하고 준비시키신다. 그분은 우리의 혀가 굳어 있을 때에도 우리에게 할 말을 주실 수 있다. 우리가 도망치고 싶을 때, 우리에게 용기를 주실 수 있다. 내가 인도에서 그 뜨겁고 텁텁한 오후에 쓸모없는 존재라는 생각에 빠졌듯이, 우리가 그런 자괴감을 느끼는 순간에도 우리를 사용하실 수 있다. 그것이 수백만 명을 전도하는 일이든, 구원자가 절박하게 필요한 단 한 사람을 전도하는 일이든, 하나님은 우리 각자를 위해 모험을 준비하고 계신다.

그러므로 잠시 시간을 내어 당신이 장차 어떤 사람이 될지 상상해보라. 마음껏 여러 가지 가능성을 머릿속에 그려보라. 그리고 하나님은 이미 당신을 위한 그림을 가지고 계시다는 것을 굳게 믿어라.

기억할 말씀   (빌 4:13)

내게 능력 주시는 자 안에서 내가 모든 것을 할 수 있느니라.

우리의 서툰 몸짓도 사용하신다

마크 미텔버그

때때로 불신자들에게 어울리지 않는 우리의 어색한 몸짓을 통해서도
하나님은 그들의 마음속에 역사하신다.

내가 뭘 하는 건지 정말 몰랐다. 전도 훈련을 제대로 받은 적도 없
고 이 '뜻밖의 모험'에 관한 책을 읽은 적도 없었다. 믿음을 증언하는
면에서는 초보자라고 생각했다. 사실이 그랬으니까.

몇 년간 영적으로 표류하다가 마침내 그리스도에게 내 인생을 의
탁한 것은 불과 두어 달 전의 일이었다. 그 후 매주 주로 청년들이 모
이는 '월요일 밤 성경공부'에 참석하기 시작했다.

이상주의자인 젊은 예수쟁이들에게 매력을 느낀 것은 그들이 명목
상의 그리스도인이 아니었기 때문이다. 그들은 실로 하나님을 기쁘게
하고, 서로 서로 섬기며, 세상을 변화시키는 일에 뜨거운 열정을 품고

있었다.

그래서 이 모임은 개인의 영적 성장을 도모할 뿐 아니라 믿지 않는 친구들을 초대하기에도 적절한 곳이었다. 하지만 처음 방문하는 사람들이 우리의 언어와 음악과 공부하는 주제를 어떻게 생각할지는 크게 신경 쓰지 않았다. 우리가 영적으로 풍성한 경험을 하면 그것이 새로 참석한 이들에게도 넘쳐흐를 거라고 믿었기 때문이다. 그리고 실제로 그런 일이 종종 일어났다.

지금 와서 돌아보면, 우리가 때때로 불신자들에게 어울리지 않는 몸짓을 했는데도 하나님은 그들의 마음속에 역사하셨다. 가령, 우리는 친구들을 초대해놓고 곧바로 그들에게는 너무나 생소한 노래를 부름으로써 그들의 영적 탄력성을 시험하기도 했다. 그들이 도무지 이해할 수 없는 〈쿰 바 야Kum Ba Yah〉라든가 〈작은 불꽃 하나〉 같은 노래를 부르곤 했다. 이른바 정통 록 음악을 듣고 자란 세대 앞에서 이런 노래를 불렀던 것이다. 뿐만 아니라, 심심찮게 '기독교 전문 용어'를 사용하면서 어려운 신학 문제를 몇 시간씩 토론하기도 했고, 보기만 해도 부담스러운 큰 성경을 들고 다녔다. 그럼에도 우리는 진심으로 하나님과 서로를 사랑했고, 그런 모습은 외부 사람들에게 틀림없이 상당한 매력을 풍겼을 것이다.

바로 이런 분위기에 내 고등학교 동창 페기가 어느 날 이 모임에 발을 들여놓았다. 페기는 교회를 다니긴 했지만 진지한 신앙인은 아니었다. 그래도 당시는 영적인 문제에 관심이 깊어지는 시점이었다.

우리도 모르는 사이에 페기는 토론에도 참여하고 노래도 따라 부르고 상투적인 기독교 용어까지 입에 담곤 했다. 어느 날 밤 모임을 끝내는 기도 시간에 앞서 페기가 불쑥 입을 열더니 그동안 우리 가운데 있는 기쁨에 끌렸고 우리처럼 되고 싶다는 말을 했다. 그리고 자기를 위해 기도해달라고 부탁했다.

그 자리에 모인 사람들은 페기의 참석을 무척 환영하는 분위기였지만, 나는 왠지 찜찜한 마음을 떨칠 수가 없었다. 그녀가 기독교 문화에 잘 동화되고는 있지만, 그리스도의 참 제자가 된다는 것이 무슨 뜻인지 그 핵심을 놓치고 있다는 염려가 도무지 가시지 않았다.

그래서 성숙한 신앙을 가진 멤버 두 명에게 이 문제를 조심스럽게 꺼냈다. 그들은 내게 남을 판단하지 말라고 조언했는데, 나도 물론 그럴 생각은 없었다. 그럼에도 불편한 마음이 가시지 않아서 어떻게 해야 좋을지 알려달라고 하나님께 기도했다. 페기를 격려하고는 싶었지만 내 마음에 이런 생각이 찾아들었다. '나는 누구인가? 영적인 애송이에 불과한 내가 다른 사람을 바꾸려고 하다니?'

비록 내가 의심을 품고 있었고 또 미숙했음에도 불구하고 하나님은 곧바로 내 기도에 응답해주셨다. 크리스마스에 차를 타고 8번가를 지나고 있을 때 보도를 걸어가는 페기의 모습이 보였다. 나는 차를 멈추고 잠깐 이야기를 나눈 뒤에 그날 저녁에 다시 만나기로 약속했다. 우리가 다시 만났을 때 나는 페기에게 우리 성경공부에 계속 나오게 되어 기쁘다고 말해주었다. 페기는 자기도 그 모임을 좋아하고 새로운 친구도 사귀고 토론에서 배우는 것도 많다고 응답했다.

나는 심호흡을 한 뒤, "네가 하나님과 성경을 아는 지식에서 자라고 있다니 참 좋아"라고 실제로 느끼는 것보다 더 확신에 찬 목소리로 말했다. "그런데 네가 예수님에게 용서를 구하고 네 삶을 그분에게 의탁했는지 정말 궁금해."

페기의 대답은 상당히 충격적이어서 지금까지 내 뇌리에서 사라지지 않고 있다. "아니, 그러지 않았어. 아무도 내게 그래야 한다고 일러준 적이 없거든."

"반드시 그렇게 해야 해." 내가 말했다. 그리고 그 의미가 뭔지 최선을 다해 설명해주었다. 놀랍게도 페기는 내 말을 알아들었고, 우리는 그때 그곳에서 그리스도에 대한 페기의 믿음을 확증하는 기도를 함께 드렸다.

그 순간에 이르기까지 하나님이 페기의 삶에서 여러 방법으로 일하고 계셨다는 사실을 나중에 알게 되었다. 하나님은 페기에게 성경을 통해 그녀가 최근 호텔 방에서 무언가를 '훔친' 사실을 깨닫게 하셨고(페기가 훔친 성경은 기드온협회가 사람들이 '훔쳐 갈' 바라고 거기에 둔 거라는 사실을 페기는 몰랐다), 전날 밤 성탄 전야 예배를 통해, 그리고 다른 친구들과 우리 모임을 통해서도 말씀해주셨다. 더구나 하나님이 나와 같은 햇병아리도 사용하셔서 페기와 하나님의 관계를 확실히 했으니 얼마나 감격스러운 일인가!

그 후 페기는 다른 지방으로 이사를 갔고 몇 년이 흐른 뒤 그리스도인 남자와 결혼을 해서 세 아이를 낳았다. 그리고 어린 자녀들을 데리고 파푸아 뉴기니의 전임 선교사로 떠나기로 했다. 그 소식을 듣고 나는 온몸에 전율을 느꼈다. 이것이야말로 정말 뜻밖의 모험이 아니었을까! 페기 부부는 지금도 거기에서 주님을 섬기고 있고, 자녀들은 모두 자라서 다른 곳에서 하나님을 섬기고 있다.

최근 페기가 미국에 왔을 때 고등학교 동창 모임에서 강연할 기회가 있었다. 여기에 그 일부를 소개하고 싶다.

> 내 인생이 끝날 무렵 사람들이 나를 좋은 아내요 엄마였다고, 공동체
> 에서 열심히 활동한 사람이었다고 말해주길 바랍니다. 그러나 가장
> 중요한 바람은, 나를 이 땅에서 하나님을 섬기고 그분의 나라를 확장
> 하는 일에 종사한 사람으로 기억해주는 것입니다. 나 자신보다 더 큰
> 무언가를 위해 보람 있는 인생을 살고 싶습니다. 내 인생을 잘 투자했
> 고 하나님이 주신 은사를 그분의 영광을 위해 사용했다고 말할 수 있
> 기를 바랍니다.

행동 지침

만일 당신이 페기와 같은 친구를 전도하기에는 부족한 사람이라고
느낀다면, 좋다. 당신이 겸손해서 하나님께 깊이 의존하고 있다는 뜻
인데, 이런 태도는 하나님의 도구로 사용되는 데 꼭 필요하다. 하나님
에게는 소위 '전문가'가 아니라 '종'이 필요하기 때문이다. 즉, 자기 자
신을 쓸모 있게 내어놓고 하나님의 도구로서 다른 사람에게 영적인
영향을 끼치고 싶어 하는 사람이 필요한 것이다.

모험에 뛰어들기

페기는 동창들에게 "나 자신보다 더 큰 무언가를 위해 보람 있는
인생을 살고 싶다"고 말했다. 하나님이 페기의 소원을 들어주신 것이
확실했다. 그녀는 하나님이 원하시는 곳이면 어디든지 가고, 하나님
이 시키시는 일이면 무엇이든 할 준비가 되어 있었기 때문이다. 페기

에게 그것은 지구 반대편으로 가서 정말로 보람 있고 성취감을 주는 일을 하며 그분을 섬기는 것을 의미했다.

그에 비해 이 이야기에서 내가 맡은 몫은 위험 부담이 별로 없는 일이었다. 내가 살던 곳을 떠나거나, 다른 언어를 배우거나, 한동안 공부를 하거나 하는 등 다른 준비를 할 필요가 없는 일이었다. 심지어는 어떤 과정을 마치거나 훈련 매뉴얼을 읽을 필요조차 없었다. 내게 필요했던 것은 남을 배려하는 마음과 기회를 달라는 기도, 그리고 하나님이 그런 기회를 주셨을 때 입을 열어 말하는 것이 전부였다. 하나님께 순종하여 입을 열 때 그분이 나를 통해 말씀하신다는 확신이 있었다. 그분이 페기의 인생에 베푸신 여러 은혜 가운데 한 몫을 내가 담당하고 있다고 믿었던 것이다.

나와 마찬가지로 당신도 완벽할 필요는 없다. 완전하신 하나님은 우리 같은 사람들에게 능력을 주어 얼마든지 일하실 수 있는 분이기 때문이다. 여기에서 오해는 하지마라. 나는 우리가 준비를 갖추고 훈련을 받아 좀 더 자신 있게 신앙을 증거하는 것을 두 손 들고 찬성하는 입장이지만, 그것은 평생토록 지속되는 과정일 뿐이다. 우리는 모든 기회를 선용하고 더욱 배우고 자라서 더 유능한 하나님의 증인이 되어야 마땅하다. 하지만 그 동안에는 하나님이 이미 당신에게 주신 자원을 사용하실 것이라고 믿는 자세가 필요하다. 실제로 그분은 그렇게 일하시기 때문이다.

페기의 이야기가 당신에게 귀감이 되어, 준비가 되었든지 안 되었든지 당신도 위험을 감수하고 그와 비슷한 경험을 하게 되기를 바란다. 다른 사람에게 사랑의 손길을 뻗치고 입을 열어 하나님을 증언하

라. 때로는 어색하기도 하고 넘어지기도 하겠지만 그래도 괜찮다. 그런 서툰 몸짓을 통해 복음을 증언하게 될 것이고, 하나님은 당신이 예상치 못한 방법으로 당신을 사용하실 것이다.

기억할 말씀 (딤후 1:7-8)

하나님이 우리에게 주신 것은 두려워하는 마음이 아니요 오직 능력과 사랑과 절제하는 마음이니 그러므로 너는 내가 우리 주를 증언함과 … 부끄러워하지 말고.

어린아이 같은 믿음을 가지라

리 스트로벨

**우리가 어린아이 같이 순전한 마음으로 하나님을 사랑하면
그분에 관한 이야기가 자연스럽게 흘러나온다.**

어린 아이들이 내게 오는 것을 용납하고 금하지 말라. 하나님의 나라
가 이런 자의 것이니라. 내가 진실로 너희에게 이르노니 누구든지 하
나님의 나라를 어린 아이와 같이 받들지 않는 자는 결단코 그 곳에 들
어가지 못하리라(막 10:14-15).

나는 어린 아이의 믿음을 크게 칭찬하신 예수님의 뜻을 온전히 이
해하지 못했다. 적어도 잭을 만나기 전까지는.

잭은 시카고 교외에 있는 발달장애우를 위한 시설에서 살고 있다.
우리 교회에서 정신 장애를 지닌 사람들을 섬기는 자원봉사자가 매

주 그를 데려와서 주일 마지막 예배에 참석하도록 돕고 있다. 잭은 늘 앞쪽에 앉아서 예배를 드린 뒤, 천천히 그날 설교한 목사에게 다가가 낮은 목소리로 중얼거린다. 갈색 머리는 헝클어지고 옷은 단정치 못 하고 넥타이는 비뚤어져 있기 일쑤였다. 얼굴은 수염으로 덥수룩하고 두꺼운 안경은 얼룩져 있었는데, 그의 평소 모습이었다.

잭의 상태를 정확히 알지는 못했지만, 대체로 생각은 초점이 없고 말도 앞뒤가 안 맞는 것 같았다. 나이는 삼십 대 후반쯤 되었으나 잭 과 이야기를 나눠보면 마치 어린아이와 대화하는 느낌이었다.

나는 교육 목사로서 주말 예배에서 네 번이나 설교를 했기 때문에 설교단을 내려올 즈음에는 아주 지쳐 있었다. 보통은 그냥 인사하는 사람들과 질문을 하려는 교인들이 길게 줄을 서 있고, 맨 끝에는 언제 나 잭이 기다리고 있었다.

잭은 늘 나를 녹초로 만들었지만 잭에게는 무언가 사랑스럽고 참 신한 면이 있었다. 아주 부드럽고 겸손한 태도를 갖추었고, 남들이 자 기에 대해 어떻게 생각하든 신경을 쓰지 않았다. 조금씩 내게 다가와 서는 내 얼굴을 쳐다보지 않고 고개를 숙인 채 중얼거리듯 말을 하고 … 또 하고 … 또 하곤 했다.

처음에는 잭의 어물거리는 소리를 놓치지 않으려고 무척 애를 썼 다. 그러다 보면 간헐적으로 한 마디씩 알아들을 수 있었다. 시간이 흐르면서 잭과 함께하는 최선의 방법은 만나자마자 그를 뜨겁게 포 옹해주고 어깨에 팔을 걸치고 만나서 기쁘다고 말한 뒤에 듣고 … 또 듣고 … 또 듣는 거라는 걸 깨달았다.

상당 기간 동안 나는 잭이 예수님에 대해 얼마나 알고 있는지 궁금했다. 설교는 잘 알아듣고 있는지, 복음은 제대로 이해했는지. 그런데 어느 주일에 예배가 끝난 뒤 잭을 만났는데 오른 팔에 깁스를 하고 삼 각건을 걸친 모습이었다.

나는 팔을 가리키며 "다쳤어요?" 하고 물었다.

잭은 자기 팔을 힐끗 본 다음 나를 쳐다보았다. 그리고 더듬거리는 목소리로 이렇게 대답했다. "나는 여기에 … 예수님에 관해 … 들으려 고 … 왔고 … 나는 … 그분이 … 나를 위해 … 겪은 고통을 … 생각하 면 … 나는 … 이것이 아무것도 … 아니라고 … 생각해요!"

나는 팔을 벌려 그를 안아주었다. "잭, 그건 내가 정말 오랜만에 듣 는 아주 심오한 말이에요."

잭이 예수님을 사랑한다는 것은 의심의 여지가 없는 사실이었다. 한 사람이 누군가를 진심으로 흠모할 때 무슨 일이 일어나는가? 그는 그 사랑을 감출 수 없다. 그래서 잭은 개인 전도의 모험에 열심히 참여 하는 사람이 되었다. 잭은 시설에 있는 다른 거주자들과 직원들에게 예수님이 그들을 사랑한다고 자주 이야기한다. 그리고 그들에게 '우 리 교회(그는 자기 교회를 무척 자랑스러워한다)'에 방문하도록 격려한다.

그 시설에서 일하는 간병인은 각 거주자에게 하루에 삼십 분씩 음 향기기를 틀고 마음껏 놀 수 있게 해준다. 대부분은 스포츠 경기나 음 악을 틀곤 하지만 잭은 그러지 않는다. 대신 교회에서 가져온 설교 테 이프를 튼다. 시설 거주자들과 일하는 사람들이 꼼짝없이 내 설교를 듣는 모습을 상상할 수 있겠는가?

간병인 가운데 미셸이라는 사람이 있었다. 잭은 미셸에게 예수님이 그녀를 사랑한다고 거듭 말했다. 그녀에게 신앙과 관련된 카세트테이프도 빌려주고 교회에 함께 가자고 초대도 했다. 미셸은 잭의 진심어린 관심에 깊은 감동을 받았다. 미셸이 잭을 돌봐주어야 하는데 오히려 거꾸로 된 것이다. 그러나 미셸은 잭의 초대를 받아들이지 않았다. 계속해서 그에게 거절만 했다. 그리고 하나님에게도.

어느 날 잭은 미셸에게 교회에 오라고 '독려하는' 것만으로는 아무 효과가 없다는 결론에 이르렀다. 그래서 이번에는 사랑스런 태도로 그녀에게 "일요일에 거기서 만나요" 하고 말해버렸다. 강요했다기보다는 부드럽게 졸랐다고 하는 편이 낫겠다.

미셸은 웃고 말았지만, '굳이 가지 말아야 할 이유가 있나?' 하고 생각했다. 매우 성실하고 순수하고 믿음과 사랑과 인내가 충만한 잭의 모습에 두 손을 들었던 것이다. 그 주 일요일에 미셸은 잭과 함께 예배당 앞쪽에 앉았다. 그녀는 마음을 놓은 채 경배와 찬양에 흠뻑 젖어들었다. 그리고 은혜의 메시지를 귀담아 들었다. 바로 그때 자기가 그토록 오래 저항했던 그 무언가에 마음이 열리는 것을 느꼈다. 그날이 다 가기 전에 미셸은 예수님을 영접하게 되었다.

훗날 그녀는 내게 말하기를, 자기가 잭의 초대에 그토록 많은 퇴짜를 놓았는데도 잭이 끈질기게 관심의 손길을 내민 것이 무척 고맙다고 했다. 미셸은 "잭이 바로 나의 영웅입니다"라고 선언했다.

우리 사회는 잭과 같은 사람들을 이 세상에 아무런 기여도 못하는 무능한 사람처럼 취급한다. 하지만 그런 잭이 다른 사람의 인생에 가장 큰 영향을 미치다니, 정말 아이러니가 아닐 수 없다. 반면 이 세상에서 교육을 잘 받고 성공하고 똑똑한 사람들 가운데는 무덤에 갈 때까지 잭이 미셸에게 끼친 것과 같은 영구적인 영향을 한 번도 끼치지 못하는 자들이 많다는 사실은 비극이 아닐 수 없다.

잭은 어린아이처럼 예수님을 사랑하기 때문에 그런 일을 할 수 있었다. 즉, 온 마음으로 겁내지 않고 열정적으로 그 일을 해낸 것이다. 만일 우리가 잭처럼 예수님을 사랑한다면, 어떻게 그분이 사랑하는 사람들을 사랑하지 않을 수 있을까?

우리는 때때로 복음 전도를 너무 복잡하게 생각하는 경향이 있다. 하지만 잭은 우리와 달리 복음 전도를 무척 잘 이해했던 것 같다.

행동 지침

'사랑'이야말로 최상의 전도 전략이다. 복음의 배후에 있는 근본 가치가 사랑이기 때문이다. 우리가 어린아이 같이 순전한 마음으로 하나님을 사랑하면 그분에 관한 이야기가 자연스럽게 흘러나온다. 그러므로 당신의 믿음을 나누는 모험을 시작할 때는 그리스도와의 관계를 더욱 돈독히 해야 한다. 이로써 영적으로 혼란스러워하는 이들을 향한 예수님의 사랑이 당신 마음에도 흘러넘치게 하라.

모험에 뛰어들기

잭은 너무 쉽게 전도에 성공한 것처럼 보인다. 그렇다고 잭이 당신이나 내가 할 수 없는 일을 한 것은 아니다. 우리도 잭처럼 하나님을 거리낌 없이 사랑할 수 있다. 그분에게서 멀리 떨어져 있는 누군가에게 관심을 보일 수 있다. 잭만큼 성실할 수도 있다. 주변 사람들에게 신앙에 관한 이야기를 꺼낼 수도 있다. 친절하고 사랑스런 태도로 끈질기게 물고 늘어질 수도 있다. 교회나 공동체에서 주관하는 예배나 전도 집회에 누군가를 초대할 수도 있다. 하나님께 우리를 사용해달라고 간구할 수도 있고, 그분이 원하는 어린아이 같은 믿음을 가질 수도 있다.

내 딸 엘리슨이 초등학교를 다닐 때, 교장 선생님을 만나러 오라는 전화를 받았다. 우리 부부는 엘리슨이 무슨 문제를 일으켰을 거라고는 상상도 못했다. 엘리슨은 인정이 많은 모범생이었기 때문이다.

교장 선생님이 우리에게 엘리슨의 문제를 지적했을 때 우리는 전혀 놀라지 않았다. "엘리슨이 놀이터를 돌아다니며 반 친구들에게 … 예수님에 관해 이야기하고 있더군요."

우리 같은 어른들은 이것이 공립학교에서 왜 문제가 되는지 알고 있다. 그러나 엘리슨은 어린아이라서 그것을 문제로 생각하지 않았다. 만일 엘리슨이 예수님을 사랑하듯 당신도 누군가를 사랑한다면 그 사랑을 혼자 간직할 수는 없을 것이다.

하나님의 나라가 바로 이런 아이들에게 속한다는 말은 결코 과언이 아니다. 그래서 예수님은 우리에게 어린아이와 같이 되라고 말씀하신 것이다.

기억할 말씀

(고전 1:26-29)

형제들아 너희를 부르심을 보라. 육체를 따라 지혜로운 자가 많지 아니하며 능한 자가 많지 아니하며 문벌 좋은 자가 많지 아니하도다. 그러나 하나님께서 세상의 미련한 것들을 택하사 지혜 있는 자들을 부끄럽게 하려 하시고 세상의 약한 것들을 택하사 강한 것들을 부끄럽게 하려 하시며 하나님께서 세상의 천한 것들과 멸시 받는 것들과 없는 것들을 택하사 있는 것들을 폐하려 하시나니 이는 아무 육체도 하나님 앞에서 자랑하지 못하게 하려 하심이라.

계획과 일정에 끼어든 사건에
열린 태도를 가지라

마크 미텔버그

예수님의 활동 가운데 가장 기억에 남는 것들은 예수님이 세운
계획과 일정에 끼어든 모종의 사건에 대한 그분의 반응이었다.

우리 부부는 단둘이 오붓하게 식사를 즐기려 했다. 함께 데이트한
지가 너무 오래되어 수첩을 꺼내놓고 앞으로 몇 달간의 스케줄을 짚
어보고 시간을 잡았다. 외곽에 있는 식당 하나를 골랐는데 점심시간
이 끝날 무렵 도착해서 웨이터에게 둘이서 조용히 이야기하기 좋은
구석 자리를 부탁했다.

모든 게 잘 돌아갔는데, 아뿔싸 15분이 지나자 어떤 커플이 우리
바로 옆 좌석에 앉는 것이 아닌가! 얼마든지 다른 자리로 안내할 수
도 있었을 텐데, 거의 비다시피 한 식당에서 하필이면 팔이 닿을 만큼
가까운 바로 옆 좌석으로 손님을 안내하다니…. 솔직히 짜증이 났다.

하이디와 나는 나지막한 목소리로 이야기하면서 그냥 계획한 대로 밀고 나갔다. 그런데 그 커플은 식사 내내 자기네 대화보다 우리 이야기에 더 관심을 보이더니만, 식사가 끝날 무렵 드디어 눈에 보이지 않는 장벽을 뚫고 직접 우리의 대화로 뛰어들었다.

"그래서 두 분은 누구에게 표를 던질지 아직 정하지 못하셨어요?" 하고 여자가 물었다.

하이디와 나는 가능한 공손하게 그들과 정치에 관해 짧은 이야기를 나누었다. 그런데 곧 그들은 내 직업이 무엇인지 물어왔다. 심호흡을 한 뒤 나는 기독교적 관점에서 신앙에 관한 글도 쓰고 강연도 한다고 설명했다. 설명을 마치자마자 불현듯 이 점심시간에 하나님은 나와는 다른 관심사를 갖고 계실지 모른다는 생각이 들었다.

내가 목회 사역을 한다는 소리를 하자마자 대화는 금방 뜨겁게 달아올랐다. "저는 남을 '개종시키려는' 노력을 강력히 반대합니다." 여자는 '아이러니하게도' 우리가 자신의 관점을 따르도록 설득하려는 듯 힘주어 말했다. "아울러 소위 '선교 활동'이라는 것, 선교사들이 해외에 나가 타민족의 문화를 망치고 그들의 생활방식을 파괴하는 그런 짓은 정말 신경에 거슬리거든요" 하고 덧붙였다.

나는 선교사들이 종종 아주 실제적으로 원주민을 도와준다는 사실도 알 필요가 있다고 애써 설명했다. 가령, 그들이 서로 '잡아먹는' 것을 그만두도록 가르치고, 그 대신 서로 '사랑하도록' 권면하는 등의 활동을 말해주었다.

그녀는 내 설명에는 전혀 관심이 없었다. 그저 자기네 부부는 완강한 무신론자라는 것과 모든 사람이 자기가 원하는 것이면 무엇이든 믿을 권리가 있다는 주장을 내세우기에 급급했다.

나는 우리도 그 주장에 동의한다고 말해 그들을 안심시켰다. 즉, 누구나 스스로 신앙을 선택할 자유가 있어야 하고, 우리는 다른 관점에 대해 너그러울 필요가 있다고 말했다. 하지만 모든 신앙이 본래 동등한 것은 아니라고 설명했다.

그녀는 강력하게 이의를 제기하면서 각자가 가진 관점은 각 사람에게 진리라고 말했다. (단, 그녀에게 '내 관점'은 진리가 아니었다. 내 믿음에 대해서는 계속 반대하고 있었으니 말이다). 내가 여러 신앙 체계에 대한 평가 기준을 조심스레 평가할 필요가 있다고 강조하자 그녀는 다시금 조급해졌다.

마침내 그녀가 가려고 자리에서 일어나(이런 대화에 관심을 보이지 않던 그녀의 남편은 이미 음식 값을 지불하고 차를 향해 걸어가는 중이었다) 우리 테이블 옆에 서서 이런 말을 던졌다. "그런 것 따위는 공부하고 생각할 필요가 없어요. 내가 믿는 바를 알 만큼 인생을 살았고 아무도 내 마음을 바꿀 수 없기 때문이죠."

그녀의 마지막 말이 어쩌면 옳을 수도 있다는 느낌이 들었다. 그리고 도대체 누가 맨 처음 이 토론에 우리를 끌어들였는지 그녀에게 따지고 싶은 생각도 들었다. 다행히 나는 자제할 수 있었다.

우리가 그 대화를 나눈 시점이 참 묘했다. 그때는 내가 《믿음이 무엇인지 이제 알았습니다*Choosing Your Faith*》를 퇴고한 직후로 출판사로부터 가제본한 원고를 몇 부 받았을 때였다. 이 책에서 나는 사람들이 특정한 믿음에 이르게 되는 여러 경로에 대해 설명했다. 그리고 이 경로들을 '여섯 가지 신앙의 경로'라고 불렀다.[8]

이 여성은 그 첫 번째에 해당하는 '상대주의적' 신앙 경로의 전형적인 예였다. 그녀는 한 사람이 믿기로 마음먹은 사상이라면 그게 무엇이든 '진리'라고 생각했다. 그녀의 사고방식을 따르면, 둘 다 무신론자인 그들 부부에게는 하나님이 존재하지 않는다. 반면 우리 부부는 신의 존재를 믿기로 했으므로 우리에게는 신이 존재한다.

짧은 대화를 통해 나는 다음과 같은 사실을 알게 되었다. 우리가 먼저 상대방이 어떻게 해서 현재와 같은 신앙을 갖게 되었는지 그 경위를 알고, 우리의 신앙을 그들이 이해할 수 있는 방식으로 말하면 훨씬 효과적인 대화가 가능하다는 사실 말이다.

예컨대, 이 여성에게 기독교 신앙을 지지하는 온갖 증거를 제시할 수도 있겠지만, 그것은 마치 소귀에 경 읽는 것과 같았을 것이다. 오히려 그녀의 상대주의가 삶의 다른 모든 영역에서 어떻게 실패하고 있는지를 보여줄 필요가 있었다. 사실이 이러한데 "왜 유독 영적인 영역에서만 상대주의를 따르는 겁니까?" 하고 물을 수 있었을 것이다. "당신이 트럭에 관해 무엇을 믿든, 달리는 트럭 앞에 뛰어들 때 당신이 받을 충격에는 그 어떤 영향력도 끼치지 못할 겁니다."

나는 이러한 토론, 즉 과학, 철학, 역사, 고고학, 성경, 그리고 경험에 근거하여 기독교가 믿을 만하다고 이야기하는 것이 이 여자에게 정말 도움이 될 거라고 생각했다. 하지만 그녀의 남편이 바깥에서 조급하게 기다리던 상황이라 그런 주제를 논의하기에는 적합하지 않았다.

그때 나보다 더 낙관적인 태도를 보이던 하이디가 내게 노트북 가방 속에 있는 《믿음이 무엇인지 이제 알았습니다》를 한 권 주면 좋겠다고 말했다. 그 여성을 흘긋 쳐다보고 약간 회의적인 마음이 들긴 했지만, 아내는 그녀에게 "이 사람이 무엇을 믿을지 지혜롭게 결정하는 방법에 관한 책을 한 권 썼거든요. 지금 그 이야기를 하는 거예요. 꼭 읽으시겠다고 하면 한 권 드리고 싶어서요"라고 말했다. 약간 주저하는 듯하다가 놀랍게도 그녀는 내 도전과 책을 모두 받아들이기로 결심했고, 심지어는 내 이메일 주소를 가르쳐달라고 부탁하면서 나중에 그 책에 대한 생각을 알려주겠다고 했다.

그녀와 그녀의 남편이 내 책을 읽고 예수님에게 나아가는 길을 발견하게 되기를 기도한다. 그리고 다음에는 내가 걷는 길에 하나님이 '신적인 간섭'을 하시려고 할 때에는 좀 더 열린 자세로 맞이할 준비를 했으면 한다. 이것 역시 하나님을 따르는 큰 모험에서 일어나는 또 다른 뜻밖의 간섭이기 때문이다.

행동 지침

'모험'이란 말은 가슴을 설레게 하지만, '뜻밖의'라는 표현은 그리 달갑지 않은 소리로 들릴지도 모르겠다. 당신이 모든 것을 미리 계획하는 성격이라면 더 그럴 것이다. 그렇다면 당신 자신을 조금 느슨하게 풀어줄 필요가 있다. 예수님은 요한복음 3장 8절에서 "바람이 임의로 불매 네가 그 소리는 들어도 어디서 와서 어디로 가는지 알지 못하나니 성령으로 난 사람도 다 그러하니라"라고 말씀하셨다. 달리 말해서, 우리는 예수님의 제자로서 뜻밖의 일을 기대해야 한다는 뜻이다.

모험에 뛰어들기

우리가 계획한 일이 정말 중요하다고 생각하기가 쉽다. 당신이 지금 몸담고 있는 모임이 최고의 우선순위인 것처럼 보일지 모르지만, 당신의 아들이나 딸이나 친구나 이웃에게 걸려온 뜻밖의 전화가 장기적으로 보면 훨씬 더 중요할 수도 있다.

사실 예수님의 활동 가운데 가장 기억에 남는 것들은 예수님이 세운 계획과 일정에 끼어든 모종의 사건에 대한 그분의 반응이었다. 이점을 생각하면 무척 흥미롭지 않은가? 가령, 예수님이 니고데모에게 하신 권능의 말씀(조금 전에 인용한 말씀도 그 대목에서 나온 것이다)은 니고데모가 몇 가지 신학적인 질문을 던지려고 한밤중에 예고도 없이 불쑥 나타났을 때 하신 말씀이다. 예수님은 니고데모의 방문을 계기로 존경받는 종교 지도자에게 진정한 거듭남과 죄 사함과 그에 따른 생명을 경험한다는 것이 무슨 뜻인지 가르치실 수 있었다.

요한복음 9장에는 예수님이 길을 가시던 중에(중요한 일을 하기 위해 가던 중에) 길가에 앉은 눈 먼 거지를 보는 장면이 나온다. 예수님은 이 거지를 주의를 산만하게 하는 존재로 보지 않고, 오히려 하나님의 사랑과 연민을 표현하는 기회로 인식하신다. 그래서 가던 길을 멈추시고 거지를 고쳐주신다. 그러자 거지도 즉시 이 뜻밖의 모험에 참여하게 된다.

요한복음 11장에서 예수님은 친구인 나사로가 중병에 걸렸다는 소식을 듣는다. 그래서 다시 계획을 변경하여 베다니로 향하게 된다. 그 결과 예수님은 슬퍼하는 나사로의 친구들을 위로했을 뿐 아니라 나사로를 살려내는 기적도 행하신다. 동시에 그 놀라운 사건을 보거나 들은 모든 사람에게 희망을 주신다.

목적지에 도달하는 것만이 모험은 아니다. 목적지를 향한 여정에도 모험이 스며 있다. 오늘 눈을 뜨고 주변을 돌아보라. 좀 더 영적으로 깨어 있으라. 일도 하고 청구서도 처리하고 수많은 일과를 수행하라. 그러나 그리스도의 제자로서 당신의 사명은 그냥 일을 처리하거나 어떤 목표를 달성하는 데에만 있지 않다는 사실을 명심하라.

다른 무엇보다 중요한 것은 하나님이 당신의 삶에 안겨주신 사람들을 사랑하고 섬기고 그들에게 복음을 증언하는 일이다. 그들의 참견이 오히려 하나님의 초자연적인 활동과 영향력을 경험하는 계기가 될 수 있다.

기억할 말씀   (딤후 4:2, 5)

너는 말씀을 전파하라. 때를 얻든지 못 얻든지 항상 힘쓰라. 범사에 오래 참음과 가르침으로 경책하며 경계하며 권하라. … 그러나 너는 모든 일에 신중하여 고난을 받으며 전도자의 일을 하며 네 직무를 다하라.

이야기는 힘이 있다

리 스트로벨

> 기독교와 관련하여 세상에서 가장 설득력 있고 반박할 수 없는 논증은
> 개인적으로 주 예수 그리스도를 경험한 이야기이다.

여덟 살 때 누군가의 머리에 망치를 던진 이래 법정을 들락거리며 술과 본드와 마약과 증오심에 찌들어 살던 그는 도심의 폭력배였다. 나중에는 시카고 일부 지역을 관할하던 악랄한 갱단의 2인자 자리까지 올랐다. 그리고 아이러니하게도 내가 그리스도를 만나는 과정에 중요한 영향을 끼친 인물이기도 하다.

이 폭력배가 어떻게 내게 영향을 줄 수 있었을까? 곧 살펴보겠지만, 론 브론스키는 누구나 해낼 수 있는 일을 한 사람이고 우리도 남에게 복음을 전할 때 론처럼 하나님의 도구로 사용될 수 있다.

예전에도 이런저런 일로 법과 충돌했지만, 론이 스물한 살이 되던

해에 그는 큰 곤경에 처했다. 론 일당과 경쟁하던 갱단의 일원이 론의 친구를 잔인하게 폭행하는 바람에 론은 반드시 복수를 하겠다고 마음먹게 되었다. 곧 론은 폭행자의 형제인 게리라는 사람을 찾아냈고 그의 가슴에 권총을 들이대고 방아쇠를 당겼다.

"딸깍."

불발이었다. 론은 다시 하늘을 향해 방아쇠를 당겼는데, 이번에는 제대로 발사되었다. 게리는 보도를 따라 도망치기 시작했고 론은 총을 쏘면서 그를 추격했다. 결국 총알이 게리의 등에 명중하여 게리의 간 옆에 들어가 박혔다. 게리는 아스팔트 위에 그대로 쓰러졌다.

론은 게리의 몸을 뒤집었다. "제발, 쏘지 마세요!" 게리가 애원했다. "제발 더 이상 쏘지 마세요! 살려주세요!"

눈곱만큼의 동정심도 주저함도 없이 론은 권총으로 게리의 얼굴을 누르고 한 번 더 방아쇠를 당겼다.

"딸깍." 이번에는 총알이 다 떨어졌다.

멀리서 사이렌 소리가 들렸다. 론은 경찰의 눈을 피했지만 살인 미수 혐의로 구속 영장이 발부되었다. 전과기록이 있어서 체포되면 감옥에서 20년을 보내야 할 판이었다. 그래서 론과 그의 여자 친구는 시카고에서 도망쳐서 오리건 주 포틀랜드에 자리를 잡고 생전 처음으로 금속 가공 업체에서 합법적인 일을 하게 되었다.

하나님의 섭리로 그는 그리스도인들과 함께 일을 하게 되었다. 직장 동료들의 영향과 성령님의 사역으로 말미암아 극적으로 예수님을 따르는 사람이 되었다.

세월이 흐르면서 론의 성품과 가치관도 변했다. 여자 친구도 그리스도인이 되었고 둘은 결혼도 하게 되었다. 결국 론은 모범적인 직원이자 열심 있는 교인이요 존경받는 공동체의 일원이 되었다. 시카고 경찰은 그를 추적하는 일을 오래전에 그만두었다. 이제 그는 포틀랜드에서 안전하게 여생을 보낼 수 있다.

단, 론의 양심이 그를 괴롭히지만 않는다면 말이다. 론은 하나님과 화해했지만 사회와는 미처 화해하지 못한 상태였다. 그는 옳지 않은 인생을 산다고 느꼈고, 그리스도인으로서 그 가책을 견딜 수 없었다. 그래서 한참을 심사숙고하고 기도한 끝에 열차를 타고 시카고에 가서 자수를 하기로 결심했다.

론이 법정에 나타났을 때 나는 〈시카고 트리뷴〉 기자로 일하고 있었다. 다른 피고인들은 하나같이 자신의 범행에 대해 변명을 늘어놓는데, 론은 판사의 눈을 똑바로 쳐다보면서 이렇게 말했다. "저는 유죄입니다. 제가 그랬습니다. 제게 책임이 있습니다. 감옥에 가야 한다면 가겠습니다. 저는 이제 그리스도인이 되었고, 제가 한 잘못을 인정하고 용서를 구하는 것이 올바른 길이라고 믿습니다. 제가 행한 짓은 분명히 잘못이었습니다. 진심으로 그렇게 생각합니다."

나는 놀라 자빠질 뻔했다! 무신론자였던 나조차도 론의 모습에 감동을 받아서 그가 굳이 나한테 와서 신앙에 관해 이야기할 필요도 없을 정도였다. 오히려 '내'가 '그'에게 신앙에 대해 묻고 말았다.

커피를 마시며 론은 자기 이야기를 모두 들려주었고 나는 열심히 받아 적었다. 솔직히 론의 이야기는 믿기 어려울 정도로 놀라운 소식이라 정식으로 사실 관계를 확인할 필요가 있었다. 그래서 론을 아는 형사들을 비롯하여 오리건에 사는 직장 동료들과 친구들 그리고 목사님과 인터뷰를 했다. 그들은 이구동성으로 무언가가 론을 극적으로 변화시켰다고 말했다. 론은 바로 하나님 덕분에 그렇게 되었다고 주장했다. 당시 나는 회의주의자였지만 굉장한 흥미를 느꼈다.

론은 아내와 어린 딸과 떨어져 쇠창살 뒤에서 20년을 보낼 거라고 짐작했다. 그런데 판사는 론의 변화된 삶에 큰 감명을 받아 론이 더 이상 사회 위험인물이 아니라고 결론짓고 집행유예를 선고했다. 판사는 "집에 돌아가 가족과 함께 지내시오"라고 말했다.

나는 그때까지 이런 예를 본 적이 없었다. 재판이 휴정된 뒤에 나는 론과 인터뷰를 하려고 서둘러 복도로 나갔다. "판사의 판결에 대해 어떻게 생각하세요?"라고 물었다.

론은 나를 정면으로 쳐다보고 내 눈을 직시했다. "판사의 판결은 나에게 은혜를 베풀어준 거예요. 예수님이 하신 일과 비슷하지요. 리, 당신에게 한 마디 해도 될까요? 당신이 하나님께 마음을 열면 그분은 당신에게도 은혜를 베풀어주실 겁니다. 이 점을 잊지 마세요."

나는 결코 잊지 않았다. 하나님이 론의 삶을 온통 바꾸어놓은 이야기를 듣고서 내 마음도 서서히 하나님을 향해 열리기 시작했다. 이런 면에서 론 브론스키는 내가 신앙을 갖는 여정에서 틀림없이 중요한 역할을 한 사람이다. 30년이 흐른 지금, 론은 포틀랜드 근처에 있는 교회에서 목사로 일하고 있고 우리는 여전히 친구로 지낸다.

그러면 론은 나를 전도하는 데 어떤 역할을 한 것일까? 그는 단지 자기 믿음대로 살았을 뿐이고 내게 자신의 이야기를 들려준 것밖에 없다. 물론 론의 이야기는 깜짝 놀랄 만한 간증이었다. 하지만 예수님를 따르는 사람은 누구나 나름의 이야기를 갖고 있기 마련이다. 바로 여기에 우리의 예상을 뛰어넘는 비밀이 있다. 다른 사람에게 영향을 주는 간증이 반드시 드라마 같은 이야기일 필요는 없다는 것이다.

사실 상당히 평범한 이야기가 가장 큰 효과를 발휘할 때가 많다. 갱단의 2인자가 목사가 되었다는 이야기에 공감할 수 있는 사람은 그리 많지 않을 것이다. 반면 당신 같이 평범한 사람의 간증에 공감을 느끼는 사람은 훨씬 더 많지 않을까?

행동 지침

당신도 들려줄 이야기를 가지고 있는 사람이다. 예수님을 만나기 전에는 어떻게 살았는가? 어떻게 해서 그분을 신뢰하게 되었는가? 이후에 당신의 삶은 어떻게 변했는가? 당신의 간증이 그리 대단한 이야기가 아니라고 생각할지 모르지만 용기를 내라. 사람들은 개인적인 이야기에 흥미를 느끼게끔 되어 있다. 하나님은 평범하기 그지없는 이야기를 통해서도 친구들의 마음을 여실 수 있는 분이다.

모험에 뛰어들기

찰스 스윈돌은 《겨울 전에 돌아오라 Come before Winter》라는 책에서 사도 바울이 3차 선교여행이 끝나고 로마로 가기 전에 주로 적대적인 청중들에게 여섯 번이나 혼자 말한 적이 있다고 지적한다(행 22-26장 참고).

"그때마다 바울이 어떤 방법을 사용했는지 아는가?" 스윈돌은 묻는다. "바로 개인적인 간증이다. 홀로 말할 때마다 바울은 입을 열어 자신의 삶이 그리스도의 개입과 그분의 능력이 내주함으로 인해 어떻게 변화되었는지 나누고 있을 뿐이다. 단 한 번도 그들과 논쟁을 벌이지 않았다. 단 한 번도 설교하지 않았다."⁹ 그 이유를 스윈돌은 이렇게 설명한다.

기독교와 관련하여 세상에서 가장 설득력 있고 반박할 수 없는 논증은 개인적으로 주 예수 그리스도를 경험한 이야기이다. 그 어떤 강력한 수사도 당신의 개인적인 간증을 대체할 수 없을 것이다. … 회의주의자가 당신의 교리를 부정하거나 당신의 교회를 공격할 수는 있어도, 당신의 삶이 변했다는 사실을 무시할 수는 없는 법이다. 설교자의 소리에 귀를 막거나 복음 전도자의 호소에 등을 돌릴 수는 있어도, 아무개가 어떻게 내면의 평안을 찾았는가 하는 이야기에는 매력을 느끼기 마련이다.¹⁰

바울이 아그리파 왕 앞에 나타나는 모습을 통해 우리는 우리 자신의 이야기를 사람들에게 어떻게 들려줘야 하는지 힌트를 얻을 수 있다. 사도행전 26장 4-11절에서 바울은 예수님을 만나기 전에 어떤 삶을 살았는지 이야기한다. "나도 나사렛 예수의 이름을 대적하여 많은 일을 행하여야 될 줄 스스로 생각하고"(9절). 그 다음 사도행전 12-18절에서는 어떻게 그리스도를 만나게 되었는지 진술한다. "길에서 보니 하늘로부터 해보다 더 밝은 빛이 … 비추는지라. … 내가 소리를 들으니…." 이어서 19-23절에서 바울은 새로 발견한 신앙이 어떻게 자신을 변화시켰는지 설명한다. "그러므로 하늘에서 보이신 것을 내가 거스르지 아니하고." 바울은 이렇게 간증을 한 뒤에 아그리파 법정에 공을 넘긴다. "아그립바 왕이여 선지자를 믿으시나이까. 믿으시는 줄 아나이다"(27절).

이 이야기를 듣고 혹시 당신은 이런 식으로 생각할지도 모르겠다. '글쎄, 여기서도 봐. 앞에 나온 살인 미수 혐의자는 목사가 되었고, 지금 이야기한 바울은 직접 하늘로부터 들려오는 소리를 들었잖아. 그런데 내 이야기는 이렇게 감탄을 자아내는 것과는 거리가 멀단 말이야.' 그러나 우리 중 그 누구도 잔인한 갱단의 2인자나 역사상 가장 위대한 선교사와 동일시될 만한 사람은 없다. 나 역시 많은 사람들이 무신론자 출신인 내 이야기에 공감을 못하는 것을 보았다. 미국인 가운데 공공연하게 하나님의 존재를 부인하는 인구는 소수에 불과하기 때문이다.

한편, 나는 많은 사람이 내 아내의 이야기에는 쉽게 공감하는 모습을 보았다. 레슬리는 선한 사람이 되려고 애쓰긴 했지만, 하나님을 잘 알지 못하고 예수님이 자기 삶에서 어떤 자리를 차지해야 하는지를 모르다가 어느 날 그리스도인 친구를 만나 복음을 소개받았다. 그리스도를 영접하는 기도를 드린 후에 하나님의 용서에서 자유를, 그분의 임재에서 기쁨을, 그분의 인도에서 모험을 발견했다. 극적으로 들리는가? 전혀 그렇지 않을 것이다. 그럼에도 그녀의 이야기가 상당한 효과를 발휘하는 것은 사람들이 쉽게 공감할 수 있었기 때문이다.

그러므로 도끼로 사람을 죽이다가 극적으로 그리스도를 믿은 경우가 아니라고 주저할 필요가 없다. 지금 진리를 찾는 친구들은 이미 당신과 관계를 맺고 있지 않은가? 그렇지 않다면 친구가 아닐 테니 말이다. 자신감을 갖고 당신의 이야기를 들려주라. 그러면 하나님이 그것을 사용하실 것이다. 자꾸 미루지 마라. 오늘 당장 자신의 간증을 글로 써보고, 삼사 분 안에 이야기할 수 있도록 연습해보라. 굳이 암기할 필요도 없다. 포함시킬 내용과 제외시킬 이야기를 편안하게 생각해보라.

그리고 하나님이 그 간증을 남과 나눌 수 있는 기회를 주시도록 기도하라. 이제 발을 내디뎌라. 모험을 시작할 때이다.

기억할 말씀 (행 26: 22)

하나님의 도우심을 받아 내가 오늘까지 서서 높고 낮은 사람 앞에서 증언하는 것은.

3
week

월요일 복음 전도의 기회는 순간적 결정으로 잡는다

화요일 우리는 심거나 물 주는 자일 수 있다

수요일 뜻밖의 만남을 환영하라

목요일 진리는 우리 편이다

금요일 절박한 상황에서는 기도하라

토요일 자기 모습을 있는 그대로 드러내라

주　일 가망 없는 후보는 없다

복음 전도의 기회는
순간적 결정으로 잡는다

마크 미텔버그

날마다 하나님에게 전도할 기회를 '볼 수 있는' 안목을 달라고,
기회를 '붙잡을 수 있는' 용기를 달라고 기도하라.

몬태나 베어투스 산만큼 여름 풍경이 아름다운 곳도 없다. 하늘은 맑고 공기는 상쾌하고 솔 향은 신선하고 향기롭다. 한여름에 울퉁불퉁한 바위 봉우리 사이를 등반하는 것보다 더 기분 좋은 일도 없을 것이다. 그곳에는 저지대에서는 볼 수 없는 고산 식물과 각양각색의 꽃들이 피어 있다.

어느 해 여름 하이디와 나는 거의 일주일 동안 베어투스 지역을 탐험한 적이 있다. 산에서 내려오는 개울 곁에 베이스캠프를 치고 매일 다른 방향으로 하이킹을 떠나곤 했다.

이틀쯤 지났을 때, 혼자 산을 올라 우리 가까이에 베이스캠프를 친

댄을 만나게 되었다. 우리를 소개하고 나서 다음 날 아침에 하룻길 등반을 함께하자고 제안했다. 댄이 이 제안을 받아들여 우리는 이튿날 해가 뜨자마자 댄을 만났다.

아름다운 아침이었다. 우리는 함께 걸으며 담소도 나누고 높은 산의 경치를 감상했다. 높이 올라갈수록 꽃들은 더욱 다채로웠다. 세 사람 다 그 아름다움에 탄성을 지르는데, 문득 내 머릿속에 대화를 좀 더 중요한 주제로 이어갈 수 있겠구나 하는 생각이 들었다. 그래서 한마디를 던지고 나서 무슨 일이 일어날지 지켜보기로 했다.

"이토록 아름다운 풍경을 창조하신 걸 보면 하나님은 틀림없이 상상력이 대단한 분이신 것 같아요." 나는 이렇게 말문을 열었다. "우리 눈앞에 펼쳐지는 이 놀라운 꽃들의 모양과 빛깔을 보세요. 창조주는 정말로 창조적인 분인 것 같지 않아요?"

당시 장면이 아직도 내 머릿속에 생생하게 남아 있다. 우리는 약간 경사진 곳에 이르러 좁은 산길을 따라 한 줄로 걷고 있었다. 하이디가 맨 앞에, 댄은 중간에, 그리고 내가 맨 뒤에 있었다('누군가는' 우리 무리를 회색 곰으로부터 보호해야 했다). 내가 하나님의 상상력에 관해 언급했을 때 댄은 고개를 돌려 나를 잠깐 보더니 "글쎄요, 만일 당신이 하나님을 믿으면 그게 맞는 말이겠지만, 나는 믿지 않거든요."

'이상 토론 끝.' 물론 그건 댄의 생각일 뿐이었다.

댄은 몰랐겠지만, 나는 산에서도 대화를 나눌 만한 무신론자를 찾아내는 지적인 복음 전도자였다. 마침내 정말로 흥미로운 화제를 찾아냈다. 꽃의 생명에 관한 이야기는 충분히 했으니 이제 영원한 생명에 관해 이야기해봐야겠다고 생각했다.

대화를 계속 이어가는 일은 어렵지 않았다. 내가 보인 반응은 이랬다. "그래요? 하나님을 믿지 않는다고요? 왜 안 믿죠?" 내 예상대로 그는 하이디와 내게 믿지 않는 이유를 신나게 설명했다.

그때부터 정상에 오를 때까지 댄은 최선을 다해 우리가 하나님을 믿어서는 안 되는 이유, 신이 존재할 수 없는 까닭, 만들어진 신에 의존하지 않고 사는 법 등을 설파했다. 우리는 댄의 신념을 명확히 파악하기 위해 몇 가지 질문을 던지고 우리의 생각을 말해줄 적절한 때를 기다리면서 그의 주장을 참을성 있게 들어주었다.

정상에서 내려오는 동안 기회가 찾아왔다. 최대한 설득력 있는 방법을 동원하여 댄이 제기한 반론에 응답하고 하나님의 존재를 뒷받침하는 강력한 증거를 제시하려고 노력했다. 우리는 과학과 논리와 철학과 역사와 고고학을 넘나들었고, 나는 이 모든 것(그리고 개인적으로 그리스도를 아는 것)이 어떻게 우리의 삶에 영향을 주었는지 설명하려고 애썼다.

토론은 베이스캠프에 도착할 때까지 이어졌고, 거기서 모닥불을 지핀 다음 두 시간이나 계속되었다. 결과가 어땠는지 궁금한가? 내 마음 같아서는 이렇게 말해주고 싶다. 마침내 댄은 무릎을 꿇고, 자기의 죄를 고백하고, 늦은 오후의 따스한 햇볕을 받으며 물고기가 노니는 맑은 시내에서 세례를 베풀어달라고 우리에게 애원했다고 말이다.

그러나 그런 일은 일어나지 않았다. 하지만 확신하건대, 그날 댄은 예전에는 접하지 못했던 새로운 정보를 듣게 되었다. 아울러 장차 댄이 우리와 함께 보낸 시간을 되돌아볼 때마다 하나님이 그 대화를 사용하실 것이라고 믿는다.

우리가 언젠가 천국에서 댄을 다시 만날 수 있지 않을까 하는 생각이 든다. 왜 이렇게 생각하느냐고? 이야기할 대목이 하나 더 남아 있기 때문이다.

하이디와 나는 장비를 챙겨서 주차장까지 10킬로미터 이상을 걸어야 했다. 떠날 준비를 모두 마치고 작별 인사도 할 겸, 토론 내용과 관련해 격려도 할 겸해서 댄의 베이스캠프를 찾아갔다.

산길을 따라 반쯤 내려왔을 때 작은 개울 곁에서 쉬며 물을 마시려고 걸음을 멈추었다. 거기에 있는 동안 캠핑을 즐기려고 산을 오르는 아주 건장하고 친절한 젊은이 다섯을 보았다. 그들과 이야기를 나누다가 그들도 그리스도인이라는 것을 알게 되었다. 네비게이토 선교회에 속한 리더들이었다. 달리 말하면, 하나님을 위한 특수부대원 같은 사람들이었다.

그 사실을 알자마자 우리는 하나님이 무슨 일을 하실 것 같다는 생각이 들어서(어쩌면 우리는 로키 산맥에서 만난 경쟁자일지도 모른다) 그들에게 댄과 만난 이야기를 들려주었다. 우리가 그와 나눈 대화 내용을 자세하게 알려주고 나서 댄이 캠핑하고 있는 곳의 약도를 그려주었다. 그러고는 그들에게 일종의 사명을 안겨주고 그들을 떠나보냈다.

"어이, 동지들, 우리가 이 일을 시작했으니 이제 자네들이 댄을 찾아가서 일을 끝낼 수 있나 보라고." 훈련 교관 흉내를 내면서 내가 말했다.

나의 상상에 불과하지만, 그 친구들은 군침을 흘리며 재빨리 산길을 넘어가서 우리가 대충 그려준 약도에 표시된 장소로 가지 않았을까?

이제는 왜 내가 댄이 결국 천국에 들어갈 것이라고(그가 좋아하든 싫어하든) 생각하는지 알겠는가?

행동 지침

가장 놀라운 복음 전도의 기회는 순간적인 결정으로 말미암는 경우가 많다. 당신이 영적인 문제에 관해 생각하지도 않고, 당신에게 그런 기회가 올 줄도 모르고 있을 때, 갑자기 기회가 찾아올 수 있다는 말이다. 그 순간 당신은 이렇게 생각할지도 모른다. '이 기회를 잡아야 하나, 말아야 하나? 충분히 기도하지도 않았는데, 상대방이 관심을 보이면 무슨 말을 해야 할지 모르겠어. 내가 어려운 신학적 질문에 응답할 준비가 안 되어 있는 건 분명하잖아.' 그런 순간에 모든 걸 무시하고 다음 네 가지만 하라고 충고해주고 싶다. 먼저 심호흡을 하고 짧은 기도를 드린 뒤에 입을 열고 돌진하라. 하나님은 얼마든지 당신을 인도하고 사용하실 수 있지만, 처음에는 당신이 용기를 내어 대화를 시작해야 한다. 그래야 복음 전도의 모험이 드디어 시작되는 것이다.

모험에 뛰어들기

요한복음 4장에는 예수님이 우물에서 물 긷는 여인과 나눈 대화가 기록되어 있다. 예수님이 그녀에게 마실 물을 달라고 부탁하자 그녀는 왜 유대인 남자가 문화적 관습을 깨고 사마리아 여자에게 말을 거느냐고 놀리듯이 말했다. 그러나 예수님은 그런 시시한 문제에 관심이 없었다. 오히려 관심의 초점을 훨씬 더 중요한 주제로 돌려버렸다.

예수님은 "네가 만일 하나님의 선물과 또 네게 물 좀 달라 하는 이가 누구인 줄 알았더라면 네가 그에게 구하였을 것이요 그가 생수를 네게 주었으리라"(10절)라고 말씀하셨다. '생수라고? 그게 뭐지?' 여인은 의아했다. 그래서 생수에 관해 묻기 시작했다.

이 상황에서 예수님은 영적인 대화를 주도하셨고, 이를 계기로 여러 과정을 거쳐 "잃어버린 자를 찾아 구원하는"(눅 19:10) 그분의 사명을 이루셨다. 그러면 우리는 어떻게 그분의 본을 따를 수 있을까? 날마다 하나님에게 그런 기회를 '볼 수 있는' 안목을 달라고, 기회를 '붙잡을 수 있는' 용기를 달라고 기도하라. 그리고 기회의 문이 열리면 방금 언급한 네 가지 행동을 하길 바란다.

1. **심호흡을 하라.** 좀 우습게 들릴지 모르지만, 전도라는 것은 당신의 폐 속에 산소가 많을 때 가장 잘 되는 법이다.

2. **짧은 기도를 드려라.** 하나님께 당신을 인도하고 사용해달라고 간구하라. 단, 아주 짧은 기도라야 한다. 심호흡을 하는 데 필요한 정도의 시간이면 적당하다.

3. **입을 열어라.** 그래야 당신의 말을 훨씬 잘 알아들을 수 있다.

4. **돌진하라.** 이제 폐 속에 공기를, 당신 편에 하나님을, 그리고 무언가 전할 말을 갖게 되었으니 무엇이 더 필요하단 말인가? 지금이야말로 입을 열고 복음을 전할 때이다. 지체하지도 말고, 화제를 바꾸지도 말고, 사탄에게 기회를 주어 지금은 적당한 때가 아니라

고 속삭이도록 허용하지도 마라. 그냥 돌진하여 모험에 뛰어들고, 하나님이 일하시는 것을 지켜보라.

기억할 말씀 (눅 6:45)

선한 사람은 마음에 쌓은 선에서 선을 내고 … 이는 마음에 가득한 것을 입으로 말함이니라.

우리는 심거나 물 주는 자일 수 있다

리 스트로벨

우리는 첫 번째 고리가 되기도 하고 중간 고리가 될 때도 있으며
가끔은 마지막 고리가 되는 즐거움을 맛보기도 한다.

한 사람이 그리스도에게 나아오는 이치는 많은 고리가 달린 사슬과
비슷하다. … 한 사람이 그리스도에게 전향하겠다는 결단을 내리기까
지 많은 이들의 영향과 대화가 있었을 것이다. 나는 첫 번째 고리가
되기도 하고 중간 고리가 될 때도 있으며 가끔은 마지막 고리가 되는
즐거움을 맛보기도 했다. 하나님은 나를 마지막 고리로만 부르지 않
으셨다. 오히려 내가 신실해지도록, 그리고 모든 사람을 사랑하도록
나를 부르셨다. _클리프 네틀

비키 아르멜은 형사에 어울리는 인물은 아니었다. 이 멋진 금발의

여성은 매혹적인 미소와 따스한 인품을 가진 두 아이의 엄마였으나, 동시에 버지니아의 페어팩스 카운티 경찰국에서 호전적이고 강인한 형사로 평판이 자자한 사람이었다.

영적 회의주의자인 비키는 그리스도인이 예수에 관해 말하려고 하면 잠시도 못 참는 성격이었다. 비키는 손을 올리면서 "저리 가요! 듣고 싶지 않아요"라고 말하곤 했다. 상대방이 계속하려고 고집하면, 자기는 많은 자살 사건과 살인 사건을 조사한 경력이 있다며, 죽은 사람이 삼일 만에 일어나는 경우는 한 번도 본 적이 없다고 말할 게 분명했다.

언젠가 비키는 헌신된 그리스도인인 마이크 형사(1번 고리)와 파트너가 되어 여러 사건을 해결한 적이 있다. 마이크는 비키와 일했던 1년 동안에 그녀에게 예수님 이야기를 꺼내려고 했으나 그녀는 늘 그랬듯 퇴짜를 놓곤 했다. 그럼에도 마이크의 끈질긴 모습이 그녀에게 좋은 인상을 남겼던 모양이다. 비키는 훗날 "마이크는 결코 나를 포기하지 않았어요"라고 회상했다.

어느 날 두 사람은 조사차 메릴랜드에 갈 일이 생겨 차 안에서 다섯 시간을 함께 보내야 했다. "좋아요, 이 시간은 당신 좋을 대로 하세요." 비키가 마이크에게 말했다. "예수에 관해 마음껏 이야기해도 좋지만 한 가지 조건이 있어요. 우리가 버지니아로 돌아가면 더 이상 예수 이야기를 꺼내지 않기예요."

마이크는 그 기회를 꽉 붙잡았다. 하나님 자신을 보여달라고 기도해보라고 비키에게 권했다. "만일 당신이 그분을 찾기만 하면 그분이 꼭 응답해주실 거라고 장담합니다." 마이크가 말했다. 마이크는 복음서의 신빙성과 옛 예언들이 지극히 낮은 확률에도 불구하고 예수님의 삶에서 성취된 사실에 관해 이야기했다. 그리고 성경의 중심 메시지에 해당하는, 하나님의 아들의 죽음을 통한 구속에 대해 설명했다.

"한 연쇄 살인범이 유죄로 판명되었다고 가정해보세요. 그리고 판사가 그에게 50달러 벌금형만 내리고 감옥에 넣지 않았다고 생각해봅시다. 여기에 대해 어떻게 생각하세요?"

비키는 크게 분노할 거라고 응답했다.

마이크는 이렇게 말을 이었다. "우리 죄에 대한 형벌이 너무나 커서 우리의 죄과를 깨끗이 씻을 수 있는 길은 육신이 된 하나님이 죽는 것밖에 없었어요. 판사가 범인이 유죄임을 알고 사형선고를 내린 다음, 판사석에서 내려가서 전기의자에 앉아 그 범인을 대신해 죽었다고 상상해보세요. 비키, 예수님이 십자가에서 처형당하는 순간 그분은 당신의 죄에 대한 형벌을 받으신 겁니다."

비키는 열심히 듣기는 했지만 아무런 결단도 내리지 않았다. 노련한 형사답게 마이크가 설명한 내용을 조사할 시간이 필요했던 것이다. 다음 날 비키는 사무실에서 오디오 성경을 들었다(2번 고리). 마이크는 론 솔로몬 목사의 설교 테이프(3번 고리)와 기독교 서적(4번 고리)을 비키에게 주었다. 비키는 기독교 라디오 방송도 듣기 시작했다(5번 고리).

"나는 이제껏 그녀만큼 하나님과 성경에 대해 열심히 배우려고 한 사람을 본 적이 없어요." 마이크가 한 말이다.

또 다른 비키의 친구인 팀 퍼킨스는 2004년 부활절에 그녀를 마운틴 뷰 커뮤니티 교회에 초대했다(6번 고리). 교인들은 비키를 따스하게 환영했고(7번 고리) 그녀는 마크 젠킨스 목사로부터 복음을 들었다 (8번 고리). 교회에서는 비키에게《부활 사건*The Case for Easter*》이라는 내 책을 선물로 주었는데(9번 고리), 비키의 결단에 큰 걸림돌이었던 예수님의 부활을 다루고 있기 때문이었다. 증거를 찾는 게 습관이 되어 있는 형사에게 딱 맞는 선물이었다.

"그 책을 읽고 또 읽었습니다. 예수님의 부활을 입증하는 데 필요한 모든 것이 그 책에 들어 있었습니다." 비키의 말이다.

사실상 비키의 영적 여정에서 고리 역할을 한 사람들은 서로 아는 사이가 아니었다. 달리 말하면, 서로 알면서 그녀를 전도하려고 협력한 경우가 아니었다는 뜻이다. 그러나 그들은 각자 하나님이 그녀를 서서히 십자가로 끌어당기는 과정에서 중요한 요인으로 작용했다. 마침내 부인할 수 없는 여러 사실에 압도된 비키는 그리스도를 자신의 인도자로, 또 자기를 용서해주시는 분으로 영접하는 기도를 드렸다.

마이크는 비키의 세례식 현장에 있었다. "비키가 자신의 삶을 하나님께 바치는 모습을 보면서 얼마나 기뻤는지 모릅니다. 과거에는 하나님이 존재하지 않는다고 단언했던 그녀였는데 말이죠." 마이크의 소감이었다.

이듬해 비키는 전 교인 앞에서 자신이 걸어온 영적 여정을 이야기할 기회가 있었다. 그녀는 이렇게 말문을 열었다. "내 이름은 비키 아르멜입니다. 1년 전만 해도 장차 수백 명의 교인 앞에서 예수 그리스도에 관해 이야기하게 될 거라고 말한 사람이 있었다면 나는 그 사람더러 미쳤다고 말했을 겁니다."

그로부터 1년 후, 2006년 5월 18일에 비키는 설리 지역 경찰서에서 일하던 중 두어 건의 자동차 탈취 사건이 발생했다는 정보를 입수했다. 비키는 곧바로 경찰서에서 뛰쳐나갔고, 마이크는 주소를 적느라 15초 후에 그녀를 뒤따랐다. 비키와 다른 형사 빅터가 현장에 출동했을 때, 그 둘은 미친 십 대가 난사한 AK-47 소총에 맞아 그 자리에서 즉사했다.

이 무모한 학살 행위는 지역 사회를 경악하게 했다. 마이크는 슬픔에 잠긴 채 "아, 내 파트너요 내 친구요 내 영웅이요 그리스도 안에서 내 자매인 비키를 그리워할 것"이라고 말했다.

그러나 비키의 이야기는 여기서 끝나지 않는다. 거의 만 명이나 되는 사람들(대다수가 경찰관이었다)이 비키의 장례식에 와서 경의를 표했다. 그들 중에서 직접 비키의 음성을 듣게 될 거라고 기대한 사람은 아무도 없었을 것이다. 그런데 장례식에서 젠킨스 목사는 1년 전에 그녀가 교회에서 했던 간증 테이프(회의주의자에서 신앙의 길로 접어든 여정을 담은 이야기)를 틀어주었다.

"아마 여기에는 하나님을 찾고 있는 또 다른 비키가 있을 것입니다. 여러분이 하나님을 발견하는 데 내 이야기가 도움이 되길 바라는 마음입니다." 숨죽이고 있는 군중에게 비키가 한 말이다.

결국 비키의 바람대로 되었다. 놀랍게도, 죽은 비키가 많은 사람을 그리스도에게 인도하는 고리 역할을 했던 것이다. 장례식이 끝난 뒤에 그 교회에는 버지니아 북부 전역에서 영적인 문제를 문의하는 이메일과 전화가 쇄도했다. "어떤 이들은 길을 걷다가 그냥 교회로 들어왔어요. 비키가 가졌던 그것을 갖고 싶다고요." 젠킨스가 말했다.

젠킨스 목사에게 이렇게 털어놓은 사람도 있었다. "이 일을 계기로 내 인생 전체를 다시 생각하게 되었습니다. 나는 많은 실수를 했습니다. 어떤 사람들에게는 상처도 주었죠. 나도 구원받고 싶습니다. 주님이 내 삶에 들어오시길 바랍니다. 내가 그분을 사랑한다는 것을 그분이 알아주시길 바랍니다. 그런데 어떻게 해야 할지 잘 모르겠어요. 좀 도와주세요."

죽은 사람이 자기 장례식에서 말을 한, 보기 드문 이 이야기(비키의 구원자에 관한 이야기와 함께)는 미디어의 주목을 받아 온 지구촌으로 퍼져 나갔다. 이 일로 그렇게 많은 사람이 예수님을 찾게 될지 누가 짐작이나 했겠는가?

드와인 히그던이란 교인은 이 이야기를 이렇게 요약했다. "비키는 사람들의 생명만 구한 것이 아닙니다. 그들의 영혼까지 구했습니다."

행동 지침

한 사람을 그리스도에게 인도하는 데는 사슬에 묶인 모든 고리(시작, 중간, 끝)가 중요하다는 점을 명심하라. 대체로 하나님은 우리를 시작 고리나 중간 고리로 사용하신다. 당신이 한 사소한 몸짓(교회에 초대하는 일, 책을 선물하는 일, 예수님의 이름으로 친절을 베푸는 일)까지도 한 사람의 인생에 영향을 미치는 한 가지 요인이 될 수 있으며, 그런 요인들이 축적되어 마침내 그 사람이 믿음을 갖게 될 수도 있다.

모험에 뛰어들기

수많은 그리스도인들이 누군가를 전도해서 영접 기도를 드려야만 전도에 성공했다고 생각한다. 이는 복음 전도의 모험을 회심하는 순간에만 국한시키는 잘못된 생각이다. 안타깝게도, 한 사람이 그리스도인이 되기까지 많은 경험과 대화가 필요하다는 사실을 망각하고 있는 것이다.

내 경우에도 내가 예수님을 좇기로 결단하기까지 많은 사람이 영적으로 기여했다. 이웃에 사는 신자들의 진실한 모습, 최근에 회심한 아내의 변화된 모습, 어머니의 기도, 우리 아이가 아플 때 우리를 섬기려고 애썼던 한 성도의 친절, 내가 읽은 책의 저자들, 내가 방문한 교회에서 선포된 복음적인 설교, 유죄 선고를 받은 갱단 출신의 간증에 이르기까지 많은 요인이 있었다. 아마 당신의 경우에도 그리스도를 믿기까지 많은 고리들이 있었을 것이다.

이 사슬의 첫 고리부터 마지막 고리까지 매 단계에는 모험의 여지가 있다. 우리 역할은 영적으로 혼란한 이 세상에서 하나님의 대사가 되라는 명령에 충실하는 것이다. 천국에 가서야 우리는 하나님께서 우리를 어떤 고리로 얼마나 많이 사용했는지 알게 될 것이다. 그때가 되면 우리가 다른 사람들에게 이런저런 방식으로 영향을 미친 것을 영원히 감사하게 되리라.

장례식에서 울려 퍼진 비키의 간증에는 당신과 나 같은 그리스도인에게 주는 메시지가 담겨 있었다. "당신의 친구들을 결코 포기하지 마세요. 그들 곁에 있어주세요. 언제나 예수님에 관해 이야기해주세요."

하나님이 당신을 중요한 고리로 사용하실 것이라고 믿어라.

기억할 말씀

(고전 3:7-8)

그런즉 심는 이나 물 주는 이는 아무것도 아니로되 오직 자라게 하시는 이는 하나님뿐이니라. 심는 이와 물 주는 이는 한가지이나 각각 자기가 일한 대로 자기의 상을 받으리라.

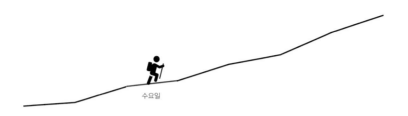

뜻밖의 만남을 환영하라

마크 미텔버그

예측 가능성은 모험을 방해하는 큰 적이다.
때론 하나님이 특이한 방식으로 우리를 사용하시도록 허락하라.

엉성한 계획이라는 말도 과분했다. 실은 계획이라고 할 만한 것이 전혀 없었다. 순전히 즉흥적으로 저지른 어리석은 행동이었다. 다만 그 동기와 목적만은 나무랄 데가 없었다.

"친구들과 함께하지 못하는 것이 마음에 걸려요." 피자와 음료수를 먹으면서 새로운 그리스도인 동료들에게 이야기했다. "모두 아주 오래된 친한 친구들이고 이번 주말에 함께 사냥하기로 했었어요. 이번 기회에 내가 그리스도를 믿게 된 이야기를 해줄까 해요. 내 친구들은 내게 무슨 일이 일어났는지 아직도 궁금해하니까요."

"친구들이 어디서 캠핑하고 있는지 아세요?" 동료 중 한 사람이 물었다.

"대충은 알아요. 그런데 친구들은 오늘 오후에 떠났고 자동차로 거기까지 가려면 적어도 세 시간은 운전해야 해요." 이렇게 말하는 순간 어떤 아이디어가 떠올랐다.

"하지만 누군가 비행기로 나를 거기에 데려다준다면" 하고 덧붙이면서 데이브를 슬쩍 쳐다보고는 "한 시간 정도면 갈 수 있을 겁니다" 하고 말을 맺었다. 데이브는 조종사 면허증을 갖고 있었고 우리는 가끔 경비행기를 함께 타곤 했다. "항공 마일을 젤 필요가 있다고 했었잖아요?"

"맞아요. 그런데 진심이에요?" 하고 데이브가 반기를 들었다. "출발 준비를 갖추고 나면 10시 30분은 족히 될 텐데."

"아직까지 출발 준비 때문에 비행을 포기한 적은 없었잖아요" 하고 내가 대꾸했다.

"정말 진심이에요?"

나는 진지하게 "내 친구들을 찾고 싶어요"라고 말했다. "재미있는 모험이 될 거에요. 같이 가요."

우리는 즉시 행동으로 옮겼다. 서둘러 집에 가서 가방, 침낭, 텐트, 방한복을 챙겼다. 가방에 사탕 두 개를 넣고 물통에 물을 채웠을 뿐 식량에 대해 신경 쓸 시간이 없었다. 이걸로 충분할 거라 생각하면서 가까운 공항으로 쏜살같이 달려갔다.

데이브와 카렌은 비행기를 준비하는 중이었고, 얼마 지나지 않아 우리는 공중에 떠 있었다. 별이 초롱초롱한 밤하늘을 날아가는 동안 그들은 내게 질문을 던지기 시작했다. "활주로에서 친구들이 캠핑하는 장소까지 어떻게 이동할 거예요? 캄캄한 밤중에 어떻게 그들을 찾을 거죠? 만일 그들을 찾지 못한다면 어떻게 할 겁니까?"

"솔직히 말해서, 피자집에서 여기까지 오는 동안 그런 걸 생각할 시간이 없었어요"라고 내가 털어놓았다. "걷기도 하고 필요하면 히치하이킹도 할 겁니다. 하나님이 함께 하시니까 분명히 재미있을 거에요."

우리는 직원도 없는 작은 공항 활주로에 착륙하여 안전을 위해 기도하고 작별 인사를 나눴다. 비행기가 이륙해서 저 멀리 사라지자 나는 노스다코타 주의 황무지에서 11월의 쌀쌀한 바람을 맞으며 황량한 고속도로 옆 들판에 홀로 서 있었다.

침을 꿀꺽 삼켰다.

"하나님이 정말로 나와 함께 계셔." 이 말을 스스로 되뇌면서 실제로 그분의 임재를 느낄 수 있었다. 비록 초신자였지만 무슨 일이 일어나더라도 내가 그분의 손 안에 있다는 확신이 있었다.

하나님의 인도를 구하는 기도를 짧게 드린 뒤에 어두운 고속도로를 따라 대피로 방향으로 걸으면서 친구들이 있을 거라고 추측한 곳으로 향했다.

조금 지나자 자동차 헤드라이트가 나타났다. 나는 그 차를 얻어 타고(히치하이킹을 권하고 싶지는 않지만, 이번에는 친절한 사람들을 만났다) 목적지 근처에서 내렸다. 친구들이 가까이에 있을 거라고 생각했다.

먼지투성이 길을 따라 남쪽으로 빠르게 걸었다. 예상한 것보다 훨씬 먼 거리였지만 아무 문제가 없다고 생각했다. '몸을 움직여서 체온을 따뜻하게 유지해야 해. 운동화 두 켤레와 물이 가득 든 수통만 있으면 되지 남자에게 더 이상 뭐가 필요한가?'

초콜릿이 다 떨어지고 물이 얼어버렸어도 나는 낙담하지 않았다. 정말로 하나님이 내 곁에 계시다고 느꼈고, 이처럼 무모하기 그지없는 여행길에도 나를 보살펴주실 것이라고 믿었다. 달빛을 받으며 걷는 중에 하나님이 주시는 기쁨을 느낄 수 있었다.

그러나 몇 마일을 걷고 나자 몸이 점점 차가워지기 시작했다. 결국 그날 밤 친구들을 찾을 수 없을 거라는 사실을 인정해야 했다. 그러다 개간지를 발견하고 울타리를 넘어가서 거기에 텐트를 쳤다. 잠시 후에 나는 침낭 속에서 부들부들 떨고 있었다.

해가 뜰 때 즈음 깜짝 놀라 잠에서 깼다. "거기 누구요? 왜 내 땅에서 캠핑을 하고 있어?" 우락부락한 늙은 목장 주인의 우렁찬 목소리가 얇은 텐트를 뚫고 들어왔다. 내가 자기 땅을 침범한 고로 당장 떠나야 한다는 경고가 떨어졌다. 워낙 거칠게 소리친 데다 만약을 대비해서 6연발 권총까지 장전하고 있었다. 내가 저항하지 않아 오히려 실망한 표정이었다.

비틀거리며 텐트에서 나오는 순간, 그의 동정심이 서서히 발동한 모양이다. "당신 혼자야? 반쯤 얼어붙은 것 같은데, 도대체 여기서 뭘 하는 거야?" 주인이 물었다. 내가 설명을 시작하자 그의 무뚝뚝한 태도가 누그러졌다. 그리고 자기 캠프에서 간단하게 식사를 하자고 했다.

알고 보니 목장 주인의 '캠프'는 1800년대에 지은 통나무집이었고, '간단한 식사'는 나무를 때는 난로 위에서 요리한 풍성한 조찬이었다. 그야말로 성찬과 진한 커피를 먹고 마시는 가운데, 나를 쏠 뻔했던 카우보이 셰프와 멋진 아내 제시를 알게 되었다.

음식을 먹으면서 이야기를 나누고 커피도 더 따라 마시면서 몇 시간씩 대화를 계속했다. 목장 생활과 눈보라에서 살아남은 이야기, 자기가 탔던 비행기와 몸소 겪은 전쟁 이야기 등 온갖 이야기가 꼬리에 꼬리를 물고 이어졌다. 나는 내가 살아온 인생과 최근에 발견한 믿음에 관해 이야기하고, 체프에게도 우리의 구원자이신 예수님을 따르라고 권했다.

곧 제시가 샌드위치를 가지고 왔다. 또 다시 먹고 나서 우리는 좀 더 편한 의자로 자리를 옮겨 계속 대화를 이어갔다. 내 인생에서 가장 흥미진진한 하루였다. 새 친구들을 사귀었을뿐더러 그리스도에 관해 이야기할 뜻밖의 기회까지 얻었으니 말이다. 모두가 하나님 덕분이었다. 인생은 참 살 만하다는 생각이 머리를 스쳤다.

이른 오후쯤 되자 제시가 또 한 번 식사를 차렸다. 체프가 차로 내 텐트가 있는 곳까지 태워준 다음, 많은 사냥꾼이 캠핑하고 있는 지역까지 데려다주었다.

"만일 친구들을 못 찾으면 우리 집에 와서 묵어도 돼요." 체프가 일러주었다. 그리고 체프의 집으로 돌아가는 길목에 있는 이정표들을 가르쳐주었다. 서로 작별 인사를 나누고 나는 친구들을 찾는 일을 계속했다.

그 주말에 나는 친구들이 있는 장소를 결국 찾아내지 못했다. 마침내 찾기를 포기하고 집으로 돌아오는 차편을 구해 무사히 귀가했다. 하지만 체프와 제시와는 계속 우정을 유지했고 몇 년에 걸쳐 여러 차례 체프네 집을 방문도 하고 편지도 주고받았다.

오늘 나는 그리운 마음으로 뜻밖의 모험을 추억한다. 이 추억은 내게 몇 가지를 다시 확인시켜주었다. 인생은 실로 하나의 모험이라는 것, 하나님은 우리가 어디로 가든지 함께하신다는 것, 우리가 하나님을 영화롭게 하고자 하면 그분은 어떤 상황에서도 선을 만드실 수 있다는 것. 그러므로 우리는 인생길을 걷다가 그분이 때때로 허락하시는 뜻밖의 만남에 등을 돌리지 말고 그 만남을 환영해야 할 것이다.

행동 지침

예측 가능성은 모험을 방해하는 큰 적이다. 계획은 나름 의미가 있고 하나님의 인도를 받는 자발적인 움직임도 그러하다. 물론 우리는 그분의 지혜를 구해야 한다. 어리석은 짓을 해서는 안 된다. 하지만 동시에 우리 몸을 움직이되 하나님이 특이한 방식으로 우리를 사용하시도록 허락함으로써 따분한 신앙생활을 극복할 수 있다.

모험에 뛰어들기

만일 정말로 모험심 많은 사람이 당신 입장에 서서 당신 친구들을 전도한다면 어떻게 할 것 같은가? 자동차로 미국을 횡단할까? 주말 항공편을 예약할까? 책을 사서 택배로 보낼까? 미리 알리지도 않고 불쑥 나타날까? 이타적인 섬김을 제안할까? 잘못을 용서할까? 파티를 준비해서 이웃 사람을 모두 초대하고 그 모든 비용을 지불할까?

내가 아는 한 여성은 실제로 그렇게 했다. 그녀는 도시의 한 구역에 사는 소외 계층 어린이들을 위해 파티를 열고 비용을 지불하고 그들에게 자연스럽게 예수님 이야기를 해주었다. 마침내 그 구역의 모든 어린이가 한 가지 사실을 분명히 알게 되었다. '저 그리스도인 숙녀'는 진정으로 자기들에게 관심이 있다는 사실 말이다.

내가 아는 또 한 사람은 수천 마일 떨어진 곳에 사는 아버지가 죽음을 앞두고 있는 상황이었다. 그녀는 그동안 아버지를 전도하려고 노력했지만 성공하지 못했다. 그래서 교회 목사님에게 아버지를 만나달라고 부탁했다. 아버지가 계신 도시까지 목사님과 함께 비행기를 타고 갔다. 그녀의 계획대로 일이 잘 진행되어 아버지는 하나님께 더 가까이 나아오게 되었다.

아마 하나님은 당신을 비행기에 태워 광야로 보내거나, 자동차를 얻어 타고 황무지로 가게 하거나, 몹시 추운 날씨에 홀로 캠핑을 하게 하거나, 남의 땅을 침범하여 총에 맞을 위기에 처하도록 내버려두시지는 않을 것이다. 하지만 누가 아는가? 그럴 가능성도 완전히 배제할 수는 없다. 어쩌면 그분은 당신을 위해 또 다른 흥미진진한 복음전도의 탐험을 계획하고 계실지도 모른다.

당신이 모험심 많은 그리스도인이라면 무엇을 할지 생각해보고, 실제로 그렇게 해보면 어떨까? 당신에게 좀 버겁게 느껴지고 안전지대를 벗어나는 것 같아 불안할지도 모르지만, 찰스 스윈돌은《겨울 전에 돌아오라》에서 너무나 지당한 말을 한다.

> 그리스도가 과감한 발걸음을 내딛지 않았더라면, 우리와 같은 죄인들은 멸망을 면할 수 없었을 것이다. 우리는 절대로 구원받지 못했을 것이다. 영원히 잃어버린 자들이 되었을 것이다. 십자가는 우리의 극단적인 딜레마에 대한 믿기 어려운 대응책이었다. 그리스도는 무언가 급진적인 행동을 취하신 것이다. "이제는 당신 차례이다."[11]

기억할 말씀

(고후 11:26-27)

여러 번 여행하면서 강의 위험과 강도의 위험과 동족의 위험과 이방인의 위험과 시내의 위험과 광야의 위험과 바다의 위험과 거짓 형제 중의 위험을 당하고, 또 수고하며 애쓰고 여러 번 자지 못하고 주리며 목마르고 여러 번 굶고 춥고 헐벗었노라.

(행 20:24)

내가 달려갈 길과 주 예수께 받은 사명 곧 하나님의 은혜의 복음을 증언하는 일을 마치려 함에는 나의 생명조차 조금도 귀한 것으로 여기지 아니하노라.

진리는 우리 편이다

리 스트로벨

> 진리가 우리 편에 있기 때문에 우리는 사상의 시장에서
> 불공평한 특권을 누리고 있다.

"당신네 그리스도인들은 모두 똑같아요." 미국 무신론자협회의 대변인이 비웃는 어투로 말했다. "당신네는 그리스도를 '지지하는' 주장만 내세울 뿐 '다른' 면은 아예 이야기하지도 않습니다. 우리는 무신론을 내세우고 당신네는 기독교를 내세운 다음, 청중이 스스로 결정하게 하면 어떻겠습니까?"

마크와 나는 눈짓을 주고받았다.

"좋습니다. 그렇게 합시다." 내가 그 협회 대변인인 롭 셔먼에게 답했다. "당신은 나가서 무신론을 강력하게 대변할 수 있는 가장 똑똑한 인물을 찾으십시오. 그 사람이 세계 어느 곳에 있든지 우리 교회가 초대하겠습니다. 우리는 나가서 가장 뛰어난 기독교 대변인을 찾을 겁니다. 그런 다음에 지적 결투를 벌입시다."

셔먼은 즉시 동의했다. 그 직후 내 머릿속에 '아, 장로님들에게 먼저 의견을 물어야 하는 건데'라는 생각이 떠올랐다. 하지만 이미 엎질러진 물이었다. 이미 시합은 시작되었고, 마크와 나는 우리 인생에서 가장 흥미진진한 복음 전도의 모험을 향해 줄달음질했다.

셔먼은 유명한 무신론자 매들린 오헤어Madalyn Murray O'Hair의 가까운 친구이자 무신론자협회의 최고 논쟁가인 프랭크 진들러Frank Zindler에게 무신론을 대변하도록 부탁했다. 지질학 및 생물학 교수 출신인 진들러는 사설과 책, 텔레비전과 라디오 프로그램을 통해 열렬하게 무신론을 옹호하는 인물이다.

이 토론의 책임을 맡은 마크는 윌리엄 크레이그William Lane Craig에게 기독교의 입장을 대변해달라고 부탁했다. 철학 및 신학 박사학위를 받은 크레이그는 저술가 겸 교수로서 세계에서 가장 탁월한 기독교 옹호자 중 한 사람이다. 논쟁의 주제는 금방 정해졌다. "무신론 vs 기독교, 증거는 과연 어느 편 손을 들어줄까?"

언론 매체들은 교회가 가장 까다로운 회의주의자의 반론에도 아랑곳하지 않는 모습을 보고 깜짝 놀라서 호들갑을 떨었다. 〈시카고 트리뷴〉은 이 행사를 앞두고 네 개의 기사를 실었다. 나도 전국 라디오 방송국에서 걸려오는 전화를 받기 시작했다. "이 논쟁을 생방송으로 보도해도 될까요?" 하고 그들이 물었다. "물론입니다." 내가 대답했다. 놀랍게도 전국 117개 방송국과 연결되었다.

논쟁이 벌어지는 날 밤, 수많은 인파가 몰려드는 바람에 교회 인근의 교통이 마비되었다. 시작하기 한 시간 전에 교회 문을 열자 사람들이 자리를 차지하려고 물밀 듯 밀려들었다. 이렇게 수많은 사람이 교회로 쏟아져 들어온 적이 언제였던가? 모두 7,778명이 찾아와서 본당을 다 채우고, 여러 방에 나눠 들어가 비디오로 토론을 시청하기에 이르렀다. 장내에 긴장이 흘렀다.

커튼이 막 올라가는 순간이었다. 무대 뒤편에서 사회를 보려고 준비하고 있는데, 우리 교회 리더 한 분이 내게 걸어오더니 "그러니까, … 리 … 우리가 이기겠죠?" 하고 가벼운 말투로 한 마디 했다.

일반 청중이 모르고 있던 사실은 그 무대 지하에 한 무리의 그리스도인들이 모여 있다는 것이었다. 그들은 이 프로그램이 시작할 때부터 끝날 때까지 거기에서 기도하기로 작정한 사람들이었다. 즉, 그리스도를 지지하는 입장은 막강한 설득력을 발휘하는 반면에, 무신론의 입장은 파산한 철학이라는 사실이 만천하에 드러나도록 기도하기 위해 모인 것이다.

사실 결과적으로 그들의 기도는 기대 이상의 응답을 받았다.

크레이그는 하나님의 존재와 기독교를 뒷받침해주는 다섯 가지 강력한 논증을 펼치기 시작했다. 첫째, 우주의 시작은 분명 창조주를 가리킨다("존재하는 것은 무엇이든 원인을 갖고 있다. 우주는 존재한다. 고로 우주는 원인을 갖고 있다"). 둘째, 우주의 놀라운 미세 조율은 우연의 가능성을 배제하고 오히려 지적인 설계자의 솜씨를 보여준다. 셋째, 우리의 객관적인 도덕적 가치관은 하나님이 존재한다는 증거이다. 오직 하나님만이 옳고 그름을 가늠하는 보편적인 기준을 세울 수 있기 때문이다. 넷째, 부활의 역사적 증거(빈 무덤, 목격자들의 증언, 기독교 신앙의 기원 등)는 예수의 신성을 확증해준다. 그리고 다섯째, 하나님은 찾기만 하면 직접 알 수 있고 경험할 수 있는 분이다.

크레이그는 진들러에게 거듭 도전을 가했는데, 후자는 무신론의 입장을 성공적으로 대변하지 못했다. 그 대신 생물학적 진화는 "기독교의 죽음을 알리는 종소리"라는 것, 예수가 이 땅에 실제로 살았음을 보여주는 확실한 증거가 없다는 것, 악의 존재는 하나님의 존재에 대한 반증이라는 것 등을 주장했다.

이어서 크레이그가 진들러의 반론을 순식간에 이용하는 모습을 보고 청중들은 상당히 놀랐다. 만일 진화가 그 모든 불리한 여건에도 불구하고 실제로 발생했다면, 그것은 하나의 기적일 수밖에 없고 따라서 하나님의 존재를 지지하는 또 다른 증거일 것이라고 주장한 것이다.

세상에 있는 악에 대해서는 "하나님이 존재한다는 진술과 악이 존재한다는 진술 사이에 어떠한 논리적 비일관성이 있는 것으로 입증된 적이 한 번도 없었다"고 크레이그는 말했다. 뿐만 아니라, 좀 더 깊은 의미에서 악의 존재는 "사실상 하나님의 존재를 증명하는 것인데, 이유인즉 하나님이 없다면 어떤 것을 악이라고 부를 만한 어떠한 도덕적 토대도 없을 것이기 때문"이라고 덧붙였다. '한 방 먹었구나'라고 생각하면서도 사회자로서 두 토론자 사이에서 중립을 지키려고 애썼다.

두 시간에 걸친 논쟁과 질의응답이 모두 끝난 뒤에, 나는 청중에게 개인적인 신앙을 잠시 제쳐놓고 어느 편이 더 강력한 입장을 개진했는지 투표를 하도록 요청했다. 내게는 기독교가 무신론을 참패시킨 것이 확실해 보였다. 문제는 어느 정도로 이겼는가 하는 것이었다. 투표 결과를 받은 다음에 알게 된 것은 무려 97퍼센트가 기독교의 입장에 손을 들어주었다는 사실이다.

어떤 냉소주의자가 나서서 "글쎄요, 그 논쟁이 교회에서 진행되었으니까 그렇죠" 하고 반론을 제기할지도 모르겠다. 그래서 우리는 청중들에게 그 논쟁이 시작되기 '전'과 끝난 '후'에 각각 자신의 영적인 입장을 기록하도록 부탁했다. 본인이 그리스도인이 '아니라고' 확실히 밝힌 사람들 가운데 무려 82퍼센트가 기독교를 지지하는 증거가 훨씬 설득력이 있었다고 결론지었다. 아울러 거기에 불신자로 들어왔다가 양쪽 입장을 들은 뒤에 신자가 되어 나간 사람이 모두 47명이었다. 거꾸로 무신론자가 된 사람은 한 명도 없었다.

이 논쟁은 기독교를 뒷받침하는 증거가 얼마나 확고한지를 보여주는 단적인 사례였다. 프로그램이 끝난 뒤에 마크와 나는 체력이 고갈되어 마크의 사무실로 가서 그냥 쓰러졌다. 우리는 오랜 기간 열심히 기도하며 그 행사를 준비하느라고 지쳐 있었고, 그 후로는 나온 결과에 자만하지 않으려고 무척 노력했다. 결과에 대해 하나님께 감사하면서 머릿속으로 이런 생각을 했다. '진리가 우리 편에 있기 때문에 우리는 사상의 시장에서 불공평한 특권을 누리고 있다.'

행동 지침

당신은 어쩌면 그리스도인과 무신론자 사이의 논쟁에는 결코 관여하지 않을지도 모른다. 그럴지라도 회의적인 친구들과 사귈 때, 당신의 신앙을 뒷받침해주는 강력한 과학적 증거와 역사적 근거가 있다고 확신해도 좋다. 그러므로 당신은 방어적이 되거나 분노에 휩싸이거나 지나친 논쟁을 일삼기보다는 사도 베드로가 베드로전서 3장 15절에서 말한 것처럼 확신을 품고 '온유와 예의'를 갖춰 대답할 수 있을 것이다.

모험에 뛰어들기

오랜 기자 생활의 경험에 따르면, 남의 말을 있는 그대로 믿어서는 안 되는 법이다. 어느 날 나는 너무 크고 특별한 소문을 듣게 되었다. 그 소식을 접하자마자 내가 직접 그것을 조사해보아야 한다는 생각이 들었다.

전 세계 신문들이 세계에서 가장 저명한 무신론자 중 한 사람인 앤터니 플루Antony Flew가 심경의 변화를 일으켰다고 보도했다. 50년 동안 옥스퍼드와 애버딘 등 세계적인 대학교에서 가르친 플루는《무신론의 추정The Presumption of Atheism》,《무신론적 휴머니즘Atheistic Humanism》을 비롯해 하나님의 존재를 공격하는 열두 권 이상의 책을 썼다. 그러다 2004년에 공개적으로 자기 견해가 틀렸다고 선언한 것이다. 그리고 이제는 초자연적인 창조주를 믿는다고 말했다.

마침내 그 백발 노인과 마주 보고 앉았을 때 나는 그가 무척 호감이 가고 매력적인 사람이라는 것을 알았다. 여든 셋의 나이에도 예리한 지성을 지니고 있었다. 어떤 증거 때문에 하나님을 믿는 방향으로 급선회했느냐고 묻자 그는 이렇게 대답했다. "아인슈타인은 하나로 통합된 물리세계의 복잡성 배후에는 분명히 지성이 있다고 느꼈습니다. 그것이 탄탄한 논증이라면, 하나로 통합된 유기적 세계의 복잡성은 엄청나게 더 큰 논증이라고 할 수 있습니다. 즉 모든 피조물은 복잡한 설계의 단편들이라는 것이지요. 그러므로 물리세계와 관련해 중요한 논증을 생물세계에 적용하면 헤아릴 수 없을 만큼 더 강력해지는 것입니다."

플루는 지난 50년에 걸친 과학적 발견에 의해 하나님이 존재한다고 결론을 내릴 수밖에 없었던 많은 무신론자 중의 한 사람일 뿐이다. 나는 플루의 표현, "나는 증거가 나를 데려가는 곳이면 어디로든 가야했다"를 특별히 좋아한다. 그것이 플루에게는 평생에 걸친 무신론적 학문을 논박하게 만들었음에도 말이다.

플루의 영적 여정은 지금도 계속되고 있다. 그가 불신자였던 시절에 다른 많은 무신론자들(《하나님이 곧 증거다 *God: The Evidence*》의 저자이자 하버드에서 교육받은 패트릭 글린Patrick Glynn을 비롯하여)도 나처럼 과학과 역사가 보여주는 증거에 기초해 무신론에서 그리스도를 믿는 신앙으로 움직이지 않으면 안 되었다.

그러면 이런 이야기들이 그리스도인인 우리들에게는 어떤 의미를 갖는가? 첫째, 확신하건대 그리스도에 대한 우리의 믿음은 탄탄한 근거를 가지고 있어서 모든 시험을 통과할 수 있다. 둘째, 우리가 영적 토론을 나눌 때 회의주의자가 제기할지 모르는 가장 까다로운 반론에도 충분히 답변할 수 있다는 자신감을 품을 수 있다. 셋째, 우리는 굳이 목청을 높이거나 강렬한 수사를 동원하여 논쟁에서 이기려고 할 필요가 없다. 논쟁에서 이기려고 들면 우리가 전도하려고 하는 그 친구를 오히려 놓칠 위험이 있다. 그 대신 우리는 사랑의 맥락에서 진리를 제시할 수 있고(엡 4:15), 그의 인생과 영원한 장래에 대한 그리스도의 관심을 본받는 가운데 우리가 믿는 바를 왜 믿는지 침착하면서도 설득력 있게 설명할 수 있다.

기억할 말씀 (요 8:32)

진리를 알지니 진리가 너희를 자유롭게 하리라.

절박한 상황에서는 기도하라

마크 미텔버그

당신이 노력하기를 포기하고 스스로 부족하다고 느낄 때에도
하나님은 당신의 절박한 기도를 들어주신다.

차를 타고 몬태나 주를 경유하여 서부 해안으로 향하던 중이었다.
그 경로를 택한 것은 가는 길에 여러 도시에 사는 친구들을 방문하기
위해서였다. 빌링스 시에 사는 리사도 방문할 예정이었다.

그녀는 나와 절친했던 고등학교 동창의 여자 친구였다. 이를 계기
로 나와 리사의 인연이 시작되었다. 그 동창 때문에 처음 만나긴 했지
만 시간이 흐르면서 나와 리사도 친하게 지냈다. 그래서 내가 졸업한
지 1년 정도 지나서 그리스도를 믿게 되었을때, 리사에게도 그 사실
을 알려야겠다고 생각했다.

내게 일어난 일을 모두 편지에 쓰기보다는 전화로 설명하는 편이

낫겠다는 생각이 들었다. (당시만 해도 이메일이나 문자 메시지 같은 것이 없었고 주로 '전화'를 이용했다.) 부모님께 장거리 전화 요금을 지불하겠다고 약속하고 나서 리사에게 전화를 걸었다.

나중에 전화 요금 청구서가 도착했을 때 충격을 받은 사람이 아버지였는지 나였는지는 모르겠다. 리사와 무려 세 시간 반 동안이나 통화한 요금이 날아왔다. 아버지는 머리를 설레설레 흔들면서 "저 아이는 왜 저 모양이지?" 하는 표정을 지으셨다. 하지만 그리스도를 믿기 전과는 달리 적어도 이번에는 하나님을 영화롭게 하기 위해 한 일이었으므로 감사하게 생각하는 것 같았다.

나는 결국 여러 차례 리사와 통화를 하게 되었는데, 매번 전화상으로 리사의 영적 호기심과 혼동을 동시에 감지할 수 있었다. 그녀로서는 내가 묘사하는 기독교와 그녀가 자라면서 경험했던 종교가 상당히 다르다는 것을 이해하기 어려웠을 것이다. 리사는 청교도 교회에서 성장했는데, 주일학교나 교리 문답이나 설교에 대해 거부 반응을 보이거나 대놓고 반항한 적이 한 번도 없었다고 한다.

지금 와서 돌아보면, 리사는 영적으로 차가운 자신의 실상을 가리기 위해 영적인 것에 대해 우호적인 태도를 취했던 것 같다. 그리고 아주 좋은 사람이긴 했지만, 그리스도를 진정으로 따르는 신자의 흔적은 별로 찾아볼 수 없었다.

여러 달에 걸쳐 나와 리사는 대화를 계속했다. 어떤 때는 그녀가 상당히 열려 있다가도 또 어떤 때에는 그런 주제에 관해 이야기하고 싶어 하지 않았다. 당시는 내 친구가 여전히 그녀와 데이트하는 중이어서 우리가 두 차례 정도 빌링스에 찾아갔었다. 친구는 로맨스를 위해서였고, 나는 영적인 영향을 주고 싶어서였다.

리사와 얼굴을 맞대고 이야기할 때 나는 그녀가 갈수록 더 수용적인 태도로 변하고 있음을 느낄 수 있었다. 그러나 집에 돌아온 뒤 나는 그녀가 다시금 영적 중립 상태로 돌아간 것을 알아차리곤 했었다. 그랬기 때문에 이번 여행은 빌링스 시를 경유하면서 다시 한 번 리사와 만나 대화를 나누려고 계획한 것이었다.

우리는 리사의 집 거실에 앉아 음료수를 마시며 그동안의 소식을 주고받았다. 점차 대화의 주제가 하나님으로 바뀌고 있었다. 우리에게 낯익은 영역으로 돌아가고 있었던 것이다. 이야기를 나누다 보니 그녀가 갈수록 더 긴장하는 모습이 역력했다.

"마크, 내 말을 들어봐" 하면서 드디어 속마음을 내비쳤다. "나는 네가 왜 나를 있는 그대로 받아주지 못하는지 이해할 수가 없어. 나는 교회에 다니고 있고 정말로 종교적인 사람이야. 그런데도 넌 나를 이상하게 판단하고 있는 것 같아. 내가 괜찮다는 것을 너에게 납득시킬 길이 없어서 답답해. 더구나 예수님은 우리에게 남을 판단하지 말라고 하셨잖아? 도대체 네가 나보다 나은 면이 뭐지?"

뜻밖의 말을 듣고 나는 당황했다. 리사에게 미안하다고 말하면서 속으로 지혜를 구했다. "판단하려는 의도는 없었고 너보다 나은 면도 없다고 생각해. 하지만 나는 너에게 관심이 있고, 하나님이 베푸시는 모든 것을 네가 이해하고 경험하도록 돕고 싶어. 그보다 더 좋은 것이 없어서…."

내 답변이 아무 소용이 없다는 것을 알고는 갑자기 리사에게 화장실이 어디 있느냐고 물었다. 그처럼 급작스럽게 대화를 중단하는 것을 보고 리사는 놀란 표정을 지었으나, 정중하게 복도 쪽을 가리켰다. 나는 거북한 몸짓으로 방을 빠져나와 화장실로 들어가서 문을 잠그고 즉시 무릎을 꿇은 채 절박한 심정으로 기도했다.

"하나님, 제발 리사를 이해시킬 수 있게 도와주세요. 제 생각에는 리사가 종교 활동에는 참여하지만 하나님과의 인격적인 관계는 외면하고 있는 것 같아요. 만일 제가 틀렸다면, 그걸 제가 깨달을 수 있게 도와주시고 그녀를 그냥 내버려두게 해주세요. 하지만 제가 옳다면 어떻게든 간섭해주셔서 … 리사의 눈을 열어주시고 … 리사가 깨달아 알게끔 제가 바른 말을 할 수 있게 도와주세요. 아버지, 제발 여기서 저를 인도하시고 도와주세요. 리사를 도와주세요."

나는 일어나서 자세를 가다듬고 훨씬 편안한 마음과 자신감을 갖고 화장실에서 나왔다. 이어서 우리가 토론을 재개했을 때는 내 말이 더욱 명료하게 리사에게 전달되고 있다는 느낌을 받았다. 어쨌든 내가 그 상황을 하나님에게 맡겼으니 이제는 그분의 손에 달려 있다는 것을 알고 있던 터였다. 곧 우리가 함께하는 시간을 끝내고 작별 인사를 나눈 뒤에 나는 내 길을 갔다.

3주가 흐른 뒤에 리사가 캘리포니아에 있는 내게 전화를 걸었다. "그토록 오랜 기간 네가 내게 말하려고 했던 것을 이제야 깨달았어" 하고 경쾌한 목소리로 말했다. "그것이 줄곧 내 뇌리에서 떠나지 않고 있었는데, 긴 이야기를 한 마디로 줄이자면 이번 주에 나는 예수님에게 내 인생을 맡겼어. 그래서 이렇게 급히 알려주는 거야."

"정말 놀라워!" 하고 내가 말하자마자 그녀는 흥분된 말투로 이렇게 말했다.

"그토록 오랫동안 나를 도와주려고 온갖 노력을 기울였잖아. 끝까지 포기하지 않아줘서 고마워." 이어서 웃으며 이렇게 덧붙였다. "그리고 그날 밤 우리 집에서 네가 나를 위해 기도하려고 화장실에 들어간 것도 너무 고마워."

'쾅' 하고 한 방 먹은 느낌이었다!

"나는 네가 무엇을 하고 있는지 '알았고', 그래서 당시에는 미칠 지경이었어"라고 말했다. "그런데 넌 화장실에서 나와서는 훨씬 더 담대하게 행동했고 더 이해하기 쉬운 말로 이야기했었지. 그래서 그것까지도 감사해."

이런 생각이 떠올랐다. 그리스도를 전하는 이 위대한 모험에서 우리가 하나님의 도움을 요청하는 절박한 기도(화장실 바닥에서 드린 것까지)에 기꺼이 응답해주시니 얼마나 감사한가!

행동 지침

모든 시도가 실패할 때에도 하나님은 여전히 당신과 함께 계신다.

당신에게 용기나 지혜나 힘이나 통찰력이 없을 때에도 하나님은 승리하실 것이다.

당신이 노력하기를 포기하고 스스로 부족하다고 느낄 때에도 하나님은 당신의 절박한 기도를 들어주신다.

당신이 연약할지라도 하나님은 최고이시다.

모험에 뛰어들기

나는 행동파이다. 아마 당신도 (어느 정도는) 행동파가 아닐까 생각한다. 행동파는 무엇이 잘못되었는지를 파악하고 그에 대한 해결책을 고안하고 필요한 변화를 도모하는 데 에너지를 쏟길 좋아한다. 그런 다음 '모든 시도가 실패할 때'에는 기도로 하나님의 도움을 구한다.

이런 경향은 어떤 면에서는 자연스러운 것이다. 하나님은 우리를 그분처럼 창의적으로 문제를 풀어내는 해결사가 되도록 창조하셨다. 우리에게 무엇이 필요한지를 분별하는 지능과 문제를 바로잡을 수 있는 재능을 주셨다. 그러므로 우리가 세상에서 하나님의 목적을 성취하려고 노력을 기울이는 것은 잘하는 일이다. 그러나 우리가 먼저 그분의 인도와 도움과 능력을 구하지 않는다면, 그것은 결코 지혜로운 처사가 아니며 최선의 영향을 끼칠 수도 없을 것이다.

보통은 순서가 거꾸로 움직인다. 우리는 보통 시도해보고 실패한 뒤에 어쩔 수 없어 기도한다. 이제부터는 맨 먼저 기도로 시작하자. 성경이 가르치듯 일을 하기에 앞서 기도할 필요가 있다. 이어서 일이 진행되는 중에도 기도하자. 그리고 일이 정말 어렵게 돌아갈 때는 또다시 더욱 간절하게 기도하자. 이를 절박한 기도라고 불러도 좋다.

이 위대한 모험에서 하나님이 사람들의 마음을 준비시키셔서 그리스도에게로 이끄시지 않으면, 그리고 하나님의 메시지를 잘 전달하도록 우리를 준비시키시고 우리에게 능력을 주시지 않으면, 결코 열매를 맺을 수 없다는 사실을 유념해야 한다. 빌 하이벨스가 자주 말하듯이, "우리가 일할 때는 '우리'가 일하는 것이나, 우리가 기도할 때는 '하나님'이 일하신다."[12] 우리 가족과 친구와 이웃과 동료를 전도하는 일은 아주 중대한 문제가 걸려 있는 것이므로 혼자 해서는 안 된다. 우리는 기도를 통해 하나님이 먼저 일하신다는 사실을 확신할 필요가 있다. 그런 다음에 하나님과 협력하여 나란히 일할 수 있을 것이다.

오늘의 도전은 바로 이것이다. 우리가 친구들에게 하나님 이야기를 들려주기 전에 먼저 하나님에게 우리 친구들에 관한 이야기를 들려드리자. 이 순서를 잘 지키도록 노력하자. 하나님이 일하실 것을 신뢰하면서 하나님과 친구 모두에게 이야기하는 일을 계속하자.

기억할 말씀 (엡 3:20-21)

우리 가운데서 역사하시는 능력대로 우리가 구하거나 생각하는 모든 것에 더 넘치도록 능히 하실 이에게 교회 안에서와 그리스도 예수 안에서 영광이 대대로 영원무궁하기를 원하노라. 아멘.

자기 모습을 있는 그대로 드러내라

리 스트로벨

> 영적 구도자들은 그리스도인을 만날 때 완벽한 모습을
> 찾지 않는다. 그들이 원하는 것은 진정성이다.

매기는 하나님과 교회에 과민 반응을 일으키곤 했다. 성장기에 자칭 그리스도인이라는 사람들에게 피해를 입어 그렇게 되었다. 내게 보낸 편지에서 매기는 자신의 경험을 이렇게 묘사했다.

내가 몸담고 있던 기독교는 어린 시절에도 무척 혼란스러운 것이었습니다. 교인들의 언행이 일치하지 않았지요. 공적인 자리에서는 아주 영적으로 보였으나 사적으로는 타락한 모습을 보이곤 했어요. 그들이 입으로 하는 말과 몸으로 하는 행동은 서로 어긋났답니다. 이런 간극 때문에 나는 기독교를 싫어하게 되었어요. 교회와 관계를 맺고 싶지 않았습니다.

이 편지를 읽으면서 치밀어 오르는 분노를 억누르기 힘들었다. 엉터리 교인들이 하나님에게로 나가는 길을 가로막는 걸림돌이 된 전형적인 예였다. 매기와 같은 사람이 소위 '이중적인 그리스도인들'(겉으로는 그럴듯하게 보이지만 행실과 태도는 바뀌지 않는 신자) 때문에 그리스도를 경험할 수 없다는 것은 비극이 아닐 수 없다.

그러다가 매기는 신문에서 그리스도인과 무신론자 사이의 논쟁에 관한 기사를 읽게 되었다(앞서 말했듯이 나는 이 행사의 사회를 맡았다). 그녀는 '마침 잘 됐다고' 생각했다. 무신론자가 그리스도인의 콧대를 완전히 꺾어줄 절호의 기회라고 믿었던 것이다. 그러나 실망스럽게도 결과는 정반대였다. 그리스도인은 그리스도에 대한 믿음을 뒷받침하는 강력한 논증을 펼쳤지만, 무신론자는 그것을 논박하지 못하는 모습을 보고 매기는 너무나 놀랐다.

호기심이 발동한 매기는 조심스럽게 우리 교회에 발을 들여놓기 시작했다. 매기는 내게 하나님과 성경에 관한 많은 의문이 담긴 장문의 편지를 쓰곤 했다. 나는 최선을 다해 답장을 보냈다. 그러다가 매기에게 이런 제안을 했다. "매기, 우리 교회에는 그리스도인 리더 두 명이 구도자 여러 명과 함께 신앙과 관련된 문제를 탐구하는 소그룹이 있어요. 당신이 이 그룹에 나가보면 좋을 것 같아요." 매기는 쉽게 동의했다.

한참 뒤에 매기는 또 다시 날카로운 편지를 보내왔다. 거기에는 이세상의 매기들이 당신과 나 같은 그리스도인들에게 무엇을 원하는지 보여주는 중요한 내용이 담겨 있었다. 이제 그 내용을 읽으면서 그녀가 간절하게 원하던 그리스도인의 자질이 무엇인지를 눈여겨보라.

윌로우 크릭 커뮤니티 교회와 이 소그룹에 왔을 때 저는 온유한 태도를 기대했습니다. 제게는 무슨 질문이든 던질 수 있는 그런 분위기가 필요했습니다. 제 질문을 진지하게 받아주기를 바랐던 거죠. 존중과 인정을 받고 싶었습니다.

그 무엇보다도 사람들의 말과 행동이 일치하는 것을 보고 싶었습니다. 완벽한 모습을 찾는 것은 아니었지만, 진정한 면모를 찾고 있었던 겁니다. '진실성'이라는 단어가 떠오르네요. 실제 사람들이 실생활에 관해 이야기하는 것을 들을 필요가 있었고, 하나님도 실생활의 일부인지(또는 일부일 수 있는지) 알고 싶었습니다.

그분은 내가 안고 있는 상처에 관심이 있으실까? 그분은 내게 살 곳이 필요하다는 사실에 관심을 기울이실까? 나는 과연 건강하고 온전한 사람이 될 수 있을까? 나는 소그룹 모임에서 이런 질문을 던졌습니다. 그런데도 비웃음을 받거나 무시당하거나 쓸데없는 소리로 치부되지 않았습니다. 나는 어떤 식의 압박도 받지 않았습니다.

그동안 내가 받은 보살핌을 나는 이해할 수 없습니다. 리더들이 질문을 두려워하지 않는 모습도 이해할 수 없습니다. 그들은 "당신은 그냥 믿기만 하면 됩니다"라든가 "당신은 더 기도할 필요가 있습니다"라는 식으로 말하지 않았습니다. 그들은 자기 모습을 있는 그대로 드러내는 것을 두려워하지 않았습니다. 그들은 진실한 사람인 것 같습니다.

매기는 그 소그룹을 인도해준 그리스도인들에게 손수 쓴 시로 편지를 마무리했다. 그 시를 처음 읽고, 이것은 모든 그리스도인이 읽어야 할 시라고 생각했다. 당신도 이 시에 담겨 있는, 가슴에서 우러나오는 정서에 푹 잠겨보라. 그리고 매기가 당신에게 직접 말하는 거라고 상상하면서 읽어보라. 실은 그런 면이 없지 않기 때문이다.

당신은 아는가?
당신은 이해하는가?
당신이 내게 예수님을 보여준다는 것을

당신은 아는가?
당신은 이해하는가?
당신이 나를 온유하게 대할 때
어쩌면 그분도 온유하지 않을까 하는 생각이
내가 상처를 받을 때
아마도 그분은 웃지 않을 것이라는 생각이
내 마음에 떠오른다는 것을

당신은 아는가?
당신은 이해하는가?
당신이 내 질문을 경청하고
소리 내어 비웃지 않을 때
"예수님도 내게 관심이 있으실까?" 하는 생각이 떠오른다는 것을 당신은 아는가?

당신은 이해하는가?

당신이 과거에 겪은 논쟁과 갈등과 상처에 대해

이야기하는 것을 내가 들을 때

"어쩌면 나는 학대받아 마땅한 나쁜 여자아이가 아니라

정상적인 사람일지도 모른다"는 생각이 든다는 것을

당신이 관심을 보여주면

어쩌면 그분도 내게 관심이 있을지 모른다는 생각이 들고

내 속에 희망의 불길이 타오르며

그 불길이 꺼지지 않을까

한동안은 숨쉬기조차 두려워한다는 것을

당신은 아는가?

당신은 이해하는가?

당신의 말이 곧 그분의 말씀인 것을

당신의 얼굴이 나 같은 사람에게는

곧 그분의 얼굴인 것을

제발, 당신이 입으로 말하는 바로 그 사람이 되기를

제발, 하나님, 이것이 또 다른 속임수가 되지 않기를

제발 이것이 진실이기를

제발!

당신은 아는가?

당신은 이해하는가?

당신이 내게 예수님을 보여준다는 것을

처음 이 시를 읽었을 때 내 눈에 눈물이 고였다. 매기의 말대로 과거에 영적 구도자들이 내 생활만 보고 예수님을 보지 않았다는 사실을 생각하면서 거듭 후회스러운 마음이 가슴을 찔렀다. 나의 무감각한 모습, 무관심한 태도, 바쁘다는 핑계 때문에 누군가의 영적 여정을 늦췄을 것이라는 생각을 하니 너무도 슬펐다. 그래서 하나님과 사람들 앞에 진실해야겠다고 다시금 굳게 다짐했다.

매기의 글이 매우 감동적이라 온 교인에게 읽어주고 싶어서 그녀의 허락을 받으려고 전화를 걸었다. "매기, 당신의 시에 감동했어요. 이번 주일 예배 시간에 사람들에게 읽어줘도 괜찮겠어요?"

"아, 리, 아직 못 들으셨어요?"

가슴이 철렁 내려앉았다. 아니, 무슨 일인가? 그녀가 하나님에게 나아가지 못하게 방해하는 또 다른 이중적인 그리스도인을 만났단 말인가?

"못 들었어요, 매기" 하고 당황하며 대답했다. "아직 못 들었어요. 무슨 일인지 말해주세요."

그녀의 목소리가 한층 밝아졌다. "아니에요, 리, 좋은 소식이에요" 하고 큰 소리로 말했다. "며칠 전에 내 인생을 예수님에게 드렸어요!"

나는 의자에 앉아 있다가 펄쩍 뛰다시피 했다. "매기, 굉장한 소식이군요!" 하고 소리를 질렀다. "그런데 무엇을 계기로 믿음 안으로 들어오게 되었는지 궁금합니다. 어떤 증거 때문에 성경이 진리라는 확신을 갖게 되었습니까? 어째서 부활이 실제로 일어났다고 결론지었나요?" 바로 이런 지적 문제들이 내 경우에는 믿음을 갖게 되는 데 중요한 역할을 했기 때문에 그렇게 물었다.

"아니에요, 제 경우에는 그런 게 아니었어요."

"그러면 무엇 때문이었나요?"

그녀가 어깨를 으쓱하는 모습이 보이는 것만 같았다. "말하자면, 내게 예수님의 모습을 드러내는 사람들을 만난 거예요."

나는 안도의 숨을 쉬었다. 이는 우리 그리스도인들에게 얼마나 큰 교훈인지 모르겠다. 매기 역시 토론을 통해 기독교를 지지하는 증거를 많이 들었지만, 정작 그녀에게 가장 필요했던 것은 소금이요 빛인 사람들이었다. 이는 예수님이 심중에 두었던 그 놀라운 전략이 2000년이 지난 후에도 여전히 유효하다는 것을 보여준다. 한 번에 한 인생을 변화시켜 온 세상을 바꾸려고 했던 그 전략 말이다.

행동 지침

영적 구도자들은 그리스도인을 만날 때 완벽한 모습을 찾지 않는다. 그들이 원하는 것은 바로 진정성이다. 즉 믿음과 행실, 성품과 신조 사이의 일관성을 찾는다. 우리에게 그런 진실성이 없을 때, 유감스럽게도 그들로 하여금 하나님을 멀리하게 만드는 또 다른 구실을 제공하는 셈이다. 따라서 매기의 말처럼 우리는 '진실한' 사람이 될 필요가 있다.

모험에 뛰어들기

예수님이 제자들에게 소금과 빛이 되라고 말씀하실 때는 긍정적인 은유를 염두에 두고 계셨다. 즉, 소금은 사람들에게 하나님을 목말라 하게 만들고, 빛은 어두운 절망의 구렁텅이에 진리와 연민을 비추어 준다. 하지만 소금과 빛은 부정적인 의미도 함축한다. 소금을 상처에 비비면 통증을 일으키고, 고속도로에서 상향등을 낮추지 않으면 상대 편이 눈을 돌리게 만들듯 빛은 사람들의 눈길을 돌리게 만든다. 마찬 가지로, 이중적인 그리스도인은 사람들이 하나님에게서 멀어지게 만 들 수도 있다.

우리 부부는 신앙을 갖기 전에 그리스도인인 린다와 제리 부부와 같은 아파트에서 살았다. 당시에 우리가 '위선 레이더'를 사용해서 그 들의 삶을 얼마나 샅샅이 조사하고 있었는지 그들은 몰랐을 테지만, 그들이 과연 진정한 신자인지 알아보려고 본능적으로 주시했었다.

우리에게 비친 그들의 성품은 이런 특징을 갖고 있었다. 우리를 용 납해주는 온유한 정신, 자만하지 않고 겸손한 태도, 잘못했을 때는 곧 바로 시인하는 모습, 갈등이 있을 때는 화해하고 싶어 하는 마음, 성 격적으로 거친 부분을 쉽게 인정하고 그것을 다듬으려고 애쓰는 자 세, 신앙생활이 늘 행복한 듯 꾸미지 않는 태도, 신앙의 문제로 고심 할 때도 있음을 인정하는 태도 등이다. 하지만 시간이 흐르면서, 무엇 보다도 그 밑바닥에 조금씩 예수님을 닮아가려는 진정한 소원이 있 다는 것을 엿볼 수 있었다. 매기의 표현을 빌리자면, 그것은 '진실한' 바람이었다. 그 결과 린다와 제리는 우리가 그리스도에게 나아가는 데 큰 영향을 미쳤다.

이렇게 말한다고 해서 신경 과민증에 걸릴 필요는 없다. 당신도 믿지 않는 사람들에게 늘 관찰 대상이 되고 있다는 점만 유념하면 된다. 당신의 친구와 이웃은 당신이 진정한 신자인지 알고 싶어서 위선 레이더를 곤두세우고 당신의 삶을 정밀하게 조사하고 있는 중이다. 그들의 눈에 비친 당신의 모습은 그들의 영적 여정에서 걸림돌이 되거나 촉진제가 될 것이다.

그러므로 당신이 날마다 진실하고 겸손하게 예수님과 동행해야 할 또 하나의 이유가 있는 셈이다. 당신의 친구와 이웃과 동료는 바로 당신을 믿고 있기 때문이다.

기억할 말씀   (마 5:13-15)

너희는 세상의 소금이니 … 너희는 세상의 빛이라. 산 위에 있는 동네가 숨겨지지 못할 것이요. 사람이 등불을 켜서 말 아래에 두지 아니하고 등경 위에 두나니 이러므로 집 안 모든 사람에게 비치느니라.

주일

가망 없는 후보는 없다

마크 미텔버그

복음을 받아들인 사람 뒤에는 그들을 위해 계속 기도하고,
관심을 기울이고, 끊임없이 사랑해주는 누군가가 있다.

우리 부부가 섬기는 교회의 주변에는 아주 다양한 종교적 배경을 가진 사람들이 살았고, 그 가운데는 유대인도 다수 포함되어 있었다. 우리는 그들에게도 손을 뻗쳐서(예의를 지키되 단도직입적으로) 예수님의 의견을 들을 기회를 주고 싶었다. 그래서 교회 본당을 빌려놓고 강사를 초빙한 다음, 동네 전역에 광고를 했다.

제목을 '어떤 회의주의자의 뜻밖의 발견'으로 잡았다. 강사는 최근에 내가 감명 깊게 읽은 책,《배신당하다*Betrayed!*》의 저자인 스탠 텔친 Stan Telchin이었다. 스탠은 그날 밤 강연에서 자기네 부부가 대학에 다니는 큰딸에게 전화를 받았는데, 큰딸이 예수님을 구주로 영접했다는 소리를 듣고 충격을 받았던 이야기를 해주었다(이 이야기는 《배신당하다》에도 나온다). 아니, 헌신적인 유대인 부모의 자녀에게 어떻게 이런 일이 생길 수 있는 건지 그들은 의아했다고 한다.

스탠은 너무나 충격을 받아서 보험회사 일을 그만두고 한동안 실상을 조사하기로 했다. 딸이 어떤 '사이비'에 빠졌든지 거기서 구출하는 데 필요한 모든 정보를 모으기로 작정한 것이다.

당신이 추측하기에 그 이후 어떻게 됐을 것 같은가? 스탠은 연구를 하면 할수록, 자기도 딸이 밟은 길을 똑같이 밟아야겠다는 확신이 더욱더 강해졌다. 본래 그가 기대한 것과 그의 전통이나 열망과는 정반대의 방향으로 나간 것이다. 스탠은 예수님의 제자가 되었을 뿐 아니라 그의 아내와 작은 딸도 똑같은 결단을 내리게 되었다.

나는 이런 전도행사에 따르는 반응을 과소평가했었다. 막상 뚜껑을 열어보니 수백 명이나 되는 사람들이 온갖 의문과 도전거리를 들고 현장에 모습을 드러냈다. 그 가운데 한 사람이 유대인 사업가인 던 하트이다. 그는 스탠의 이야기를 듣고 호기심과 회의를 동시에 느꼈다고 했다. 자리를 떠난 뒤에도 그 메시지가 뇌리에서 사라지지 않았단다. 갑자기 이전에는 생각해본 적도 없는 영적인 의문이 떠올라 그것을 철저히 파헤치려 이 행사의 후원자 중 한 사람인 나를 찾아왔던 것이다.

내가 사무실에서 던을 만났을 때는 무척 성실한 사람이라는 인상을 받았다. 던은 자기가 들은 메시지를 공격하기 위해 온 것이 아니었던 듯하다. 그의 물음에 대한 나의 대답을 진심으로 듣고 있었으니 말이다. 내 답변 가운데 일부는 노트에 기록도 하고 내가 추천한 책들의 제목도 받아 적었다.

보통은 한두 주가 지난 뒤에 다시 만나곤 했는데, 그때마다 그는 책 한두 권을 들고 나타났다. 책장 모서리가 접혀 있고 표시가 되어 있는 것으로 보아 꼼꼼히 읽었다는 것을 알 수 있었고, 늘 새로운 질문을 한 보따리씩 들고 왔다. 던이 어떤 사람인지 알려면 사전에서 '탐구심이 많은inquisitive'이란 단어를 찾아보면 될 것이다.

내 머릿속에 가장 뚜렷이 남아 있는 던의 인상은 도전적인 새 사상에 굉장한 관심을 보였다는 것과 자기가 배운 바에 대해 무척 강한 반감을 품고 있었다는 점이다. 던을 만나면 만날수록 긴장감은 더욱 고조되었다.

사실 그가 과연 믿음의 결단을 내리게 될지 조심 의심한 적도 없지 않았다. 원래 회의주의자인데다가 비기독교적인 배경까지 감안하면 그리스도를 영접할 가망이 별로 없는 후보였기 때문이다. 때로는 내 편에서 그만두고 싶은 마음이 들기도 했으나, 던은 계속해서 관심을 보이면서 다시 만나기를 원했다. 나는 구하면 찾을 것이라고 하신 예수님의 말씀을 기억하면서, 던도 진심으로 구하면 결국은 찾게 될 것이라는 생각으로 나 자신을 격려하곤 했다.

그러던 중에 믿기 어려운 일이 일어났다. 던이 신학교에 다니는 문제를 이야기하기 시작하면서 모든 것이 절정에 다다른 것이다. 처음에는 자기가 결코 하지 않을 일인데 농담 삼아 말하는 거라 생각했다. 그런데 어느 날 내게 와서 일류 복음주의 신학대학원에 들어갈 수 있도록 추천서를 써달라고 부탁하는 말을 듣고야 비로소 진심인 줄 알았다.

"던, 나는 기꺼이 써주고 싶지만 일단 순서를 바로 잡을 필요가 있다고 생각해요. 당신이 먼저 그리스도인이 된 다음에 신학대학원에 가는 것이 좋지 않을까요?" 하고 내가 말했다.

던은 미소를 짓더니 눈을 반짝이며 그런 접근도 일리가 있다고 인정했다. 이 일을 계기로 던의 영적인 진보를 여전히 방해하고 있는 몇 가지 문제에 관해 대화를 나눌 수 있었다. 그 문제들은 다음과 같다. 구약성경에 나오는 메시아에 대한 예언들이 정말로 나사렛 예수를 가리키고 있는 것일까? 예수님은 진정 자기가 메시아라는 증거를 제공했는가? 예수님의 기적(특히 부활)을 믿을 만한 충분한 근거가 있는가? 유대인 남자가 자신의 정체성을 잃지 않으면서 예수님의 제자가 될 수 있는가?

끝으로, 예전에 다룬 정보를 다시 훑어본 다음에 던은 자기가 품고 있는 의문이 대부분 만족스럽게 풀렸다고 인정했다. 물론 더 토론할 내용이 남기 마련이지만, 던은 예수님의 주장을 뒷받침하는 증거가 충분하다고 믿게 됐다. 또한 예수님의 제자가 된다고 해서 '유대인의 정체성'을 버릴 필요가 없다는 점도 이해했다. 그래서 마침내 기쁨과 기대감을 느끼며 그는 나와 함께 예수님을 메시아요 구원자로 영접하는 기도를 드렸다.

그날 이후 던은 우리 중 아무도 예상치 못했던, 참으로 모험적인 인생을 살아왔다. 50대에 신학교에 입학하여 하나님과 성경을 아는 지식에서 빠르게 자라갔다. 그는 신학교를 졸업한 뒤로 오늘까지 사람들의 영적인 성장을 돕는 성경적 상담사로 일하고 있다. 가끔은 자기가 했던 대로 다른 사람이 예수님을 영접하는 기도를 드리도록 돕기도 한다. 최근에 던과 통화를 했다. 우리는 서로 멀리 떨어져서 살고 있고 통화한 지도 꽤 오래 되었지만, 과거에 품었던 그 영적인 동지애를 다시 느낄 수 있었다. 예수님 안에서 형제 된 자들이 느끼는 그런 동지애 말이다.

행동 지침

당신은 주변에 있는 사람 가운데 누구를 그리스도를 믿을 '가망이 없는 후보'로 제쳐놓았는가? 그들이 하나님께 마음을 열 수 있는 모든 기회를 잡기도 전에, 어쩌면 당신이 이미 그들에게 퇴짜를 놓았을지도 모른다. 그들을 포기하지 말고 새 희망과 비전을 품게 해달라고, 또 다음 말씀을 굳게 붙잡고 열심히 기도하고 활동하게 해달라고 하나님께 간구하라. "오직 주께서는 너희를 대하여 오래 참으사 아무도 멸망하지 아니하고 다 회개하기에 이르기를 원하시느니라"(벧후 3:9).

모험에 뛰어들기

나는 눈부신 할리우드 배우, 유명한 운동선수, 녹초가 된 록 스타, 뛰어난 지식인, 부유한 기업체 간부, 방탕한 인간 등 온갖 부류의 사람을 만났는데, 그중에 가장 흥미로운 인물로 꼽히는 리 스트로벨도 빼놓을 수 없다. 이들 모두는 예수님의 제자가 될 가능성이 거의 없어 보이는 사람들이었다. 하지만 지금은 열심히 예수님을 좇는 제자가 되어 복음 전도의 모험에 열정적으로 참여하고 있다.

그들 뒤에는 그들을 포기하지 않고, 그들을 위해 계속 기도하고, 관심을 기울이고, 대화를 나누고, 전도 집회에 초대하고, 어려움을 무릅쓰고, 끊임없이 사랑해주는 누군가가 있었다. 그러다가 마침내 하나님의 영이 승리하고 그분의 사랑이 장애물을 돌파한 것이다. '이런 사람들'이 예수님을 따를 수 있다면, 그분에게서 멀리 떨어진 듯 보이는 당신의 가족과 친구도 얼마든지 예수님에게 나올 수 있다.

당신이 아는 사람들 가운데 예수님을 믿을 가망이 별로 없는 사람들을 머릿속에 떠올려보라. 한 걸음 더 나아가, 그들의 이름을 종이에 쓰거나 그들의 사진을 인화해서 기도하는 장소에 두라. 그리고 그들을 한 명씩 생각하면서 다음 내용을 숙고해보라.

1. 그들의 죄도 그리스도의 십자가 죽음으로 인한 구속의 범위에 포함되어 있을까? "그는 우리 죄를 위한 화목 제물이니 우리만 위할 뿐 아니요 온 세상의 죄를 위하심이라"(요일 2:2).

2. 그들은 하나님이 독생자를 주실 때 염두에 두셨던 구원의 대상일까? "하나님이 세상을 이처럼 사랑하사 독생자를 주셨으니 이는 그를 믿는 자마다 멸망하지 않고 영생을 얻게 하려 하심이라"(요 3:16).

3. 하나님은 그들을 길이 참아주시고 그들로 회개하기를 기대하실까? "오직 주께서는 너희를 대하여 오래 참으사 아무도 멸망하지 아니하고 다 회개하기에 이르기를 원하시느니라"(벧후 3:9).

4. 예수님은 그들이 영생과 생명을 얻기를 원하실까? "내 말을 듣

고 또 나 보내신 이를 믿는 자는 영생을 얻었고 심판에 이르지 아니하나니 사망에서 생명으로 옮겼느니라"(요 5:24).

이 구절들에 포함되지 않는 사람을 생각해내기가 어려울 것이다. 과연 어떤 사람이 구원의 선물을 받는지 주목해보라. 자기를 낮추고 자신의 죄를 시인하고 그리스도에게 돌아오는 자라면 누구라도 그 대상이다. 이제 당신이 꼭 전도하고 싶은 사람들을 위해 성령과 협력하여 오늘 당장 사랑의 손길을 베풀면 어떨까? 당신은 잃을 것이 하나도 없다. 그리고 당신이 사랑하는 그 사람은 오로지 얻을 것밖에 없음을 명심하라.

기억할 말씀 (롬 1:16)

내가 복음을 부끄러워하지 아니하노니 이 복음은 모든 믿는 자에게 구원을 주시는 하나님의 능력이 됨이라. 먼저는 유대인에게요 그리고 헬라인이게로다.

4
week

월요일 끈질기게 기도하라

화요일 다양한 채널과 방법을 시도하라

수요일 진짜 속내를 간파하라

목요일 서로 협력하라

금요일 위급한 상황에서는 도전적인 전도가 필요하다

토요일 의문의 여지를 남겨두라

주 일 유머를 적절히 사용하라

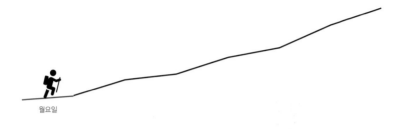

끈질기게 기도하라

리 스트로벨

내가 기도할 때는 우연의 일치가 일어난다.
내가 기도를 중단하면 그런 일이 일어나지 않는다.

내가 왜 그런 질문을 했는지 모르겠다. 어쩌면 호기심 때문이었는지도 모른다. 아니면 오랫동안 몸에 익은 기자의 본능이 발동해서 그랬을 수도 있다. 어느 편이든 성령의 충동을 받은 것은 분명하다.

그날은 하나님의 은혜를 찬양하는 일로 시작되었다. 예수님을 좇기로 결단한 수백 명의 새신자가 친구와 가족과 교인들이 지켜보는 가운데 세례를 받음으로써 공개적으로 신앙을 고백하기 위해 우리 교회로 몰려들었다. 세례 후보자들은 조끼를 입거나 옷에 꽃을 달고 있었고, 각각 누군가(자기를 그리스도에게 인도한 사람이나 가족)를 초대하여 강단에 함께 걸어 나가게끔 되어 있었다.

나는 세례를 집행하는 목사 중 한 사람이었고, 그 세례식은 내게 한 해의 하이라이트에 해당하는 중요한 순간이었다. 하나님의 은혜로 구원받은 새신자의 눈을 응시하고 예수님을 따르기로 결단하는 그들의 목소리를 듣는 것은 참으로 감격스러운 경험이다. 때로는 눈물을 삼키느라 목소리가 끊어지기도 하고, 어떤 때는 미소를 감추지 못하기도 하고, 사람들 얼굴에 감사의 빛이 드러나기도 한다.

조끼를 입은 60대 여성이 세례를 받으러 내게로 걸어나왔다. 여자의 곁에는 두어 살 더 많아 보이는 억센 남자가 서 있었다. 건설 현장 노동자처럼 보였고 거죽 같은 피부에는 선명한 줄이 깊게 새겨져 있었다. 못질을 할 때 망치가 없어도 맨주먹으로 충분히 해낼 만한 그런 남자였다. 꽃을 달지 않은 모습도 내 눈에 들어왔다.

여자를 향해 "세례를 받으러 오셨군요"라고 말했다.

그녀는 기쁨으로 충만해 있었다. "네, 그렇습니다" 하고 또렷또렷하게 대답했다.

여자의 대답에 나는 미소로 반응했다. "당신은 예수 그리스도를 당신의 죄를 용서해주는 분이자 인도자로 영접했습니까?" 하고 내가 물었다. 나는 이미 그녀의 눈동자에 비친 예수님을 분명히 보았기 때문에 그 질문은 하나의 형식에 불과한 것이었다.

그녀는 열정적으로 고개를 끄덕이며 "온 마음으로"라고 대답했다.

나는 그녀에게 막 세례를 주려는 순간에 그녀 곁에 서 있는 남자를 쳐다보았다. 그는 지금까지 문답을 유심히 듣고 있었다. "당신은 이분의 남편입니까?" 하고 내가 물었다.

그는 몸을 똑바로 펴더니 "예, 그렇습니다" 하고 사무적으로 반응했다.

바로 그 순간에 어떤 질문이 머릿속에 불쑥 떠올랐다. 수백 번이나 세례를 집행한 경력이 있으나 이렇게 물은 경우는 단 한 번도 없었다. 그러나 누군가에게는 뻔해 보이는 질문이었을 것이다. 그래서 나는 성실하고 배려 깊은 어조로 그에게 "'당신'은 '당신의' 인생을 예수님에게 드렸습니까?"라고 물었다.

그는 놀란 표정을 지었고 마음이 상한 듯이 보였다. 지극히 짧은 순간 나를 노려보았다. 그 후 그의 얼굴이 고통스러운 표정으로 일그러졌고, 나는 무슨 일이 일어날지 종잡을 수가 없었다. 나를 주먹으로 칠지도 모른다고 생각했다. 그런데 갑작스럽게 눈물을 쏟아내더니 어깨를 들썩이며 크게 통곡을 하면서 숨을 헐떡거리는 것이었다.

"아니요, 그러지 않았습니다" 하고 흐느껴 울면서 겨우 말을 내었다. "하지만 지금 당장 그러고 싶습니다."

내 양 무릎이 서로 들러붙어 꼼짝도 하지 않았다. 눈앞에 벌어지는 광경을 도무지 믿을 수 없었다. 이제 어떻게 해야 할지 도움을 구하기라도 하듯 예배당을 둘러보았다.

"그러면 좋습니다" 하고 마침내 입을 떼었다. 이 말과 함께 수천 명이 지켜보는 가운데 그는 자기가 죄인이고 그리스도를 통해 죄 사함을 받았다고 고백했다. 나는 이 부부에게 세례를 베푸는 특권을 누렸다.

그 순간은 한창 경축하는 분위기가 고조되는 상황에서 찾아온 실로 영광스러운 찰나였다. 잠시 후에 우리가 찬송가 〈나 같은 죄인 살리신〉을 부르는 동안, 세례 받은 많은 사람들 속에 그가 자기 아내와 함께 서 있는 모습을 보니 딴 사람을 보는 것만 같았다. 그의 입가에

번진 미소는 아내의 미소 못지않게 크고 밝았다.

그런데 세례식이 끝나고 내가 강단에서 내려온 직후에 모르는 여성이 뛰어올라오더니 팔로 나를 끌어안았다. 그녀가 내 어깨에 얼굴을 묻고 흐느끼며 하는 말 가운데 내 귀에 들어온 말은 "9년 만에, 9년 만에, 9년 만에…"라는 소리뿐이었다.

당신도 쉽게 상상할 수 있듯이 나는 약간 당황스러웠다. "죄송합니다만, 누구시죠?" 하고 내가 물었다. "그리고 '9년 만에'라뇨? 무슨 뜻입니까?"

그녀가 나를 쳐다보았을 때는 이미 눈이 빨갛게 충혈돼 있었다. "목사님이 저기서 세례를 베푼 사람은 제 올케 언니이고, 그녀와 함께 세례 받은 사람은 제 오빠입니다" 하고 그녀가 설명했다. "오빠를 위해 9년째 기도해왔는데, 그동안 영적인 관심이라고는 눈곱만큼도 보인 적이 없었어요. 그런데 보세요, 하나님이 오늘 행하신 일을!"

그 순간 한 가지 생각이 떠올랐다. '만 8년 동안 기도하기를 쉬지 않은 한 여성이 있었구나.'

이 글을 읽으면서 당신은 '8년이라, 시작에 불과해' 하고 혼자 중얼거릴지도 모르겠다. 당신이 제멋대로 사는 아들을 위해 10년째, 또는 영적으로 둔감한 부모를 위해 15년째, 또는 친한 고등학교 동창을 위해 20년째 기도해왔다면 이런 반응을 보일 것이다. 더군다나 오랜 세월 동안 그들에게서 영적인 각성이라고는 조금도 보지 못한 채로 기도해왔다면…. 당신은 기도를 그만두고 싶은 유혹을 수백 번이나 느꼈을 것이다. 이게 무슨 소용이 있냐고 아무 일도 일어나지 않는다고 호소했을 것이다. 그러나 이 여성은 당신에게 결코 포기하지 말라고 일러줄 것이다. 기도하기를 쉬지 마라. 당신이 사랑하는 이들을 은혜의 보좌 앞에 올리는 일을 결코 중단하지 마라.

나는 어느 누구보다도 기도에 대해 모르는 것이 많은 사람이라고 시인하고 싶다. 하나님은 각 사람이 그분을 좇을지 말지를 스스로 결정하도록 놔두시는 분이라는 걸 나는 안다. 우리가 원하는 만큼 다른 사람에게 우리의 의지를 강요할 수 없는 것도 사실이다. 그러나 나는 "의인의 간구는 역사하는 힘이 큼이니라"(약 5:16)는 말씀을 그대로 믿을 만큼 순진하다. 흔히들 인용하는 마더 테레사의 말을 나는 무척 좋아한다. "내가 기도할 때는 우연의 일치가 일어난다. 내가 기도를 중단하면 그런 일이 일어나지 않는다."

탐구심 많은 기자 출신 목사가 한 여성에게 세례를 주면서, 그 남편에게 결정적인 질문을 던지는 일을 참을 수 없었던 것과 같은 '우연의 일치' 말이다.

행동 지침

우리는 보통 배우자나 친구나 이웃이나 가족의 회심을 위해 기도하다가 지쳐 그것을 그만두고 그보다 더 효과적인 '전도의 비결'을 찾아 나설 때가 있다. 그러나 기도는 "역사하는 힘이 크다"는 성경 말씀이 옳다면, 우리의 우선순위를 항상 기도하는 일에 두고 하나님이 그 사람의 삶에 개입하시도록 늘 간구해야 할 것이다.

모험에 뛰어들기

영적으로 길을 잃은 이들을 위한 예수님의 기도는 십자가 위에서 마지막 숨을 거두실 때까지 계속되었다는 사실을 묵상해본 적이 있는가? 영국의 존 스토트 목사가 《예수님의 산상설교*the Message of the Sermon on the Mount*》에서 한 말을 들어보라.

예수님은 쇠못이 자기의 손과 발에 박히는 동안에도 고통을 가하는 자들을 위해 기도하신 것 같다. 사실 〔그리스어에 나타난〕 미완료 시제는 그분이 "아버지, 저들을 사하여 주옵소서. 자기들이 하는 것을 알지 못함이니이다" 하고 계속해서 기도하고 애원했다는 것을 시사한다.[13]

만일 예수님이 십자가 고난을 당하는 동안에도 줄곧 원수들을 위해 기도했다면, 우리의 관심과 사랑의 대상이지만 여전히 하나님을 반역하며 사는 사람들을 위해 기도하는 일이 최소한의 책임이 아니겠는가? 우리가 그들을 위해 기도하기를 중단하는 것은 그들을 대신하여 그들의 마음을 정하는 것과 다름없다. 사실상 그들이 결코 그리스도에게 인생을 맡기지 않을 것이라고 우리가 대신 결정하는 셈이다. 그런데 가망이 없어 보이던 그토록 많은 사람들(나 자신을 포함하여)이 예상 밖에 하나님의 가족이 되었는데, 우리가 어떻게 그럴 수 있겠는가? 내 그리스도인 친구들 중 일부는 일찍이 나를 포기한 것이 분명하지만, 아내와 하나님은 나를 결코 포기하지 않았다. 나로서는 매우 고마운 일이다.

언젠가 십 대 시절에 빌리 그레이엄의 초기 전도 집회에서 그리스도를 영접한 한 남자와 이야기를 나눈 적이 있다. 그는 고집불통인 형에게 예수님을 믿으라고 설득했으나 계속해서 거절을 당했다. 형은 하버드 대학교에서 법학을 공부하고 로스앤젤레스에서 변호사로 성공했으나, 변함없이 그리스도에게 등을 돌린 상태였다. 이 남자는 자기 형을 위해 48년 하고도 348일 동안 기도했다고 했다. 실제로 날수를 계산했던 것이다!

언젠가 그는 내가 쓴《예수는 역사다*The Case for Christ*》를 형에게 선물했고, 그 어간에 형은 간암 진단을 받았다. 하나님이 그 책을 사용하여 형의 딱딱한 마음에 호소했고, 결국 그는 임종을 앞두고 자기 삶을 그리스도에게 의탁하게 되었다.

"형을 포기하고 싶은 마음이 들지 않던가요?" 형을 위해 거의 반세기 동안 기도해온 그 남자에게 내가 물었다.

이 질문에 그는 조금 놀란 것 같았다. "없었어요. 그럴 수는 없죠. 그는 제 형이니까요. 저는 형을 사랑했어요. 형를 위해 기도하는 것 말고 제가 무얼 할 수 있었겠습니까?"

그래서 당신에게 나는 묻고 싶다. 당신은 혹시 누군가를 위해 해오던 중보기도를 그만두지 않았는가? 한때는 열심히, 꾸준하게, 구체적으로 기도하다가 세월이 흐르면서 더 이상 기도하지 않게 된 대상은 없는지 한번 생각해보라. 그 사람의 얼굴을 마음속에 떠올려보라. 그리고 지금 기도로 그 사람을 하나님 앞에 데려오고, 그를 위해 규칙적으로 중보하기로 다짐하라.

기도는 우리가 할 수 있는 많은 일 가운데 하나가 아니다. 기도는 우리가 할 수 있는 '최선의' 일이다.

기억할 말씀   (약 5:16)

의인의 간구는 역사하는 힘이 큼이니라.

다양한 채널과 방법을 시도하라

마크 미텔버그

모험을 당신 혼자서만 감행할 필요는 없다.
다른 그리스도인들과 동역할 수 있는 다양한 방법이 있다.

솔직히 인정하기는 싫지만 나는 카일의 명석한 지성에 주눅이 들어 있었다. 카일과 나는 고등학교를 조기 졸업했는데, 그는 우리 학교에서 가장 똑똑한 학생 중 한 명이었다. 나는 대학에 진학하여 학업에 열중하는 중에도 너무나 박식한 카일에게 일종의 경외심을 품고 있었다.

그랬기 때문에 내가 새로 발견한 신앙에 그가 상당한 관심을 보이는 것이 그저 놀랍기만 했다. 카일은 내가 흠모하는 대상이었기에 나는 어떻게 반응해야 할지를 몰랐다. 다행히도 그는 진심으로 진리를 찾고 있었다. 그래서 어느 날 저녁 내게 전화를 걸더니 만나서 얼마 전에 시작한 영적인 대화를 계속하면 어떻겠느냐고 물었다. 나는 약간 주저하다가 그 제의를 수락하고는 자동차로 데리러 가겠다고 했다.

앞으로 무슨 일이 일어날지 전혀 감이 잡히지 않았다. 시원한 밤공기를 맞으며 차를 타고 카일의 집으로 향하면서 하나님에게 지혜를 달라고 기도했다. 카일의 고차원적인 질문을 이해하는 데만 해도 하나님의 도움이 필요하다고 생각했다. 변변한 답변을 생각해내려면 그분의 도움이 '확실히' 필요하다고 확신했기 때문이다.

그를 내 차에 태운 다음 우리는 드라이브를 하면서 이야기를 나누기로 했다. 이 방법은 프라이버시를 보장해주고 대화에도 집중할 수 있게 해줄뿐더러 지나치게 밀어붙인다는 느낌도 주지 않아서 좋다. 그래서 자동차 연료비가 싼 편이었던 당시에는 친구를 전도하고 싶을 때 이 방법을 즐겨 사용했다.

곧 우리는 카일이 대학에서 공부하던 주제에 관해 이야기를 나누기 시작했다. 그는 특별히 관심을 갖게 된 어떤 철학 학파에 대해 설명하려고 애썼는데, 나는 그때까지 들어본 적도 없는 이름이었다.

"무슨 주의라고?"

"아, 그건 '존재한다'라는 단어에서 파생된 '실존주의'라는 거야. 이 사상의 대표적인 인물로는 장 폴 사르트르, 프리드리히 니체 등이 있고, 기독교 철학자인 키르케고르도 거기에 포함되지" 하고 인내심을 갖고 설명해주었다.

"그렇구나…" 하면서 나는 그가 말하고 있는 내용을 이해하려고 안간힘을 쓰며 말했다. "그런데 이것이 하나님에 관한 네 물음과는 무슨 관계가 있니?"

카일은 자기의 입장을 분명히 전달하려고 또 다른 설명을 덧붙였다. 그때 나는 대화를 다른 방향으로 돌려야겠다고 결심했다. "카일, 네가 지금 배우고 있는 철학 사상을 이해할 수 있게 도와줘서 고마워. … 나도 네가 품고 있는 몇 가지 의문에 대해 내 생각을 이야기해주고 싶어. 요즘에는 네가 꼭 알아야 할 예수님과 성경의 핵심 메시지에 관한 상당히 폭넓은 정보가 잘 정리돼 있어. 나도 이 분야를 잘 모르는 풋내기라서 내가 설명하는 것보다는 최근에 어떤 강사가 강연한 내용을 담은 테이프를 들려주고 싶어. 내가 보기엔 아주 명쾌하고 유익한 강연 같거든. 괜찮아?"

"그럼" 하고 카일이 대답했다.

한숨을 돌린 나는 카세트에 테이프를 넣고(당시에는 모든 차에 장착되어 있었다) 테이프가 나를 대신해 복음 메시지를 설명하도록 했다. 마침내 나는 우리 동네 주변 고속도로를 45분간 주행하면서 그가 복음을 이해할 수 있도록 기도하는 시간을 가질 수 있었다.

테이프가 끝나자 나는 카세트를 끄고, 그 강력한 메시지가 카일의 가슴에 스며들도록 잠시 침묵의 시간을 가졌다. 그 후에 카일에게 어떻게 생각하냐고 물었다.

이미 그의 얼굴 표정을 통해 큰 감동을 받았다는 것을 알 수 있었다. "나는 이런 강연을 들어본 적이 없어"라고 말하는 그의 목소리에는 경외심이 묻어 있었다. "정말 굉장한 메시지야."

카일이 강연 내용을 놓고 논쟁을 벌이려 하지 않는 것을 보니 놀라웠다. 무척 수용적인 모습을 간파한 나는 단도직입적으로 이렇게 물었다. "너는 지금 하나님과의 관계에서 어느 지점에 있는 것 같니?"

카일의 대답은 나를 깜짝 놀라게 했다. "나는 저 강사가 일러준 대로 할 필요가 있는 것 같아. 하나님께 용서를 구하고 내 인생을 인도해달라고 부탁해야겠어."

이런! 그가 품고 있던 철학적인 의문은 다 어디로 갔지? 그런 물음은 모두 증발해버리고 이제는 하나님이 일하고 계시다니! 나는 그 흐름을 따라갔다.

"카일, 그렇게 하는 건 어렵지 않아. 차를 한쪽으로 세우고 당장 나랑 함께 기도할 수도 있어." 마치 밤 11시에 고속도로에서 벗어나 그리스도에게 헌신하는 일이 지극히 정상적인 것처럼 내가 말했다. 물론 내가 입 밖으로 내지는 않았지만, '에이, 그건 별 거 아니야' 하는 어투로 말했다.

"좋아, 그렇게 하자." 카일이 대답했다.

그리고 우리는 그렇게 했다. 나는 고속도로 진입로 곁에 차를 세우고 부드러운 가로등 불빛 아래서 카일의 기도를 이끌어주었다. 그는 자기 입술로 그리스도에게 용서를 구하고 그분의 인도를 간구했다. 끝으로 그가 "아멘"하고 기도를 마쳤을 때, 나는 그가 인생의 가장 중요한 결단을 내린 것을 축하해주었다.

그 후 몇 주간 나는 최선을 다해 카일을 도와주었다. 성경을 공부하고, 하나님과 교제하는 시간을 갖고, 성경공부 그룹에 참여하고, 좋은 교회에 다니게 하는 등, 내가 줄 수 있는 도움을 모두 주었다. 아울러 대학교 친구들과도 신앙에 관해 이야기하도록 격려했다. 얼마 후에 그는 해외 단기 선교 프로그램에 등록하여 문화가 다른 곳에 가서 예수님을 따르는 일에 대해 현지인들과 이야기하기로 결정했다고 했다.

카일은 선교 여행을 떠났고, 나도 얼마 지나지 않아 다른 곳으로 이사를 가게 되었다. 그를 만난 지 벌써 몇 년이 지났다. 우리가 다시 만날 때, 철학에 무지했던 내가 다른 것도 아닌 종교철학 석사 학위 과정을 밟으러 떠났다는 사실을 카일이 알면 분명히 깜짝 놀랄 것이다.

이제 나는 '실존주의'가 무엇인지 안다.

행동 지침

혹시 특정한 상황에 처하면 신앙에 관해 증언하는 일이 버겁게 느껴지는가? 나도 마찬가지이다. 그런데 차를 운전하면서 CD로 적절한 메시지를 틀어주는 일은 가능하지 않은가? 또는 적당한 웹 사이트나 블로그나 팟캐스트나 라디오 채널이나 텔레비전 프로그램을 소개해 줄 수도 있지 않은가? 상대방을 교회나 기독교 관련 세미나, 강연, 콘서트, 전도 집회, 또는 영화 등에 초대하면 어떨까? 성경은 물론이거니와 좋은 책을 선물하는 것도 생각볼 만하다. 당신이 잘 해낼 수 없는 일만 생각하느라고 충분히 할 수 있는 일까지 포기하지는 마라. 오늘의 행동 지침은 어떤 행동이든 취하는 것이다. 오늘 당장!

모험에 뛰어들기

이 뜻밖의 모험을 당신 혼자서만 감행할 필요는 없다. 당신의 친구를 전도할 때 직접적으로나 간접적으로 다른 그리스도인들과 동역할 수 있는 다양한 방법이 있다.

세리 출신인 마태는 "예수를 위하여 자기 집에서 큰 잔치를 하여 세리와 다른 사람이 많이 함께 앉아 있게"(눅 5:29) 함으로써 그런 역할을 했다. 당신이 그 행간을 읽을 수 있다면, 마태가 새로 발견한 신앙을 오랜 친구들이나 이전의 동료들과 함께 나누고 싶어 했던 것을 알 수 있다. 마태는 도움이 필요했기 때문에 잔치를 열고 그들과 함께 예수님과 새 친구들과 다른 제자들을 모두 초대했던 것이다. 그렇게 해서 복음 전도는 일종의 팀 사역이 되었다.

사마리아 여인은 우물가에서 예수님과 함께 이야기를 나눈 후에 그분과 협력하여 자기 친구들을 전도하는 기회를 붙잡았다. 그 장면을 요한복음 4장은 이렇게 묘사한다. "여자가 물동이를 버려 두고 동네로 들어가서 사람들에게 이르되 내가 행한 모든 일을 내게 말한 사람을 와서 보라 이는 그리스도가 아니냐 하니 그들이 동네에서 나와 예수께로 오더라. … 예수의 말씀으로 말미암아 믿는 자가 더욱 많아 그 여자에게 말하되 이제 우리가 믿는 것은 네 말로 인함이 아니니 이는 우리가 친히 듣고 그가 참으로 세상의 구주신 줄 앎이라 하였더라"(28-30절, 41-42절). 그녀는 몸소 그 메시지를 설명하려고 최선을 다했으나 궁극적인 전달자이신 예수님으로부터 직접 그것을 듣도록 하는 것이 가장 좋다는 것을 알았던 것이다.

여기서 배울 점은 바로 이것이다. 당신 스스로 신앙을 증언하는 법을 배우는 가운데, 다른 그리스도인들이 당신의 노력을 보완할 수 있는 길을 찾아보라. 당신의 친구들을 교회로 데려와서 유능한 선생의 가르침을 듣게 하라. 만일 친구들이 오지 않는다면, 교회를 그들에게 가져가는 창의적인 방법을 모색해보라. 이것이 이번 주에 할 과제이다. 오늘 할 수 있다면 해보라. 내가 카일에게 테이프를 틀어주었을 때처럼 당신에게도 놀라운 일이 일어날 수 있다.

직분은 여러 가지나 주는 같으며 또 사역은 여러 가지나 모든 것을 모든 사람 가운데서 이루시는 하나님은 같으니.

진짜 속내를 간파하라

리 스트로벨

> 하나님을 찾고 싶지 않은 경우에는 숨은 동기가 있는데,
> 대부분 생활방식의 문제와 연관될 때가 많다.

인도의 격언 가운데 "사람은 크리슈나 강의 흐름만큼 고요해야 한다*Sunt vaahate Krishnamaai*"는 말이 있다. 내가 인도 남동부에 있는 패누문다라는 조그만 마을을 방문했을 때 보았던 크리슈나 강은 정말로 평화로웠고 활기라고는 전혀 없는 모습이었다. 그런데 바로 그날 나는 힌두교 신의 이름을 지닌 그 강을 휘저어놓은 선교단의 일원이었다.

나는 강둑에 선 채 열두 명도 넘는 남녀가 한 줄로 서서 허리 깊이에 이르기까지 안개가 자욱한 강으로 걸어 들어가는 모습을 보았다. 그리고 그들은 한 사람씩 공개적으로 예수님을 따르겠다는 결단을 공표하고 그 지방의 풍습대로 성경에 나오는 새 이름을 부여받았다.

게다가 목사에게 침례까지 받았다. 이 행사는 세례자들과 구경하러 온 사람들의 입에서 쏟아져 나오는 웃음소리와 기쁨의 눈물로 금방 축제의 장이 되었다. 나는 그 광경을 필름에 담기 위해 파송된 기자였으며 그 뜻깊은 장면을 한 컷 한 컷 열심히 찍었다.

그 후 나는 근처에 있는 농촌을 방문했는데, 그 지방 사람들은 백인인 나에게 상당한 호기심을 보였다. 한 젊은 힌두인 농민은 텔루구어로 내게 질문을 던졌다. 통역사가 "그는 당신이 왜 여기에 왔는지 알고 싶어 합니다"라고 일러주었다.

약간 염려가 되긴 했지만 세례식에 관해 설명해주었다. 나는 그들이 힌두교 신앙을 떠나는 것에 대해 부정적인 반응을 보일 것으로 예상했다. 그런데 예상과는 정반대로 기독교에 무척 관심을 보이는 것 같았다.

"그러니까 이 사람들이 '예수님을 좇기로 결심했다'고 말씀하신 것 같은데, 그게 무슨 뜻이죠?" 하고 그가 물었다.

나는 미소를 지었다. "아주 좋은 질문이군요." 이어서 나는 세례를 받은 그리스도인들이 어떻게 자기의 잘못을 고백하고, 유일한 참 하나님으로부터 죄 사함을 선물로 받고, 성령의 도우심으로 그리스도의 길을 좇기로 헌신했는지를 설명해주었다.

통역사가 내 말을 그에게 통역하는 동안 나는 산전수전을 다 겪은 농민의 얼굴을 눈여겨 볼 수 있었다. 그는 참으로 복음에 사로잡힌 것처럼 보였고, 통역사가 전하는 문장 하나하나를 눈살을 찌푸려가며 유심히 분석하는 모습이었다. 마음을 열고 무언가 수용할 자세가 되어 있는 것 같았다.

농부는 몇 가지 좋은 질문을 더 던졌고, 나는 성의껏 대답해주었다. 질문의 초점은 힌두교와 기독교의 차이에 있었는데, 특히 은혜의 개념이 아주 매력적으로 들리는 모양이었다. 그는 부활이 환생과 어떻게 다른지를 물었다. 우리는 아주 흥미진진한 대화를 나누었고, 그가 바로 그때 그 자리에서 그리스도를 영접할지도 모르겠다는 좋은 예감이 들었다.

그런데 한참 뒤에 나는 무언가 변화가 있다는 것을 알아채기 시작했다. 그의 질문은 갈수록 핵심에서 벗어나고 있었다. 그러다가 그는 예수님을 믿지 못할 이유를 찾으려는 듯, 기독교에 대한 우스운 반론을 제기하기 시작했다.

그의 태도가 그처럼 돌변하는 것을 보고 나는 당혹스러웠다. 그는 갈수록 더 신경질적이고 초조해했다. 그 순간 그가 이토록 그리스도를 멀리하는 데는 그럴 만한 이유가 있을 것 같다는 생각이 퍼뜩 떠올랐다.

"질문을 하나 하고 싶은데요, 혹시 당신이 예수님의 제자가 되면 포기해야 할 것이 있나요?" 하고 내가 물었다.

그는 머리를 좌우로 흔들더니(그 지방의 전형적인 몸짓이다) 말을 더듬기 시작했다. 그러고는 한 마디 했는데, 그 즉시 통역사는 이제 알겠다고 했다.

"그게 뭐죠?" 내가 물었다.

"닭싸움입니다" 하고 통역사가 설명했다. "그는 닭싸움에 관여하고 있으며, 그가 그리스도인이 되면 그것을 포기해야 한다는 것을 알고 있습니다."

드디어 그를 가리고 있던 연막이 사라지고 하나님께 저항하는 진짜 이유가 명백하게 드러나는 순간이었다. 통역사가 내게 이런 설명을 하는 동안에 그는 비밀이 노출되어 부끄러운 듯 꼬질꼬질한 발을 내려다보고 있었다. 그는 어깨를 으쓱이더니 대화를 계속하자는 우리의 권유를 뿌리치고 천천히 저쪽으로 걸어가 버렸다.

그가 아래쪽 길로 사라지는 모습을 보니 문득 누가복음 18장에 나오는 젊은 관원이 생각났다. 그 관원은 예수님에게 무엇을 해야 영생을 얻을 수 있냐고 물었을 때만 해도 무언가 가망이 있어 보였지만, 결국은 제자도의 대가를 지불할 준비가 되어 있지 않아 괴로워하며 떠나갔던 인물이다.

수많은 연막을 겪어봤지만 닭싸움은 정말 생소한 것이었다. 영적인 구도자들 대다수가 기독교에 대한 진지한 물음을 갖고 있다. 하지만 일부는 신앙을 갖지 않으려고 이런저런 반대 이유를 내세운다. 이를테면, 지적인 걸림돌이 가로막아 그리스도를 믿을 수 없다고 주장하지만 실제로는 예수님이 주시는 죄 사함과 영생이라는 선물보다 더 소중히 여기는 무언가를 갖고 있다.

나는 지금 다른 사람들을 손가락질하는 것이 아니다. 내가 무신론자였을 때에도 그들과 다름이 없었다. 물론 나에게는 하나님과 나 사이를 가로막는 정당한 이슈들이 있었다. 그리고 그런 이슈들에 대해 만족스러운 답변을 찾으면 찾을수록 새로운 반론을 더욱더 꾸며댔다.

하나님에게 더 가까워지고 성령님에게서 가책을 받으면 받을수록 나는 더 크게 저항했다. 군인들이 연막탄을 터뜨려서 짙은 구름 뒤에 몸을 숨기듯이, 나는 진정한 이슈를 모호하게 만들고자 부적절하고 어설픈 반론을 제기하곤 했다. 내가 하나님을 발견하고 싶지 않았던 부분적인 이유는 나의 생활방식에 대해 책임을 지고 싶지 않았기 때문이다.

내 친구 클리프 네틀은, 성경을 읽어본 적도 없으면서 성경은 순전히 신화라고 주장했던 한 뉴욕 주립대학교 학생을 만난 이야기를 해주었다. 네틀은 그에게 메시아를 예언하는 이사야서와 그 예언들이 수백 년 뒤에 예수님 안에서 성취된 것을 기록하고 있는 마태복음을 읽어보도록 도전했다.

"참 흥미로운 작품이더군요." 그 학생이 다음날 네틀에게 말했다. "나는 그 내용이 진실을 이야기한다고 생각합니다."

네틀이 그에게 이제는 그리스도를 믿을 준비가 됐느냐고 묻자, 그는 아니라며 발뺌을 했다. "나는 아주 왕성한 성생활을 하고 있습니다. 그리스도는 그런 생활을 바꾸기 원하신다는 것을 나는 알고 있지요. 하지만 그걸 바꾸고 싶지 않습니다."

적어도 이 학생은 자신의 동기를 솔직하게 털어놓았다. 그러나 일반적으로 사람들은 남에게나 자기 자신에게 이 학생처럼 정직하지가 않다. 오히려 예수님이 너무 많은 것을 요구하기 때문에 발뺌하는 진짜 이유를 숨기려고, 일종의 우회 전술로 반론을 내세우는 경우가 많다.

행동 지침

사람들은 종종 기독교에 관한 타당한 물음을 갖고 있다. 그러나 때로는 믿음을 갖지 않으려는 절박한 몸짓으로 시시하고 미지근한 질문을 제기하기도 한다. 이처럼 하나님을 찾고 싶지 않은 경우에는 대부분 숨은 동기가 있기 마련인데, 생활방식의 문제와 연관될 때가 많다. 이런 연막을 간파할 수 있는 한 가지 방법은 이런 질문을 던져보는 것이다. "만일 당신이 그리스도인이 된다면 바꾸거나 포기해야 할 것이 있습니까?"

모험에 뛰어들기

유명한 무신론자인 올더스 헉슬리Aldous Huxley는 하나님을 멀리하는 이유를 대놓고 밝힌 바 있다. 그의 책《목적과 수단Ends and Means》에서 그 이유를 이렇게 설명했다.

> 나는 이 세상이 의미를 갖는 것을 원치 않았다. 내게는 그럴 만한 동기가 있었다. 그래서 세상은 아무런 의미가 없다고 가정했으며, 이 가정을 뒷받침해주는 만족스러운 이유를 찾는 데 아무런 어려움이 없었다. … 나를 비롯한 동시대인들에게 '무의미meaninglessness'의 철학은 본래 해방의 수단이었다. 우리가 원했던 해방은 특정한 정치·경제 시스템으로부터의 해방인 동시에 특정한 도덕 시스템으로부터의 해방이었다. 그런 도덕에 반대한 이유는 그것이 우리의 성적자유를 방해했기 때문이다.[14]

달리 말하면, 그가 하나님을 믿지 않기로 정한 것(그리고 그의 회의주의를 정당화해주는 이유를 찾은 것)은 부도덕한 생활방식을 계속 영위하기 위해서였다.

내가 헉슬리를 만날 수 있었더라면 하나님이야말로 '진정한' 해방을 주시는 분이라고 그에게 일러주었을 것이다. 하나님은 우리를 골탕 먹일 방법만 고안해내는 심술궂은 존재가 아니다. 그분은 우리를 사랑하시고, 우리의 잠재력을 최대한 키워주기 원하시고, 우리를 자기파멸로 몰고 가는 행위에서 보호해주기를 원하신다. 어쨌든 하나님은 애초에 우리를 창조하신 분이 아닌가? 따라서 우리가 풍성한 인생을 살기를, 그리고 그분이 의도하신 그런 존재가 되기를 바라시는 것이다.

나는 이처럼 모종의 동기(숨어 있든 드러났든)를 품고 있는 사람을 만나면 비용편익분석을 해보라고 제안하곤 한다. 종이 한 장을 가져다가 중간에 줄을 긋고, 한편에는 현재의 생활방식이 주는 이익과 비용을, 다른 편에는 그리스도를 좇는 생활이 주는 유익과 손해를 적어놓고 양자를 비교해보라고 권한다.

그리스도가 있는 편을 생각해보라. 그분이 우리에게 값없이 주시는 것은 죄 사함, 깨끗한 양심, 안전, 인도, 보람, 관계, 마음의 평안, 죄책감과 수치심으로부터의 자유, 건전한 도덕적 틀, 영생의 약속, 자기 파괴적인 성향을 이기는 힘, 하나님과의 친밀한 관계로 말미암는 희망 등이다. 아, 그리고 우리를 흥분시키는 온갖 뜻밖의 모험도 거기에 포함된다.

이어서 나는 그들이 현재 영위하는 생활방식의 궤도를 계속 따라가서 논리적인 결론까지 내리라고 권유한다. 그리고 "결국 당신은 어디로 귀결되는가?" 하고 물어본다. "당신이 그 길에서 마주치게 될 비극을 어떻게 감당할 것인가? 당신 자신에 대해서는 어떻게 느낄 것 같은가? 그리고 마지막에는 어디에서 희망을 찾을 것인가?"

나는 그들에게 내 경험을 이야기해준다. 내가 하나님에게 "내 삶을 받으소서"라고 말한 이후로 나는 과거에 즐겼던 것과는 비교도 안 되는 굉장한 모험을 즐기고 있다고. "어쨌든 종이 위에서나마 갈 데까지 한번 가보라"고 그들에게 말해준다.

이런 도전은 그들로 하여금 우회전술을 넘어서 그리스도와 연합함으로써 얻는 많은 유익을 진지하게 생각해보게 할 수 있다.

기억할 말씀 (눅 9:24)

누구든지 제 목숨을 구원하고자 하면 잃을 것이요. 누구든지 나를 위하여 제 목숨을 잃으면 구원하리라.

서로 협력하라

마크 미텔버그

아주 다른 성격과 접근방법을 가진 다양한 그리스도인들이
서로 협력하여 팀 사역을 할 수 있다.

혼자서는 아예 시작하지도 않았을 대화였다. 솔직히 말해서, 그날
저녁에 아이스크림 가게에 들어갈 때만 해도 카운터 뒤에 있는 그 남
자를 제대로 보지 못했다. 곧바로 입구에서 먼 구석으로 걸어가서 '오
늘의 아이스크림은 화이트 초콜릿 마우스'라는 문구를 읽을 때가 되
어서야 내 친구인 칼이 그 남자에게 질문을 던지는 소리가 들렸다.

칼은 성격 유형으로 분류하면 단도직입적이고 활달한 성격의 A유
형으로 손바닥을 뒤집듯이 쉽게 사업체를 사고파는 일을 했다. 칼은
무엇이든 주도하는 일을 척척 잘 해내고 그런 역할에 익숙하다. 또한
하나님과 사람을 뜨겁게 사랑하고, 양자를 서로 소개하는 길을 늘 모

색하는 편이다.

우리 교회는《예수를 전염시키는 사람들Becoming a Contagious Christian》을 중심으로 전도 훈련을 실시하는데, 칼은 거기서 소개하는 여섯 가지 성경적인 접근법 가운데 '직접적인 스타일'에 해당하는 전형적인 인물이다. 그는 잡다한 서론을 좋아하지 않고 곧바로 본론으로 들어간다. 회사의 임원 모임에서든, 사업상 거래가 이뤄지는 현장에서든, 사업 계획을 수립하는 회의에서든, 당시와 같이 아이스크림 가게에서 카운터를 보는 남자와 대화할 때든, 행동하는 것을 즐긴다.

"당신의 외모와 억양으로 볼 때" 하고 칼이 그 사람과 인사를 나눈 뒤에 내뱉는 말이 내 귀에 들려왔다. "당신은 중동 출신 같군요…."

바로 이 말이 내 주의를 끌었는데, 이어서 칼이 한 말에 그 친구만큼 나도 놀라고 말았다. "그래서 궁금한 게 있습니다만, 당신은 무슬림인가요, 아니면 그리스도인인가요?"

이 사태까지 다다르니 오늘의 아이스크림으로 '험난한 길Rocky Road'이 더 어울리겠다는 생각이 들기 시작했다. 그런데 그 남자가 어떤 반응을 보일지 내가 미처 염려하기도 전에 이렇게 대답하는 것 아닌가!

"참 재미있는 질문이군요. 나는 이슬람 국가에서 자랐고 이슬람교를 믿으며 성장했습니다. 그리고 미국에서 산 지가 2년쯤 되는데, 여기서 정말로 훌륭한 그리스도인을 몇 명 만났습니다. 지금은 어떻게 해야 좋을지 잘 모르겠군요. 솔직히 말하면, 현재 무엇을 믿을지 고민하고 있는 중이니까 양자의 중간쯤에 있다고나 할까요."

꿀꺽하고 군침을 삼켰다. '아이스크림 따위는 잊어버리자.'

칼은 특유의 말투로 "아, 그렇군요"라고 말한 뒤에 나에게 더 가까이 오라고 몸짓을 했다. 칼은 내가 좋아하는 전도 유형이 '지적인 스타일'이라는 것을 알고 있었다(이것도 앞서 언급한 여섯 가지 접근법 가운데 하나이다).

"마크, 내 새 친구인 파이즈를 소개하고 싶군요. 파이즈, 이 친구는 마크입니다. 마크는 이런 주제를 공부하고 이야기하는 것을 좋아하는 친구죠."

우리 둘이 서로 악수를 하는 동안에 칼은 내게 이렇게 덧붙였다. "파이즈는 예수님에 관해서, 그리고 우리가 왜 마호메트가 아니라 예수님을 믿는지에 대해 알고 싶어 합니다." '정말 그럴까?' 나는 속으로 생각했다. 어쩌면 파이즈도 '내가 그런가?'라고 생각했을지도 모르겠다.

"좋습니다"라는 말과 함께 나는 양자의 중요한 차이점을 어떻게 명쾌하게 설명할 수 있을까 하고 머리를 굴렸다. 내가 설명을 시작한 직후에 누군가 선데 아이스크림을 사러 가게에 들어왔다. 손님들이 가게에 들락날락거리는 동안 나는 예수님이 누구인지 최선을 다해 설명했으나, 사람들의 잦은 왕래가 갈수록 주의를 산만하게 했다.

"파이즈, 지금은 더 깊이 들어가기가 어려워서 그런데 내 친구인 리 스트로벨이 이와 관련된 《예수는 역사다》라는 책을 썼답니다. 혹시 읽고 싶은 마음이 있으면 내가 나중에 가져오겠습니다."

파이즈는 우리가 대화를 계속하려고 고집하지 않아서 안심이 된 듯 그 제안을 정중하게 받아들였다. 그래서 우리는 언제 다시 만날지 약속을 잡고서 아이스크림을 사가지고 나왔다.

이틀 뒤에 우리는 리의 책을 들고 와서 파이즈에게 주고 꼭 읽어보라고 다시금 그를 격려했다. 얼마 지나지 않아 나는 항공편으로 시카고에 있는 우리 집으로 돌아왔다.

칼은 내가 떠났다고 해서 전도의 발걸음을 멈추지 않았다. 그는 아내 바바라를 아이스크림 가게로 데려가서 파이즈를 만나게 해주었다. 그녀는 전도 훈련 코스에서 '대인관계 스타일'이라고 부르는 유형이었다. 말하자면, 대인관계를 통해 그리스도를 전하는 데 노련한 사람이란 뜻이다. 바바라는 자연스럽게 그 남자와 친해졌고 그의 아내와 어린 딸에 관해서도 알게 되었다. 잠시 후에 두 부부는 서로 집으로 초대하여 식사를 나눴고, 칼은 파이즈와 그 가족에게 자기네 교회를 방문하라고 종용했다.

이야기는 여기서 끝나지 않는다. 칼과 바바라는 교회 장년교구의 멤버였으므로 교구에서 자기네가 파이즈와 그의 아내를 전도하고 있다는 이야기를 했다. 그들에게 기도를 부탁하고 또 복음 전도를 위해 아이스크림 가게를 방문하도록 촉구했다. 일단의 배고픈 침례교인들에게 참으로 위험천만한 제안이었다.

오래지 않아 많은 그리스도인이 파이즈를 만나 그 부부와 친구가 되고, 그들을 여러 행사에 초대하고, 간증을 들려주고, 영적인 질문에 응답하는 등 활발한 교류가 오갔다. 우리 교구는 파이즈가 의과대학생이며 학비를 벌려고 아이스크림을 팔고 있다는 사실을 알고는 그 지역의 의료 공동체와 연결시켜주기도 했다. 요컨대, 우리가 전도 훈련 코스에서 가르치는 여섯 가지 스타일(직접적, 간증을 통한, 지적, 대인관계 중심의, 섬김을 통한, 초대 중심의 전도)이 그 일단의 신자들에 의해 상호 협력하며 전개되고 있었던 것이다.

그런 가운데 놀라운 일이 일어났다. 파이즈가 예수님에게 마음을 열기 시작한 것이다. 마침내 최초로 대화가 오간 지 거의 1년 만에 파이즈와 그의 아내, 그리고 여섯 살 된 딸이 칼 부부가 다니는 교회에서 그리스도에게 헌신하게 되었다.

이후 파이즈는 의과대학을 졸업하고 의사가 되어 미국의 다른 지역에 발령을 받았다. 우리는 파이즈 가족과 계속 접촉해서 그들이 이사한 집 근처에 있는 교회에 정착하도록 도와주었다. 파이즈는 영적으로 계속 성장했다. 한번은 목사 수련회에서 나와 함께 무대에 올라 칼과 바바라를 비롯한 여러 신자들의 노력으로 자신이 예수님의 제자가 된 이야기를 들려주기도 했다.

이것이 팀 사역이다. 아주 다른 성격과 접근방법을 가진 다양한 그리스도인들이 서로 협력하고 성령의 도움을 받아, 한 무슬림 남자와 그 가족을 전도한 훌륭한 사례이다.

행동 지침

복음 전도의 모험에 뛰어드는 일을 방해하는 가장 큰 걸림돌 두 가지는 당신이 다른 누구처럼 되어야 한다고 믿는 것과 모든 일을 당신 홀로 감당해야 한다고 생각하는 것이다. 모두 옳지 못한 태도이다. 당신은 하나님이 주신 독특한 스타일과 성격을 있는 그대로 사용해도 좋다. 그리고 교회나 소그룹에 속한 다른 신자들과 함께 기도하고 협력한다면 당신의 가족과 친구를 좀 더 효과적으로 전도할 수 있을 것이다.

모험에 뛰어들기

예수님은 "잃어버린 자를 찾아 구원하러"(눅 19:10) 왔다고 말씀하셨지만, 그의 사역에 12명의 동역자를 참여시키기도 하셨다. 그리고 그분의 메시지를 전파하도록 72명으로 구성된 팀을 파송하실 때 둘씩 짝지어 가도록 지시하셨다(눅 10:1 참조).

숫자가 많으면 그만큼 힘이 있는 것은 물론이고, 우리의 믿음을 전하는 경우에는 각 사람이 나름의 전도 스타일을 파악하고 그것을 하나씩 쌓아올리면 훨씬 강력한 힘을 발휘할 수 있다. 칼은 사도행전 2장에 나오는 베드로와 같이 담대하고 단도직입적인 유형이다. 나는 사도행전 17장에 나오는 바울처럼 믿음을 설명할 때 이성과 논리를 사용하는 편이다. 바바라는 누가복음 5장 29절에 나오는 마태(거기서는 레위라고 불린다), 곧 옛 동료들과 관계를 돈독히 하려고 큰 잔치를 베푸는 그런 인물과 비슷하다. 리 스트로벨(우리는 그의 책을 파이즈에게 주었다)은 요한복음 9장에 나오는 예수님의 치료를 받은 맹인과 같이 이야기에 기초한 간증 스타일을 지적인 답변과 잘 결합하는 유형이다.

칼과 바바라 부부의 교구에 속한 교인들 가운데는 요한복음 4장에 나오는 사마리아 여인과 같이 초대하기를 좋아하는 이들도 있고, 사도행전 9장에 등장하는 인물로서 어려운 사람을 위해 옷을 만드는 다비다처럼 남을 잘 섬기는 유형도 있다. 이런 다양한 접근방식으로 서로 협력하면서 일하면 하나님의 손 안에서 강력한 힘을 발휘하게 된다. 앞서 살펴본 것처럼 파이즈와 그 가족의 삶에 일어난 변화가 좋은 본보기이다.

그러면 당신은 이 이야기에서 배운 원리를 어떻게 적용할 수 있을까? 여섯 가지 유형 가운데 어느 것(들)이 당신에게 가장 잘 어울리는 가? 이 중에서 몇 가지를 가지고 당신의 성격에 가장 잘 맞는 것이 무엇인지 실험해보라. 이런 유형에 대해 더 알고 싶으면《예수를 전염시키는 사람들》을 읽거나 당신이 속한 소그룹이 함께 이 전도 훈련 코스를 밟아도 좋을 것이다(책 뒤편에 수록된 추천자료를 참고하고, 리 스트로벨과 내가 공동으로 제작한 DVD를 활용해도 좋다).

당신이 자신의 전도 유형뿐 아니라 다른 교인의 유형을 잘 파악하고 있으면, 당신을 가장 잘 보완해주는 이들과 협력할 수 있을 것이다. 아울러 당신이 전도하려는 사람의 필요에도 잘 대응할 수 있을 것이다. 이렇게 팀으로 움직여 다른 이들을 그리스도에게 인도하는 짜릿함을 맛보길 바란다.

기억할 말씀 (전 4:9-10)

두 사람이 한 사람보다 나음은 그들이 수고함으로 좋은 상을 얻을 것임이라. 혹시 그들이 넘어지면 하나가 그 동무를 붙들어 일으키려니와.

위급한 상황에서는 도전적인 전도가 필요하다

리 스트로벨

> 그리스도가 절박하게 필요한 사람을 전도하기 위해서는
> 평상시의 접근법을 뛰어넘어야 할 때도 있다.

솔직히 말해서 나는 언제나 장인어른을 조금 무서워하는 편이었다. 장인어른은 일리노이 주 키케로 출신으로서(알 카포네가 예전에 주름잡던 곳이었다고 한다) 뒤늦게 군부대에서 군인들의 머리를 깎아주는 일을 하셨던 억세고 무뚝뚝하고 완고한 이발사였다. 하지만 고집스러워 보이는 외모를 뚫고 들어가 보면 고결한 마음씨를 발견하게 된다. 단, 외모를 뚫고 들어가는 일이 쉽지 않다.

그럼에도 우리는 한 가지 공통점이 있었다. 둘 다 무신론자로 만족스럽게 살았다는 것이다. 나중에 아내인 레슬리가 예수님의 제자가 되고, 2년 뒤에 나도 그렇게 되기까지는 그랬다. 나는 그리스도인이 된 다음에 일찌감치 아내에게 "이 사실을 장인어른께 알려야겠다"고 말했다.

그래서 다함께 만나는 자리에서 흥분된 어조로 장인어른에게 나의 영적 여정에 관해 말씀드렸다. 당시 순수한 열정에 젖어 있던 나는 입 밖에 내지는 않았지만, '장인어른도 믿으셔야 합니다'라는 무언의 메시지를 던지고 있었다.

내 이야기를 듣고도 장인어른은 냉정한 표정을 지었다. "보라고. 자네가 믿는 건 좋아" 하고 손가락으로 나를 찌르면서 말하고는, "그러나 내 앞에서 다시는 예수라는 이름을 끄집어내지 말게, 알았나?" 하시며 자기 입장을 분명히 못 박으셨다.

감사하게도 그 후 몇 년 동안 장인어른은 어떤 식으로든 내 신앙을 비판하거나 방해한 적이 없었다. 훗날 내가 신문사 기자직을 그만두고 기존 봉급의 60퍼센트밖에 안 되는 교회 일을 하기로 했다고 떨리는 입술로 말씀드렸을 때, 놀랍게도 장인어른은 내 결정을 존중해주셨다. "자네가 하고 싶다면 그렇게 해야지."

그로부터 20년이란 세월 동안 우리 부부가 장인을 위해 한 일이라고는 우리의 믿음대로 살아가는 것과 그분을 위해 한결같이 기도하는 것이 전부였다. 그럼에도 장인어른은 추호도 영적인 관심을 가져볼 생각을 안 하셨다. 말투는 여전히 거칠었고 교회에 대한 회의적인 태도는 누그러지지 않았으며 하나님에 대해 무관심한 모습으로 일관했다.

그러던 어느 날 장인어른이 뇌졸중으로 쓰러지셨다. 레슬리와 나는 입원실 바깥에 있는 간호부에서 담당 의사와 의논을 했다. 의사는 우리 부부가 잘 이해하지 못하는 말로 자세히 설명한 뒤에 다음과 같은 불길한 예측을 내놓았다. "환자에게 앞으로 여러 달에 걸쳐 이런 뇌졸중이 연달아 올 겁니다. 그 가운데 하나는 치명적인 충격을 줄 거고요."

장인어른이 퇴원한 다음에 우리 부부는 장인어른과 장모님(그리스도인이셨다)을 우리 집 가까운 곳으로 모셨다. 장인어른의 정신은 말짱했으나 몸은 갈수록 더 둔해졌다. 우리는 병과 관련하여 장인어른에게 부담을 줄 만한 이야기는 피했으며 병의 진행 상태에 대해 드러내 놓고 의논한 적도 없었다. 모두들 장인어른의 생명이 서서히 시들어 가고 있다고 짐작할 뿐이었다.

결국 나는 더 이상 참을 수 없었다. 나의 전형적인 전도 유형은 간증을 사용하는 것이다. 달리 말하면, 영적인 관심을 가진 사람들에게 내가 믿음을 갖게 된 과정을 이야기하는 방식이다. 아울러 구도자와 함께 한동안 의문점이나 반론에 대해 토론하는 지적인 접근법도 사용한다. 어떤 그리스도인들은 자기 성격에 걸맞게 좀 더 직접적인 접근법을 사용하기도 한다. 내 경우에는 직접적인 도전을 달가워하지 않기 때문에 가능하면 피하려고 노력하는 편이다.

그러나 장인어른의 경우, 직접적인 도전이 불가피한 상황이었다. 어느 날 나는 장인어른과 단둘이 있으려고 아내와 장모님에게 쇼핑을 가도록 부추겼다. 두 사람이 떠난 뒤에 나는 거실의 안락의자에 앉아 있는 장인을 정면으로 보려고 내 의자를 바짝 붙였다.

"장인어른, 지금 죽어가고 있다는 사실을 알고 계세요? 이 세상에서 사실 날이 얼마 남지 않았어요" 하고 진지하게 말했다.

장인어른은 슬픈 눈망울로 나를 쳐다보긴 했지만 아무 말도 하지 않았다.

"저는 장인어른이 없는 천국에 가고 싶지 않아요. 레슬리와 장모님, 그리고 아이들도 할아버지 없는 천국에 가고 싶지 않을 겁니다. 그러니 제발…" 하고 내가 호소했다.

그래도 아무런 반응이 없었다. 팔짱을 낀 채로 정면을 응시하기만 했다. 너무도 고요히 앉아 있는 모습이었다.

"장인어른도 우리와 함께 천국에 갈 수 있어요. 예수님이 장인어른의 죄값을 모두 치르셨거든요. 여태껏 마땅히 살아야 할 바대로 살지 못했다는 사실을 알고 계시잖아요. 잘못을 시인하기만 하면 그리스도로부터 이제까지 잘못한 모든 것을 용서받을 수 있어요. 그분이 장인어른의 빚을 모두 청산하시고 천국에 들어가는 문을 열어주실 거예요. 이건 값없는 선물이에요. 장인어른, 이제 손을 내밀고 이 선물을 받아들이세요."

한 마디 한 마디 유심히 듣기는 했지만, 그는 여전히 침묵을 지키고 있었다. 나는 더 이상 무슨 말을 해야 할지 몰랐다. 바로 그 순간에 내가 예전에는 한 번도 해본 적이 없는 몸짓을 해야겠다는 생각이 들었다.

그래서 뒤로 물러나서 의자에 앉은 채로, 청각 장애가 있는 장인이 못 알아듣게끔 목소리를 낮추어 이렇게 조용히 속삭였다. "사탄아, 그에게서 손을 떼라! 그를 풀어주어라! 그는 네 것이 아니야!" 나는 악한 마귀가 그를 손아귀에 쥐고 있다고 느꼈기 때문에 그를 끌어낼 작정이었다.

나는 얼굴을 다시 장인에게 돌리고 예수님을 영접하도록 계속 애원했다. 최선을 다해 회개를 설명해주기도 했다. 그가 선한 삶을 살려고 아무리 애썼더라도 여전히 하나님의 은혜가 필요한 죄인이라는 점을 강조했다. 그 후 장인어른이 서서히 무너지는 것을 볼 수 있었다. 마음이 열리고 있는 모습이 얼굴에 역력했다.

"장인어른, 지금 당장 자신의 죄를 고백하고 그리스도를 영접하고 싶으시죠?" 내가 물었다. 그러고는 숨을 죽였다.

순식간에 그의 눈은 눈물로 가득 찼고 장인어른은 천천히 고개를 끄덕였다. 나는 안도의 숨을 내쉰 다음 그에게 회개와 믿음의 기도를 한 문장씩 따라 하라고 했다. 그 시간 내내 내 가슴은 곧 폭발할 것만 같았다.

결국에는 장인어른의 입가에 미소가 번졌다. 나는 그에게 얼른 다가가서 유례없는 포옹을 해주었다. "환영합니다, 아버님!" 하고 내가 소리쳤다. "환영합니다, 아버님!"

그리고 적당한 때에 레슬리와 장모님이 쇼핑을 마치고 돌아왔다. 내가 이 소식을 전하자 그들은 기뻐서 환호성을 질렀다. 장인어른을 끌어안고 키스를 해주니 그 얼굴에서 빛이 났다. 지금이야말로 파티를 할 때였다! 레슬리는 특별한 저녁식사를 요리하기 시작했는데, 잠시 후에 장인어른에게 무언가 이상이 있다는 것을 알아챘다. 그의 오른편이 갑자기 약해졌다.

"또 뇌졸중이 오고 있어요!" 하고 레슬리가 소리 질렀다.

우리는 911 구조대를 불렀고 구조대는 재빨리 그를 앰뷸런스에 실었다. 레슬리는 거기에 동승을 하고 나와 장모님은 우리 차로 병원을 향했다. 앰뷸런스가 먼저 도착했다. 그들이 휠체어로 장인어른을 응급실까지 데려가는 동안 장인어른이 레슬리를 쳐다보더니 나지막하게 "사위에게 고맙다고 전해줘" 하고 말씀하셨다.

알고 보니 이 뇌졸중은 장인어른의 정신을 파괴하는 치명적인 일격이었다. 장인어른은 혼수상태에 빠졌고 그런 상태로 여러 주를 끌다가 결국은 본향으로 돌아가셨다.

그러니까 80년 이상 강경한 무신론자로 살다가 인생 마지막에 이르러 뜻깊은 대화를 통해 알 허들러(예수님을 영접할 가능성이 희박한 사람으로 여겼던)는 하나님의 터무니없는 은혜에 마음 문을 열었던 것이다.

바로 그 아슬아슬한 찰나에.

행동 지침

우리는 성격에 걸맞은 전도 유형을 사용하지만 그리스도가 절박하게 필요한 사람을 전도하기 위해서는 평상시의 접근법을 뛰어넘어야 할 때도 있다. 물론 그렇게 하는 것이 어색하게 느껴질 수도 있을 것이다. 하지만 그런 느낌은 상대방의 영원한 운명에 비하면 별로 중요하지 않다.

모험에 뛰어들기

때로 우리는 선택의 여지가 없는 상황에 처한다. 그래서 어떤 행동을 하지 않으면 안 된다. 그것도 재빨리. 한번은 나와 마크 미텔버그가 교회 지하에 있을 때였는데, 마크가 먹던 큰 알약이 기도에 걸린 적이 있었다. 그는 숨구멍이 막힌 채 눈만 크게 뜨고 온통 공포에 휩

싸였다.

나는 그런 비상사태를 경험한 적이 없었다. 더구나 응급처치를 배운 적도 없었다. 물론 911 응급전화를 걸 수도 있었겠지만, 그랬다면 응급처치 팀이 도착하기도 전에 그는 질식했을 것이다. 그래서 나는 마크를 뒤에서 안고 흉골 밑을 세게 밀어 올리는 이른바 하임리히 흉부충격법을 시도했는데, 다행히도 두 번째 시도가 성공했다. 아주 아슬아슬한 찰나였다.

내가 열네 살이었을 때에는 시카고 교외에 있던 우리 집 지하실에 불이 나서 불 속에 갇힌 적이 있다. 소방관이 오기도 전에 경찰이 먼저 도착했고, 경찰은 곧바로 조치해야 한다는 것을 알았다. 그래서 소방관 훈련도 받지 않았던 그 경찰관이 불길과 연기로 가득 찬 지하실로 들어와서 나를 안전하게 구출해주었다. 아주 아슬아슬한 찰나에.

어떤 경우에는 하나님이 누군가를 위급한 상황에서 구출하기 위하여 당신을 사용하실 수도 있을 것이다. 가령 생명이 얼마 남지 않은 사람, 생명을 잃을 수도 있는 위험한 사명을 안고 떠나는 사람, 다시는 만날 가능성이 없는 사람, 평생 동안 기독교의 영향을 받은 적이 없는 사람 등이 당신 주변에 있을 수 있다. 그런 경우에는 단순히 영적인 씨앗을 심는 것으로 충분하지 않다. 우리는 모든 불편함을 감수하고 사도 베드로가 취했던 직접적인 또는 도전적인 전도 유형을 도입하지 않으면 안 된다. 비록 그 유형이 우리의 성격에 맞지 않는다 하더라도 말이다.

두려워할 필요는 없다. 그런 상황이 발생할 때는 당신이 홀로 거기에 있는 것이 아니기 때문이다. 내가 장인어른을 영원한 멸망에서 구출하기 위해 열심히 노력하는 동안에 나보다 그를 더 사랑하는 누군가가 거기에 있었다. 성령님이 나타나셔서 사탄을 좌절시키셨고, 그 결과 내 말이 장인어른의 가슴 깊숙이 들어갈 수 있었다. 그것도 아주 아슬아슬한 찰나에.

당신의 경우도 마찬가지이다. 복음 전도의 모험을 하느라고 당신이 안간힘을 쓸 때, 그분은 분명 당신에게도 나타나실 것이다. 믿어도 좋다.

기억할 말씀 (히 12:15)

너희는 하나님의 은혜에 이르지 못하는 자가 없도록 하고.

의문의 여지를 남겨두라

마크 미텔버그

"나도 예전에는 믿었습니다."

그 젊은이가 입 밖으로 내뱉은 첫 마디였다. 우리는 과거에 서로 만난 적이 없는데도, 그 젊은이는 나라면 그의 영적인 의문을 진지하게 받아줄 것이라는 누군가의 말을 듣고 전화를 걸어왔다. 젊은이의 화두가 내 관심을 끌었다. 전화상의 대화가 계속되면서 내가 곧 알게 된 것은, 그가 믿음을 영원히 버리기 전에 어떤 해답을 찾을 수 있을까 하여 내게 마지막 희망을 걸고 있다는 사실이었다.

"여보세요, 당신이 제기하는 이런 쟁점들은 정말로 중요한 것입니다. 그래서 전화상으로 어떤 응급처치를 해주고 싶지는 않습니다"라고 내가 말했다. "그러니 내 사무실로 와서 그 의문점을 제대로 이야기해보면 어떨까요?"

젊은이는 약간 놀란 듯했다. "그럴 의향이 있다는 말씀인가요?"

"물론이죠. 언제 오실 수 있나요?" 내가 물었다. 젊은이의 운명이 걸려 있는 문제라서 기꺼이 만나려고 한 것인데 그가 놀라는 것을 보고 나도 놀라면서 응답했던 것이다. 어쨌거나 서로 약속을 했고 드디어 때가 이르자, 그는 자기와 비슷한 영적인 걸림돌을 갖고 있는 한 친구를 데리고 나를 찾아왔다.

그들의 이야기를 조금 들어보니 우리 교회 근처에 있는 상당히 권위주의적인 교회에 다녔다는 사실을 알게 되었다. 그 교회는 진리를 선포하고 교인들은 아무 의문 없이 그것을 그저 수용하기를 기대하는 그런 교회였다. 그런데 거기에 다니던 이 고등학교 동창 두 명이 의문이 생겨 계속 질문을 던졌는데, 그것이 문제가 되었다.

교회의 성경공부 모임에서 그들이 처음으로 이의를 제기했을 때 교사는 그들의 입을 막아버렸다. "그런 것은 신앙인이 그저 '믿음으로' 받아들여야 하는 것입니다"라고 교사는 주장했다. "그냥 믿기만 하세요. 그러면 그것이 진리인 줄 알게 될 겁니다."

이런 주장은 내 친구들에게(그리고 나에게도) 마치 기독교 신앙은 타당한 근거가 없으므로 그저 맹목적으로 수용하기만 하면 된다는 소리처럼 들렸다. '어둠 속에서 눈으로 보지 말고 그냥 뛰어내려라. 그러면 운 좋게 다치지 않을 것이다'는 식이었다.

그래서 어떻게 했느냐고 물었더니, 그들은 수긍하려고 애썼으나 오히려 회의가 더 많아졌다고 대답했다. 그들은 그해 여름 교회 캠프에 참여해 교회의 다른 리더들이 이끄는 그룹에 속하게 되었다. 그래서 한 번 더 시도해보려고 마음을 먹고 의문을 제기했는데 이번에도 똑같은 반응이었다. "당신은 이런 문제를 여기서 제기해서는 안 됩니다. 그러면 다른 교인들을 헷갈리게 할 뿐이니까요."

그래서 그들은 가슴에 의문을 품은 채로 지냈고, 회의감은 계속해서 그들의 신앙을 좀먹어가고 있었다.

"그리고 어떻게 했습니까?" 내가 물었다. 속으로는 그들이 끔찍한 대우를 받아왔다고 느꼈지만 그것을 내색하지 않으려고 애쓰면서 던진 질문이었다.

"그래서 우리는 마침내 성경은 믿을 만한 것이 못 되고, 기독교 신앙은 증명할 수도 없는 것을 가르친다는 결론을 내렸습니다. 그러니까 하나님에 대한 믿음을 버린 셈입니다."

이 말도 나를 심란하게 만들었지만, 다음 말은 기절할 정도였다.

"그리고 이번 가을에 우리는 주간 성경공부 모임을 '회의주의자 그룹'으로 바꾸어버렸습니다. 학교 동창을 초대하여 성경과 기독교를 거스르는 반증反證을 듣게 하는 모임이 되었답니다."

"놀라운 일이군요." 나는 냉정을 잃지 않으려고 애쓰면서 말했다. "그런데 어째서 나한테 이런 이야기를 하게 된 건가요?"

"한 친구가 우리에게 도전하기를, 일을 더 진행하기 전에 속도를 늦추고 우리의 사고방식을 한 번 더 시험해봐야 한다고 했습니다. 그러고는 당신의 이름을 가르쳐주면서 당신이 우리를 도와줄 수 있을 거라고 말하더군요."

"두 분이 여기에 오셔서 정말 기쁩니다. 할 수 있는 대로 최선을 다

하여 두 분의 반론에 대한 해답을 찾을 수 있도록 도와드리겠습니다.” 나는 개인적인 관심뿐 아니라 좋은 정보를 통해서도 도움을 줄 요량으로 말했다. “또 처음부터 말씀드리고 싶은 것이 있습니다. 나는 기독교가 진리라고 확신하고 있으며, 당신들의 믿음을 해치는 문제라면 무엇이든 꼭 이야기를 나누고 싶은 심정입니다.”

이후로 우리는 세 시간에 걸친 기나긴 대화에 돌입했다. 대화의 주제는 기독교에 대한 전형적인 반론들, 왜 하나님은 악과 고난을 허락하는가, 성경은 믿을 만한가, 종교인들에게서 보는 위선의 문제 등을 비롯한 그들의 주요 관심사였다. 결코 쉬운 문제들이 아니었으나 그렇다고 새로운 것들도 아니었다.

토론이 끝날 즈음이 되자 그들의 의심이 풀리고 있는 것 같았다. 그런데 이어서 한 말이 나를 더욱 흥분시켰다.

“떠나기 전에 한 가지 부탁을 해도 될까요?”

“물론이죠. 무슨 부탁입니까?”

“혹시 다음에 우리 집에서 열릴 회의주의자 그룹 모임에 오셔서 이런 정보를 설명해주실 수 있으세요? 그들도 분명 관심을 보일 겁니다.”

“좋습니다.” 잠시라도 생각해볼 필요가 없는 제안이었다. “언제 만날 예정입니까?” 그가 자세한 내용을 알려준 다음 나는 한 가지 질문을 더 던졌다. “전 오늘 당신을 초대했는데, 친구를 데려오셨지요. 참 잘하셨습니다. 저도 친구를 한 명 더 데려가도 괜찮을까요?”

“물론입니다.” 그가 대답했다.

그러고는 다음번에 회의주의자 그룹에서 만나자고 이야기한 뒤에 작별 인사를 나누었다.

다음 주에 나는 《예수는 역사다》의 저자 리 스트로벨을 데리고 그 집에 갔다. 거기서 우리는 진지하지만 영적으로 혼란스런 십 대들과 함께 몇 시간 동안 우리의 간증을 들려주고 그들의 질문에 응답하고 그들의 생각에 도전을 주는 등 뜻깊은 시간을 가졌다.

하나님이 정말로 그 모임에 역사하신 결과 끝나는 시간이 다 되었을 때 맨 처음 나를 찾아온 학생이 자신의 인생을 그리스도에게 다시 헌신하는 일이 일어났다. 뿐만 아니라, 두 주도 안 돼 그가 내 사무실로 데려왔던 그 친구도 그리스도인이 되었다.

그 후 둘이서 회의주의자 그룹을 본래의 성경공부로 되돌리고 학교 친구들을 전도하기 시작했으며, 친구들에게 믿음을 뒷받침해주는 진리를 알려주며 예수님을 따르자고 격려했다.

이 모든 일은 누군가 의문의 여지를 남겨두었기 때문에 가능했던 일이다.

행동 지침

누군가 신앙에 대해 의심할 때에 더 열심히 노력해서 믿으라고 말하는 것은 별로 도움이 되지 않는다. 영적인 확신(우리 자신이든 우리가 전도하고 싶은 사람이든)이라는 것은 우리가 정직하게 질문을 하고, 반론에 정면으로 직면하고, 정보를 정확하게 제시할 때에 비로소 찾아오는 법이다. 우리의 신앙이 참인 것은 우리가 그것을 믿기 때문이 아니다. 오히려 그것이 참이기 때문에 우리가 믿는 것이다. 그리스도인과 하나님을 찾는 사람은 누구나 믿음의 토대를 진리에 둔, 진리를 사랑하는 사람이어야 한다. 우리가 가진 신앙은 참된 사실에 토대를 두고 있으므로 전혀 두려워할 필요가 없다.

모험에 뛰어들기

우리의 신앙이 사실에 기초한다고 말하는 것은 쉽다. 하지만 그것을 실제로 '믿는 것'은 별개의 문제이다. 우리 자신에게 영적인 확신이 없으면 그것을 남에게 전달할 수 없다. 우리가 믿음의 확신을 가지려면 어떻게 해야 할까?

먼저 우회하는 길은 없다. 당신 스스로 열심히 노력하지 않으면 안된다. 당신이 중요한 시험을 치렀던 때를 생각해보라. 강사가 시험 정보를 잘 알고 있다는 사실이나 당신 옆의 친구가 A학점을 딸 수 있다는 것을 알아도 전혀 도움이 안 된다. 당신이 자신 있게 합격할 수 있으려면 오로지 시험 범위를 확실히 알 때까지 열심히 익히고 복습하는 수밖에 없다. 자기 확신이란 남으로부터 오는 것도 아니고 지적으로 서서히 터득하는 것도 아니다. 당신 스스로 고지식한 방식으로 습득해야만 한다. 진지하게 공부하는 길밖에 없다는 말이다.

마찬가지로, 당신의 목사나 교사나 소그룹 리더가 믿음의 확신을 갖고 있다고 해서 당신도 그런 확신을 품게 되는 것은 아니다. 물론 그들의 확신이 당신에게 큰 힘이 될 수는 있지만, 그들이 이미 발견한 것을 당신이 배우려고 애쓰는 동안에만 힘이 될 뿐이다. 그것을 배우는 유일한 방법은 신앙과 관련된 공부를 하는 것이다.

사도 바울은 "너는 진리의 말씀을 옳게 분별하며 부끄러울 것이 없는 일꾼으로 인정된 자로 자신을 하나님 앞에 드리기를 힘쓰라"(딤후

2:15)고 말했다. 이는 성경을 읽고 공부하고 암송하는 데 상당한 시간을 투자하는 것을 포함한다. 다른 사람에게 설득력 있고 정확하게 하나님의 진리를 전달하는 일은 하나님의 말씀을 알아야만 가능하다.

하지만 우리가 몸담은 세속 문화에서는 그것만으로 충분하지 않다. 가령 당신이 누군가의 질문에 성경 구절을 인용해서 답변하면, 그는 당신에게 왜 성경을 믿느냐고 물을 가능성이 높다. 그런 경우에 옛날에 주일학교에서 배웠던 노래를 부르는 것으로는 충분하지 않다. 당신은 하필이면 왜 다른 종교적인 문헌이 아니라 성경을 진리의 책으로 받아들이는지 그 이유를 알 필요가 있다.

이런 이유를 알고 싶으면 리 스트로벨의《예수는 역사다》와《특종! 믿음 사건*The Case for faith*》, 그리고 내가 쓴《믿음이 무엇인지 이제 알았습니다》등의 책을 읽으면 된다. 이 책들은 우리가 무엇을 믿을지를 선택하는 데 필요한 최상의 평가기준을 보여주며 기독교를 선택해야 할 20가지 논증을 제시한다.

이런 책들을 읽고 성경을 공부하면 영적인 확신을 가질 수 있고, 또 의심이 많은 고등학생이나 호기심 많은 이웃이 던지는 질문에 잘 대답할 수 있을 것이다.

기억할 말씀   (벧전 3:15)

너희 마음에 그리스도를 주로 삼아 거룩하게 하고 너희 속에 있는 소망에 관한 이유를 묻는 자에게는 대답할 것을 항상 준비하되 온유와 두려움으로 하고.

유머를 적절히 사용하라

리 스트로벨

유머는 대화의 윤활제 역할을 할 수 있고
상대의 벙어벽을 무너뜨리기도 한다.

마크와 내가 어느 남부 도시에서 주관한 수련회가 예상보다 더 큰
성공을 거두었다. 날아갈 것 같은 기분이었다. 그래서 행사가 끝난 다
음날 아침, 캘리포니아로 돌아가기에 앞서 호텔 옆에 있는 음식점에
서 맛있는 아침식사를 하기로 했다.

그 식당에는 나무로 만든 넓은 현관이 있었고, 방문객이 편안하게
쉴 수 있도록 흔들의자가 여러 개 놓여 있었다. 한 의자에는 열여덟
살쯤 되어 보이는 검은 머리 검은 눈의 아가씨가 앉아 있었고 곁에는
비슷한 또래의 젊은 남자가 있었다.

문 쪽으로 가려면 그들을 지나쳐야 했는데, 우리가 그 아가씨 앞을

225

지나가는 순간 "이신론자deist가 뭐지?"라고 말하는 소리가 들렸다.

믿기지 않는 일이었다. 내가 그 주제에 관한 책을 얼마 전에 썼기 때문이다. 순식간에 나는 발걸음을 돌려 십 대 소녀와 마주 보았다.

"이신론자는 하나님이 우주를 창조한 뒤에 퇴장했다고 믿는 사람입니다." 최근의 연구와 글에 의거하여 재빨리 말했다. "이신론자는 하나님께서 우주를 거대한 시계처럼 감아놓고 저절로 똑딱똑딱 움직이도록 내버려둔다고 믿는 사람이지요. 하나님은 저 멀리 동떨어져 계신 무관심한 분이라고 믿는 것입니다. '그러나' 증거로 볼 때 그건 사실이 '아닙니다'" 하고 마지막 문장을 강조하며 말했다.

이 지점에 이르러 나는 정말로 발동이 걸렸다. 이처럼 중요한 문제에 대해 관심이 있는 젊은이를 만나다니, 흥분이 되었다. 거의 숨 쉴 틈도 없이 나는 하나님이 최초의 창조 이후에도 우주에 계속 관여하고 계심을 입증하는 일련의 사실들을 줄줄이 쏟아냈다.

우주론과 물리학과 천문학을 동원하여 이 우주의 놀라운 미세 조율과 오늘까지 계속되는 지구의 복잡한 작동이 어떻게 자연주의적인 설명을 허용하지 않는지를 설파했다.

그녀의 눈이 휘둥그레졌다.

기회를 놓치지 않고 나는 하나님이 우주를 창조하신 후 어느 시점에서 최초의 세포 설계에 관여하셨음을 분명히 보여주는 생명 창조의 생물학적 증거를 신나게 펴부었다.

그녀의 눈은 더욱 커졌다.

이어서 나는 주제를 바꾸어 역사에 관한 이야기로 곧바로 들어갔다. 특히 하나님이 인류에 대해 관심이 많으셨기에 자기 아들을 세상에 보내셔서 우리에게 천국 가는 길을 열어주셨다는 사실을 말해주었다.

그녀는 입을 벌린 채 나를 응시했다.

일종의 후속편으로 이번에는 예수님의 부활을 뒷받침하는 증거를 하나씩 확실하게 짚어주었다. 그 사건이 전설이 아님을 보여주는 초기의 보도, 그를 비판하던 사람들조차 인정했던 빈 무덤, 목격자들의 증언 등을 제시하면서 예수님이 죽은 자 가운데서 다시 살아나셨기 때문에 그의 제자들도 언젠가 그렇게 될 것이라는 점을 강조했다.

그녀는 한 마디도 하지 않았다.

거기서 끝내지 않고 마크와 내가 그런 하나님을 믿는 사람이라고 말했다. 즉 개인적으로 하나님의 임재와 인도와 권면을 체험하고 또 기적이라고밖에 말할 수 없는 기도의 응답을 경험하는(그리고 경험했던) 신자 중 한 명이며, 지금 이 세상에 존재하는 수많은 그리스도인들과 역사적으로 존재했던 셀 수 없이 많은 기독교 신자들 가운데 속해 있다고 이야기했다. 이런 사실은 하나님이 지금도 자기를 좇는 사람들을 사랑하시고 그들과 교제를 나누고 계심을 보여준다고 강조했다.

나는 온통 열정에 휩싸여 그 아가씨에게 무슨 말을 하거나 질문을 던질 기회도 주지 않은 채, 일방적으로 너무 많은 설명을 했다. 솔직히 말해서, 나도 모르게 그처럼 정신없이 떠들었던 것은 전무후무한 사건이었다. 수련회가 성공적으로 끝나 마음이 들떠 있는데다가 내 전문 영역에 대해 누군가가 질문을 던지는 바람에 너무나 흥분해서 도무지 절제할 수 없었던 것이다.

마침내 나는 마크를 쳐다보면서 "믿어져? 우리는 그냥 그녀를 지나치고 있었을 뿐인데 그녀가 '이신론자가 무엇이지?'라고 묻다니 말이야."

마크는 괴로운 표정을 짓고 있었다. "아, 리" 하고 머뭇거리면서 대답했다. "그녀가 한 말은 '부에노스 디아스'(Buenos dias: 스페인어로 안녕하세요를 뜻하는 아침 인사)였던 것 같은데."

'뭐라고?' 이번에는 '내' 눈이 휘둥그레졌다. 너무도 당황해서, 그리고 처음으로 완전히 할 말을 잃은 채 고개를 돌려 그녀와 그 남자친구를 쳐다보았다. 바로 그 순간에 우리 넷은 모두 폭소를 터뜨리고 말았다.

"아이쿠." 우리가 배를 움켜잡고 웃는 동안에 내가 입 밖으로 내뱉을 말은 그것밖에 없었다.

말할 필요도 없이 참으로 당혹스러운 순간이었다. 다행인 것은 우리의 만남이 그것으로 끝나지 않았다는 사실이다. 어쨌든 우리는 서로 관계를 터놓은 상태였다. 그런 상황에서 우리가 어찌 영적인 대화를 하지 않을 수 있었겠는가? 나에게는 정말 창피하기 그지없는 상황이었으나 그 아가씨나 남자친구는 별로 신경을 쓰지 않았다. 오히려 그들은 하나님에 대해 몹시 이야기하고 싶어 하는 분위기였다.

알고 보니 고등학교 졸업반이었던 그 젊은이는 큰 육상 경기에 참가하려고 거기에 왔고, 그의 여자 친구는 그를 응원하러 온 것이었다. 우리를 소개하고, 우리도 실은 '정상적인' 사람이라는 것을 보여주려고 애쓰면서 어떻게 하면 하나님을 알 수 있는지에 대해 이야기하기 시작했다.

한참 뒤에 그 여자아이는 이렇게 제안했다. "선생님들이 우리 팀을 만나러 오시면 안될까요? 다른 아이들도 이런 주제에 관심이 있을 거 같아요."

우리는 그 제안을 받아들이고 그들을 따라 근처 호텔의 세미나실로 가서, 경기에 앞서 휴식을 취하고 있던 코치와 여러 선수를 만났다. 우리가 그 두 친구를 만나게 된 경위를 이야기해주자 그들도 웃음을 터뜨렸다. 이어서 그들 가운데 몇 명이 기독교에 관해 질문하기 시작했다.

결국 우리는 반 시간 가량 여러 영적인 문제에 대해 토론하는 시간을 가졌다. 우리는 큰 실수를 계기로 뜻밖의 사람들과 함께 하나님에 관해 이야기할 수 있는 절호의 기회를 갖게 된 셈이었다.

웃음은 기분을 상쾌하게 해주는 힘이 있다. 만일 그 젊은 남녀가 나의 과도한 독백에 화를 냈거나, 내가 웃지 않고 스스로 창피해서 슬며시 자리를 떴다면, 그들과 그렇게 뜻깊은 대화를 나눌 기회를 놓치고 말았을 것이다. 오히려 우리 모두가 그 경솔한 순간을 즐기고 그것을 계기로 더 깊은 주제로 들어갈 수 있었던 것이 고맙기만 하다.

코미디언이자 음악가인 빅터 보르게Victor Borge는 이런 말을 남겼다. "웃음은 두 사람 사이의 가장 짧은 거리이다."

행동 지침

가볍게 여겨라. 우리의 메시지는 무척 심각하기도 하고 죄를 깨닫게 하는 내용이지만, 우리 스스로 너무 심각해질 필요는 없다. 유머는 대화의 윤활제 역할을 할 수 있고 낯선 이들을 금방 묶어줄 수 있으며, 없던 관계를 금세 만들어주기도 한다. 우리 자신을 농담거리로 만드는 경우에도 그런 일이 일어난다.

모험에 뛰어들기

셸던 베너컨Sheldon Vanauken은 이런 유명한 말을 남겼다. 그리스도인들이 "음울하고 즐겁지 않을 때, 독선적이고 스스로 거룩한 체하며 점잔을 뺄 때, 편협하고 억압적일 때, 기독교는 천 번이나 죽고 또 죽는다."[15]

그런데 우리는 그럴 필요가 없다. 아니, 그렇게 되어서는 안 된다.

이 세상에서 생동감이 넘치고 열정과 기쁨이 충만하고 낙관적인 태도를 지녀야 할 사람이 누구이겠는가? 자신의 죄를 영원히 용서받고, 창조주와 인격적인 관계를 맺으며, 그분의 임재 안에서 영원히 살 것을 확신한 우리 그리스도인이 아니겠는가? 이런 복을 좋아하지 않을 사람이 있을까? 우리들이야말로 쉽게 웃고, 경쾌한 한마디를 날리고, 인생의 밝은 면을 보는 사람들이어야 한다.

유머는 개인 전도에 있어서도 중요한 역할을 한다. 유머는 그리스도인에 대한 고정관념을 깨뜨리고, 우리도 다른 사람들처럼 좋은 시간(나중에 후회하지 않을 만큼 좋은 시간)을 즐기는 사람이라는 사실을 알려주고, 서로의 공통분모를 만들어주기도 한다. 달리 말해서, 주어진 상황에 개인적으로 공감할 때 웃을 수 있는 것이다.

뿐만 아니라, 유머는 방어벽을 무너뜨리기도 한다. 사람들이 웃음을 터뜨릴 때 새로운 사상에 더 수용적이 된다는 심리학 원리를 들은 적이 있는데 텔레비전 쇼를 시청하면서 이 원리를 직접 경험했다. 그 프로그램은 내가 달가워하지 않는 행동을 부추기고 있었지만, 그 유머가 나를 너무나 크게 웃기는 바람에 오히려 그런 행동에 대해 긍정적인 태도를 갖게 되었던 것이다.

마침내 나는 그 프로그램에 빠져들었다. '잠깐만, 이건 순전히 광고 선전물이잖아. 이런 걸 믿어서는 안 되지.' 정신을 차리고 시청을 중단해야 했다. 웃음이 나로 하여금 방어벽을 낮추게 하고 내가 동의하지도 않는 아이디어가 내 속에서 발판을 마련하도록 허용했던 셈이다.

이렇게 말한다고 해서 우리가 심리적인 우위를 점하기 위해 계획적인 유머를 끼워넣어야 한다는 뜻은 아니다. 이 예화가 보여주는 것은 인간의 상호작용에서 웃음이 본질적인 요소를 차지한다는 점이다. 우리는 W. C. 필즈w. c. Fields가 묘사하고 있는 인색한 인물, 곧 "아침에 딱 한 번 미소 짓고 그걸로 끝내버리는" 철학을 가진 사람이 될 필요가 없다.

사도 바울은 우리에게 그와 다른 안목을 가지라고 권면한다. 실로 끔찍한 궁핍과 매 맞음과 파선과 수감의 고통에도 불구하고 그는 우리에게 "항상 기뻐하라"(살전 5:16)고 권하고 있다. 이 충고는 특히 우리가 구도자에게 그리스도인의 삶은 잘 죽기 위한 것일 뿐 아니라 잘 살기 위한 것임을 이해시키려고 할 때 무척 유용하다.

기억할 말씀

(전 3:4)

울 때가 있고 웃을 때가 있으며 슬퍼할 때가 있고 춤출 때가 있으며.

5
week

월요일 논리와 증거는 설득력을 갖게 한다

화요일 평범한 삶도 비범한 영향을 미친다

수요일 의미 있는 동창회를 가져보라

목요일 3분짜리 자기 간증을 준비하라

금요일 하나님이 우리의 영적 후원자임을 기억하라

토요일 뜨거운 열정을 가지라

주 일 보이지 않는 손길을 의지하라

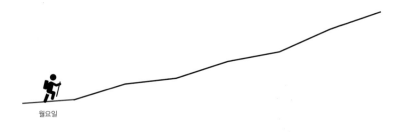

논리와 증거는 설득력을 갖게 한다

마크 미텔버그

> 그리스도를 따르는 우리 모두는 우리의 신앙을 설명하고
> 다른 사람의 영적 여정을 돕는 답변과 증거를 준비해야 한다.

"그리스도인이 되고 싶지만 몇 가지 문제가 발목을 잡고 있습니다." 시카고 중심가에서 은행원으로 일하는, 말도 빠르고 적극적인 존 스위프트가 말했다.

나는 우리 교회의 구도자 소그룹을 인도하는 어니의 부탁을 받아 처음으로 그를 만나고 있었다. 사실 어니는 한동안 존의 영적인 회의와 반론을 다루다가 내게 이 사역을 넘겼다. "당신의 발목을 잡는 것이면 무엇이든 한번 이야기해봅시다. 그런데 당신이 모든 의문을 풀어야만 그리스도인이 될 수 있는 게 아니라는 점은 알고 계시죠?"

"알고 있습니다. 하지만 당신네들은 내 주된 의문을 크게 중요시한다고 알고 있습니다."

"그럴 수도 있고 그렇지 않을 수도 있습니다. 근데 그게 뭐죠?"하고 물었다.

존은 "나는 그리스도의 부활을 믿지 않습니다"라고 쏘아붙였다.

그 시점에서 나는 그리스도의 부활이야말로 그리스도인에게 중대한 문제라는 사실을 시인하지 않을 수 없었다. "내가 신학교에 갔을 때 그리스도의 부활은 중대한 사안의 하나로 취급되었다는 것을 인정합니다. 성경이 이것을 그리스도의 제자가 되려면 반드시 믿어야 할 진리로 분명히 가르치고 있기 때문이지요. 그런데 왜 당신은 예수님이 죽은 자 가운데서 살아났다고 믿지 않는 거죠?"

"죽은 사람이 다시 살아난다는 것이 도무지 이해가 되지 않거든요."그가 설명했다. "나는 이제껏 죽은 사람이 무덤에 머물러 있거나, 그 시체가 거기서 썩거나, 시체가 들개에게 먹히는 경우밖에 보지를 못했습니다. 그런데 하필이면 왜 예수님의 경우는 달랐다고 믿어야 하죠?"

중요한 질문이었다. 여태까지 보거나 경험한 것과 상충되는 주장을 왜 믿어야 한단 말인가? 답변을 하기 전에 나는 그에게 이 문제를 어떻게 탐구해왔는지 물어보았다.

"주로 특집 프로그램에 나오는 학자들의 글과 진술을 접했습니다." 그가 대답했다.

"어떤 학자들이죠?"그에게 들을 대답을 우려하면서 물었다.

"그들의 이름을 모두 기억하지는 못하지만, '예수 세미나Jesus Seminar'라고 불리는 그룹의 일원이라는 것은 알고 있습니다. 그리고 그들은 예수님이 죽음에서 부활했다는 관념에 대해서는 온갖 부정적인 말을 하더군요." 그가 대답했다.

"저도 잘 알고 있습니다." 내가 의도한 것보다 조금 더 성급한 말투로 말했다. "혹시 부활의 역사적인 증거를 제시하는 중요한 책들 가운데 당신이 읽은 것이 있습니까? 가령, 노먼 가이슬러Norman Geisler나 조쉬 맥도웰Josh McDowell이나 게리 하버마스Gary Habermas 같은 저자가 쓴 책들 말입니다."

"솔직히 말해서, 저는 그런 책들이 있는지도 모릅니다. 예수님의 부활을 뒷받침하는 진정한 증거라는 말조차 들어본 적이 없습니다. 당신이라면 제게 부족한 부분을 채워줄 수 있을 것 같군요."

"기꺼이 그렇게 하겠습니다." 그 후 우리는 한 시간 남짓 중요한 몇 가지 증거에 관해 토론했다. 이야기를 나누면 나눌수록 나는 존의 열린 태도로 인해 더욱 고무되었다. 동시에 그처럼 중요한 증거들이 2000년 동안이나 전해 내려왔는데도, 그토록 많은 구도자들이 그것을 전혀 모르고 있다는 것이 놀랍기도 하고 답답하기도 했다.

시간은 금방 흘러 헤어질 시간이 되었다. "떠나기 전에 빌려드리고 싶은 책이 한 권 있는데, 이 책은 당신에게 부활을 뒷받침하는 엄청나게 많은 증거를 보여 줄 것입니다." 내가 존에게 말했다.

나는 그에게 마이클 윌킨스Michael Wilkins와 J. P. 모어랜드J. P. Moreland가 편집한 책《비난받는 예수Jesus Under Fire》를 건네주고는 이렇게 덧붙였다. "이 책 전체가 분명히 당신에게 도움이 되겠지만, 그 가운데서도 특별히 윌리엄 레인 크레이그가 쓴, '예수는 죽은 자 가운데서 살아났는가?' 부분을 꼼꼼히 읽어보시라고 권하고 싶습니다. 그 장의

내용이 당신의 의문을 말끔하게 씻어줄 겁니다."¹⁶

그 후 나는 미리 생각지도 않은 한 가지 제안을 덧붙였다. "존, 당신은 여러 도전거리와 목표를 다루는 사업가입니다. 그러므로 그 장을 빨리 읽고 제가 소개해준 다른 책들도 훑어보시라고 권하고 싶습니다. 그러면 부활의 증거가 얼마나 탄탄한지 알게 될 겁니다. 그러고 나서 당신이 부활을 진리로 확신하게 되면, 지금부터 한 달 정도 남은 부활절이 되기 전에 그리스도인이 되라고 말씀드리고 싶습니다. 그러면 부활절의 진정한 의미를 알고 그 명절을 기쁘게 맞을 수 있을 겁니다."

존의 긴장된 표정을 보니 나의 도전을 진지하게 받아들이고 있는 것이 분명했다. 그런데 두 주도 지나지 않아서 그는 내 책을 돌려주었다. 이미 윌리엄 크레이그가 쓴 부분을 여러 번 읽고 책 전체를 완독한 뒤에 그 책을 여러 권 구입하여 자기와 비슷한 의문을 품고 있는 몇몇 친구들에게 나눠줄 생각이라는 메모까지 보내왔다. ('비그리스도인들'이 복음 전도의 모험에 참여하는 것을 보면 마음이 참 흐뭇하다.)

두 주가 지난 다음, 호주에서 강연을 하러 다니는 동안에 전화로 음성 메시지를 확인한 적이 있다. 그 가운데 한 메시지가 나를 깜짝 놀라게 했다. 존이 속한 구도자 소그룹을 인도하던 어니가 흥분한 목소리로 말하기를, 존이 '부활절이 되기 며칠 전에 그리스도를 영접했다'는 것이다. 집으로 돌아간 뒤에 나는 존에게 전화를 걸어 축하하고 격려해주었다. 얼마 후에 나는 우리 교회 옆 연못에서 그에게 세례를 주는 특권을 누렸다.

한 사람의 까다로운 질문에 대한 답변을 통해 걸림돌을 제거하시는 하나님, 복음에 대해 마음을 열도록 일하시는 하나님을 생생하게 보여주는 사건이었다. 지난 세월 동안 나는 이처럼 성령님이 논리와 증거를 사용하여 기독교에 대한 반론을 믿을 만한 이유로 바꾸어놓는 역사를 셀 수 없이 많이 보았다.

행동 지침

당신 주위에도 그런 사람이 있을지 모르지만, 사실상 몇 가지 타당한 답변만 제공하면 그리스도를 믿는 것을 고려할 사람이 상당히 많이 있다. 물론 생활방식의 문제라든가 자기의 삶을 하나님에게 굴복하기를 꺼려하는 태도와 같은 다른 문제들이 생기는 경우도 있다. 그러나 사람들이 지적인 반론에 발목이 잡혀 있는 한, 삶의 다른 영역에서 변화를 도모해보지 않을 가능성이 높다. 그러므로 우리는 논리력을 발휘하고 증거를 제시하여 기독교 신앙은 충분히 수용할 만한 진리임을 보여줄 준비를 갖춰야 한다.

모험에 뛰어들기

만일 어떤 친구가 당신에게 존의 질문과 같은 것으로 도전을 했다면, 당신은 어떻게 응답했을까? 제대로 답변할 준비를 갖추고 있는가? 안타깝게도, 많은 그리스도인이 당신은 그냥 믿기만 하면 된다는 식으로 응답한다. 또는 성경이 그것을 옳다고 말하니까 그것으로 충분하다고 말한다. 심지어 어떤 사람은, 하나님의 심판을 받을 것으로 예정된 사람은 진리를 알 수가 없는 게 당연한데, 무엇 때문에 신경을 쓰느냐고 말하기까지 한다.

성경은 우리에게 명쾌하고 사려 깊은 응답을 해줄 준비를 갖추라고 말하고 있다. 먼저 베드로전서 3장 15절은 이렇게 명한다. "너의 마음에 그리스도를 주로 삼아 거룩하게 하고 너희 속에 있는 소망에 관한 이유를 묻는 자에게는 대답할 것을 항상 준비하되 온유와 두려움으로 하고." 이 구절에서 "대답하다"로 번역되어 있는 단어는 헬라어로 '아폴로기아*apologia*'인데 '변호하는 말'이란 뜻이다. 여기에서 우리가 사용하는 영어 단어 '변증*apologetics*', 곧 우리의 신앙을 이성적으로 변호하는 일을 가리키는 용어가 나왔다.

여기서 이 명령은 목사와 교수와 신학자에게만 주어진 것이 아니라는 점을 알아야 한다. 이 구절은 그리스도를 따르는 우리 모두에게 우리의 신앙을 설명하고 뒷받침할 준비를 갖추라고 말하고 있다. 따라서 우리는 좋은 책을 읽고, 적절한 강좌와 세미나에 등록하고, 믿을 만한 CD와 라디오 프로그램을 듣고, 교회에서 배우는 내용을 필기하는 등 우리의 믿음을 잘 변호하는 데 필요한 '공부'이면 무엇이든 열심히 해야 한다.

하지만 우리 가운데서 이 변증 작업을 완벽하게 해낼 수 있다고 자신하는 사람은 아무도 없다. 설사 우리가 준비를 잘 갖추고 있더라도 상황이 여의치 않는 경우가 있기 마련이다. 그래서 이 장에서도 그랬듯이 이 책의 여러 이야기에서 우리가 좋은 책을 추천하고 있는 것이다. 우리가 이렇게 하는 이유는 개인적인 대화와 믿을 만한 자료가 서로 만날 때, 존과 같은 사람들이 지적인 장애물을 넘어 그리스도를 신뢰하는 데 큰 효과를 발휘하는 모습을 거듭 보아왔기 때문이다.

사람들에게 무슨 책을 줄지 알려면 당신이 먼저 그런 책들을 읽을 필요가 있고, 또 상대방에게 실제로 어떤 책을 줄 수 있으려면 개인적으로 투자하여 여분의 책을 확보하고 있어야 한다(이 책 뒤편에 수록된 추천 자료를 보라). 내 경험으로 보면, 여행을 할 때 몇 권의 책을 갖고 있으면 다른 사람과의 영적인 대화에 뛰어드는 일이 더 쉬웠다. 그 대화를 뒷받침해주는 자료가 있기에 내가 굳이 모든 질문에 응답할 필요가 없다는 것을 알고 있었기 때문이다.

그러면 어떻게 다른 사람의 영적인 여정을 돕는 좋은 답변과 증거를 제공하는 모험에 뛰어들 수 있겠는가? 읽어라. 들어라. 공부하라. 준비하라. 그리고 준비 과정에 필요하고 당신의 친구를 영적으로 돕는 데 유용한 믿을 만한 자료에 과감하게 투자하라.

기억할 말씀 (고후 10:4-5)

우리의 싸우는 무기는 육신에 속한 것이 아니요 오직 어떤 견고한 진도 무너뜨리는 하나님의 능력이라. 모든 이론을 무너뜨리며 하나님 아는 것을 대적하여 높아진 것을 다 무너뜨리고 모든 생각을 사로잡아 그리스도에게 복종하게 하니.

평범한 삶도 비범한 영향을 미친다

리 스트로벨

우리가 다른 사람들의 삶에 영원한 흔적을 남기려고
굳이 설교자나 신학자가 될 필요는 없다.

빌 맥밀런은 신학을 공부한 적이 없다. 교회에서 교역자로 일한 경력도 없다. 안경을 반듯하게 낀 평범한 인상에 많은 책임을 맡고 바쁘게 살아가는 비교적 성공한 재정 컨설턴트였다.

1982년에 방탕한 생활에서 예수님의 손길로 구원을 받은 빌은 가능한 한 많은 사람에게 소망과 구속의 메시지를 전해야겠다고 헌신한 바 있다. 그는 내가 알고 있는 어느 누구보다도 더 큰 영향력을 발휘하는 인생을 살았다.

마크와 나는 빌의 친구였고, 몇 년 전에 우리가 빌의 장례식에 참석했을 때, 교회는 무언가 특이한 프로그램을 마련했다. 마이크를 설치

해놓고 누구든지 나와서 빌에 관한 이야기를 할 수 있게 했다. 한 사람씩 나와서 하나님이 어떻게 이 평범한 사업가를 사용하여 그들의 삶에 비범한 영향을 주었는지 이야기하는 것을 들으며 우리는 깜짝 놀랐다.

빌의 어린 시절 친구였던 존은 자기가 이혼을 하는 등 중년의 위기를 거치며 시카고 지역으로 다시 이사를 왔다고 했다. "바로 그때 빌이 나를 붙잡고는 절대로 놔주지 않았습니다." 빌은 끈질기기로 유명했던 터라 그 말을 듣던 사람들은 고개를 끄덕였다.

매주 토요일 밤마다 빌은 존을 차에 태우고 교회로 데려와서 복음을 듣게 했다. 또한 성경공부 모임에도 초대하여 하나님에 관해 더 배우게 했다. 전화도 자주 했고 커피를 마시며 대화를 나누기도 했다. 그 후 오래지 않아 존은 자기 인생을 그리스도에게 헌신했고, 곧이어 존의 십 대 아들과 딸도 똑같은 결단을 내렸다.

존은 흐르는 눈물을 애써 참으며, 자녀들과 함께 교회 연못에서 세례를 받던 장면을 묘사했다. "이 모든 일은 빌 맥밀런이 그리스도 예수에게 신실한 삶을 살았기 때문에 가능했습니다."

이어서 매기라고 불리는 한 여자는 예전에 재정적으로 힘겹던 시절에 빌의 자문을 받으려고 그와 만났던 때를 회고했다. 빌이 매기를 맞이하러 대기실에 나왔을 때, 그녀는 거기에 늘 비치되어 있던 기독교 서적을 훑어보는 중이었다.

"그리스도인이세요?" 빌이 물었다.

"아니, 그렇지는 않아요." 그녀가 대답했다.

"재정 문제는 나중에 이야기하도록 하고, 먼저 하나님에 관해 이야기합시다. 당신은 어떻게 생각하시나요?"

"아… 네… " 매기는 눈썹을 치켜세웠다.

빌은 그녀에게 성경을 주면서 공부하는 방법까지 가르쳐주었다. 그리고 예화를 들어가며 복음을 알기 쉽게 설명해주었다. 얼마 후 매기는 그리스도를 영접했고 복음 전도에 열심이던 빌의 교회에서 중요한 일꾼이 되었다.

짐이라는 변호사는 자신의 인생이 무너져내렸던 경험을 나누었다. 당시에 짐은 빌에게 이 도시를 떠나고, 결혼관계를 벗어나고, 전문직을 내던지고, 어쩌면 자기 생명까지 버려야할 것 같다고 말했다.

그때 빌은 짐에게 함께 여행을 떠나자고 제의했다. "좋아요, 제게 봉고차가 있어요."

"거기에 카세트가 달려 있습니까?" 빌이 물었다.

"아니요. 그건 낚시용 봉고차예요. 아주 낡은 자동차죠."

빌이 여행을 떠나려고 모습을 드러냈을 때는 카세트 두 대와 무려 37개나 되는 기독교 설교 테이프를 챙긴 상태였다. "내가 37개였다는 것을 정확하게 기억하는 이유는 우리가 그 모든 테이프를 다 들을 때까지 나를 봉고차에서 나오지 못하게 했기 때문입니다." 짐은 낄낄 웃으며 당시를 회상했다. 이어서 감정에 북받친 목소리로 이렇게 덧붙였다. "그래서 내가 그리스도께로 나아가게 되었고, 내 인생은 영원히 바뀌게 되었습니다."

한 사업가는 빌을 처음 만난 것이 그의 회사가 재정적인 곤경에 빠져 빌의 조언을 들으려고 했던 때였다고 말했다. "4시에 빌이 노란 법률 서류철과 연필을 들고 나타나서 온갖 질문을 쏟아냈습니다"라고 말문을 열었다. "5시쯤 되어서 빌은 내 사업을 구출해주었습니다. 그리고 나는 빌의 사무실에서 모이는 월요일 아침 성경공부에 등록하게 되었지요. 그리고 오래지 않아 나는 예수님의 손에 구원을 받았습니다."

로우라는 남자도 재정적인 문제 때문에 빌에게 도움을 구했다고 말했다. "그런데 빌의 의제는 완전히 다른 것이었습니다. 그는 며칠 동안 나의 생활을 완전히 장악하고는 비즈니스 컨설턴트라기보다 오히려 목사처럼 행동했습니다. 우리는 같은 차를 타고 애리조나로 가는 도중에 색다른 햄버거 집을 찾아 헤매는 등 사막에서 많은 시간을 보냈지요. 그 기간에 기독교 서적들이나 기독교 관련 강의 테이프들과도 함께했고 예수님에 관한 성경 말씀과 이야기도 많이 오갔습니다. 바로 그 여행길에서 나는 그리스도를 믿게 되었답니다."

다음에 나온 사람은 빌의 동업자였다. "빌은 장래에 자기가 할 일에 대해 어떤 계획도 세우지 않았던 사람이었습니다. 무엇이든 당장 그 자리에서 해치웠어요. 늘 곧바로 행동했죠. 누군가 도움이 필요하면 '지금' 도우라고, 누군가 예수님이 필요하면 '지금' 그에게 예수님에 관해 이야기해주라고 했죠. 사업 관련 회의를 할 때마다 빌은 한 번도 빠지지 않고 누군가에게 교회에 오도록 미끼를 던졌습니다."

이어서 그날의 하이라이트에 해당하는 가장 감동적인 이야기가 귓전을 울렸다. 빌의 또 다른 동업자였던 사람이 나왔다. 빌이 암과 투쟁하는 동안 많은 시간을 함께했다고 말했다. "나는 빌과 함께 항암 치료를 받으러 가곤 했지요. 그는 항암제도 주사바늘도 싫어했지만, 다른 암 환자들과 그리스도에 관해 이야기하는 것만은 좋아했답니다."

그는 빌이 죽기 전 어느 날 밤 병문안을 가서 보았던 일을 회상했다. "내가 들어가 보니 빌은 약물로 연명하며 누워 있었어요. 자기가 어디에 있는지도 잘 몰랐어요. 그날이 무슨 요일인지도 몰랐어요. 담당 간호사가 빌과 함께 있어주었죠. 이름은 소피였습니다. 그때 침상에 누운 빌 맥밀런은 소피에게 이렇게 부드럽게 말하더라고요. '소피… 당신이 죽으면 천국에 갈 것을 확신하고 있나요?'라고 말이에요."

그 남자는 눈물을 억누르느라 잠시 말을 중단한 뒤에 냉정을 되찾았다. "빌은 인생의 마지막 순간까지 소피를 전도하고 있었던 것입니다."

이는 그날 사람들이 들려준 이야기들 가운데 일부일 뿐이다. 그 프로그램이 진행되는 동안 온통 웃음과 울음이 쏟아져 나와 티슈 박스를 부지런히 돌리지 않으면 안 되었다. 평범하되 전도의 열정을 품은 사업가 빌 맥밀런, 하나님이 그를 매복시켜놓고 많은 이들에게 은혜를 부으시고 그들로 영원한 천국에 들어가게 하신 것을 생각하면 놀라움을 금할 수 없다.

그러면 빌은 일종의 괴짜였을까? 아마도. 요즘 괴짜라기보다는 남에게 호의를 베풀고 윙크를 보내는 구식 괴짜였다고 할 수 있다. 빌은 진정 복음 전도의 모험으로 일상을 살았던 매력적인 인물이었다.

그리고 내가 장담하건대, 그는 자기의 인생을 조금도 후회하지 않았으리라.

행동 지침

우리가 다른 사람들의 삶에 영원한 흔적을 남기려고 군이 설교자나 신학자가 될 필요는 없다. 중요한 것은 우리에게 그럴 의향이 있는가 하는 점이다. 우리에게는 비범한 하나님이 보내주시는 비범한 메시지가 있기 때문에 평범한 사람으로 남아 있어도 괜찮다.

모험에 뛰어들기

빌 맥밀런은 누군가의 영적인 결핍이 눈에 띄면, 즉각적으로 행동에 돌입하여 당장 무슨 일이든 하는 성격이었다. 그는 이 일을 하기에 완벽한 자격을 갖추었다고 생각한 적이 없는 평범한 사람이었지만, 자기가 행동을 취하면 하나님이 필요한 능력을 주시는 분임을 익히 알고 있었다.

겟세마네 동산에 있었던 예수님을 생각해보라. 예수님은 임박한 죽음과 온갖 고난을 생각하면서 격한 감정에 압도당하고 말았다. 자신의 연약함과 두려움을 절절히 느끼고 있었다. 그러나 일단 자신을 하나님의 뜻에 확실히 맞춘 뒤에는 순종하는 발걸음으로 그곳을 떠나 배신자의 손에 몸을 맡기고 갈보리까지 유유히 걸어가셨다. 그리고 아버지 하나님은 자기 아들이 구속의 사명을 수행하는 데 필요한 것을 확실히 공급해주셨다.

당신과 내가 하나님에게 순종하는 것이 곧 우리의 신앙을 확증하는 길이다. 신앙은 그저 어떤 것을 믿는 것만을 뜻하지 않는다. 신앙이란 어떤 것을 믿고 그 믿음에 걸맞게 행동하는 것을 가리킨다. 히브리서 11장 6절은 "믿음이 없이는 하나님을 기쁘시게 하지 못한다"고 말한다. 그런데 믿음, 즉 적절한 믿음과 순종이 있으면 우리는 필요한 능력을 받을 것이라는 것도 사실이다.

빌 맥밀런은 복음 전도에 관한 한, 하나님의 뜻을 알았던 사람이었다. 그는 영적으로 갈급한 세상에서 하나님의 빛을 전하는 것이 무엇을 의미하는지 알고 있었다. 이와 관련된 성구들은 그에게 아주 익숙한 것이었다. 그래서 예수님이 필요한 사람과 마주치면 그 믿음을 행동으로 옮길 수 있었다. 그리고 하나님의 뜻을 따르는 가운데 그분의 능력을 받아 비범한 영향력을 미치는 인생을 살았던 것이다.

당신의 경우는 어떤가? 당신은 평범한 사람인가? 당신은 기꺼이 복음을 전할 의향이 있는가? 오늘 누군가를 그리스도에게 이끄는 자그마한 몸짓이라도 행동에 옮기겠는가? 당신이 순종의 발걸음을 내디디면, 하나님은 당신 곁에 오셔서 상대방에게 끊임없이 영향을 미치도록 도와주실 것이다.

기억할 말씀 (딤후 4:7-8)

나는 선한 싸움을 싸우고 나의 달려갈 길을 마치고 믿음을 지켰으니 이제 후로는 나를 위하여 의의 면류관이 예비되었으므로 주 곧 의로우신 재판장이 그날에 내게 주실 것이며 내게만 아니라 주의 나타나심을 사모하는 모든 자에게도니라.

의미 있는 동창회를 가져보라

마크 미텔버그

> 사람들에게 복음을 전하기 위해 무언가 '참신한 시도'를
> 해보는 것은 아주 괜찮은 전략이다.

"전형적인 동창회를 뛰어넘는 무언가 다른 것을 시도해보자." 프레드가 전화상으로 한 말이다.

"나도 똑같은 생각을 하고 있었어." 나는 마음이 들떴다. "우리 동기생 중에 그리스도인이 된 사람이 많잖아. 그러니까 우리가 돌아가면서 신앙 간증을 들려주고 다른 친구들에게도 그리스도를 믿도록 격려하는 그런 모임을 갖자."

이는 고등학교 동기생인 프레드 알렌과 맨 처음 장거리 전화를 하면서 나눴던 대화이다. 그 후로도 우리는 여러 번 통화를 했다. 프레드는 졸업하고 몇 년 후, 나보다는 2년 뒤에 극적으로 예수님의 제자가 되었다. 당시에 우리는 10주년 기념 동창 모임을 앞두고 있었고, 그 행사에서 말씀을 전할 기회를 만드는 게 좋겠다고 의견일치를 본 것이다.

동창 모임이 다 그렇듯이 추억거리와 옛 친구들 소식을 나누는 일, 공식적인 연회와 소수가 모인 비공식 파티 등으로 이루어진다는 것을 익히 알고 있었다. 그리고 누구나 '좋은 시간'을 갖도록 곳곳에 술판이 벌어지곤 했다. 반면 대화는 피상적인 수준에 머물러 '실제로' 어떻게 살고 있는지는 제대로 알기 어려운 분위기였다.

그래서인지 동창 모임은 아주 재미있는 시간이었지만 공허함만 남기는 경험이 될 수도 있었다. 그래서 이런 부작용을 미리 방지하기 위해 동기생들을 격려하고, 좀 더 깊이 교제하고, 동창들의 제일 좋은 친구이신 예수님을 소개하고자 했다.

동창회 행사의 초안을 살펴보는데 행사가 있는 주말에 큰 구멍이 있는 것이 눈에 띄었다. 바로 일요일 아침이었다. 전날 저녁에 있을 연회와 한밤에 벌어질 파티의 후유증 때문에 그 시간을 비워놓은 것이 분명했다. 누구나 늦잠을 자도록(또는 '술이 깨도록') 해준 다음에 마지막 순서인 일요일 오후에 있을 소풍에 참여하도록 배려한 것이다.

"딱 좋은 일정이야" 프레드가 말했다. "우리를 위해 일요일 아침을 완전히 비워놓은 거지. 일요일 아침시간이 이 행사의 절정이 되도록 멋진 계획을 세워보자."

우리가 사는 도시는 교회 출석을 당연시하는(그래서 출석하지 않으면 죄책감을 느끼는) 보수적인 지역이었기 때문에, 우리는 단도직입적으로 일요일 아침 예배를 준비하기로 결정했다. 하지만 친구들 각자의 신앙 배경(또는 교회에 안 다니는 배경)과 상관없이 편하게 참여할 수 있는 분위기를 만들고 싶었다. 그래서 가능한 한 일요일 아침 늦은 시간을 잡아서 파티를 좋아하는 친구들도 참석할 수 있도록 배려했다.

우리는 예배 제목을 놓고 의논한 끝에 '동창과 함께하는 예배'로 부르기로 했다. 이 제목에 모든 것이 담겨 있었다. 다행스럽게도 학교 강당까지 확보할 수 있었다. 예배는 그 시간에 학교 캠퍼스 전체에서 벌어질 유일한 행사였기에 사람들이 찾아올 가능성도 높았다.

그 예배를 공식적인 행사의 일환으로 삼으려면 동창회 주최 측의 승인을 받아야 했다. 주최 측은 거기에 들어가는 모든 비용과 작업을 우리가 감당한다고 하자 그 행사 안내를 순서지에 실었고 등록 때 나눠주는 책자에 안내지를 끼워넣도록 허락해주었다.

그리고 학생회장 출신인 프레드에게 토요일 밤 연회의 개회를 선언하도록 부탁했다. 앞에 나간 김에 모든 동창에게 학급별로 열리는 예배에 참석하도록 초대하라고 격려하기까지 했다. 부분적으로는 우리 행사를 지원해주고 싶은 마음도 있었지만, 그보다는 종교와는 거리가 멀었던 프레드가 일어서서 하나님에 관해 이야기할 때 동창들이 어떤 표정을 지을지 보고 싶었던 것 같다.

그 예배는 확실히 사람들의 주목을 끌었다. 다음 날 아침에 그 행사에 참석한 사람들의 3분의 2나 되는 수백 명의 동창들이 예배 시간에 나타났다. 어떤 친구들은 '주일 정장'을 입고 나왔고, 또 다른 친구들은 잠을 몽땅 포기한 듯 거슴츠레한 눈으로 모습을 드러냈다. 후자의 출현이 나로 하여금 그 행사를 주관한 보람을 가장 많이 느끼게 해주었다.

내가 예배를 주관하고 우리 동창 가운데 최근에 찬양 담당 목사가 된 라우드가 음악을 담당했다. 우리 학교 최고의 육상선수였던 찰스와 다른 친구들은 보컬 팀과 밴드를 급조했다. 동창회의 여왕이었던 쉐리와 인기 많은 치어리더 출신의 수지가 어떻게 그리스도가 자기의 삶을 바꾸어놓았는지에 대해 짧은 간증을 했다. 이어서 프레드와 나, 그리고 여섯 명의 다른 동창들도 신앙을 갖게 된 이야기를 나누었다. 끝으로 프레드는 왜 우리에게 예수님의 사랑과 용서와 리더십이 필요한지를 역설하는 강력한 설교를 했다.

거기에 모인 모든 사람이 이모저모로 감동을 받은 것 같았다. 일요일 오후 소풍을 하는 동안, 우리는 사람들에게 큰 격려가 된 예배였다는, 동창들의 삶에 실제로 무슨 일이 일어나고 있는지 들을 수 있어서 참으로 뜻깊은 시간이었다는 말을 많이 들었다. 일부는 그 예배를 계기로 이제까지 살아온 인생을 돌아보며 혹시 궤도를 수정해야 하는지 깊이 생각하게 되었다고 털어놓기도 했다.

그날 밤이 되자 예배를 섬겼던 모든 사람이 녹초가 되었다. 하지만 우리의 마음은 무척 기뻤다. 우리가 심중에 두고 있던 친구들, 어쩌면 다시는 보지 못할지도 모르는 동창들에게 하나님의 사랑과 은혜에 관해 말해줄 수 있는 드문 기회를 붙잡았기 때문이었다.

반응이 매우 좋아서 동창회가 있을 때마다 이런 프로그램을 마련하기로 했다. 이후에 우리는 2학급과 함께하는 예배와 3학급과 함께하는 예배를 연이어 개최했으며, 각 행사마다 가능한 한 많은 동창들이 친구들에게 그리스도의 사랑과 진리에 관해 이야기해주도록 권하고 있다.

무엇보다 이 모든 일은 '무언가 다른 것을 시도해보려는' 열망에서 시작된 것이다.

행동 지침

사람들에게 복음을 전하려고 할 때 "무언가 다른 것을 시도해보자"는 것은 괜찮은 지침이다. 교회와 그리스도인을 막론하고 전도할 때 상대방에게 별 효과가 없었던 진부한 전략을 또 다시 반복하는 경우가 너무 많다. 성경 메시지는 변하면 안 되지만, 그것을 전달하는 방법은 변해야 한다. 지혜롭고 참신한 전략은 효과적인 복음 전도를 가능하게 한다. 우리가 옛날 방식에 너무 매달리기 전에 "보라. 내가 만물을 새롭게 하노라"(계 21:5)고 말씀하신 그분을 좇는다는 것이 무슨 뜻인지 생각해볼 필요가 있다.

모험에 뛰어들기

사도 바울은 다음과 같이 도전적으로 말했다.

내가 모든 사람에게서 자유로우나 스스로 모든 사람에게 종이 된 것은 더 많은 사람을 얻고자 함이라. 유대인들에게 내가 유대인과 같이 된 것은 유대인들을 얻고자 함이요. 율법 아래에 있는 자들에게는 내가 율법 아래에 있지 아니하나 율법 아래에 있는 자 같이 된 것은 율법 아래에 있는 자들을 얻고자 함이요. 율법 없는 자에게는 내가 하나님께는 율법 없는 자가 아니요 도리어 그리스도의 율법 아래에 있는 자이나 율법 없는 자와 같이 된 것은 율법 없는 자들을 얻고자 함이

라. 약한 자들에게 내가 약한 자와 같이 된 것은 약한 자들을 얻고자 함이요. 내가 여러 사람에게 여러 모습이 된 것은 아무쪼록 몇 사람이라도 구원하고자 함이니 내가 복음을 위하여 모든 것을 행함은 복음에 참여하고자 함이라(고전 9:19-23).

여기서 바울은 가능한 모든 사람으로 그리스도를 믿게 하는 것이 자기의 목표라고 명백히 밝히고 있다. 자신이 이루고자 하는 바에 대해 모호한 면이 전혀 없는데, 이는 "인자가 온 것은 잃어버린 자를 찾아 구원하려 함이니라"(눅 19:10)고 말씀하신 예수님의 경우도 마찬가지이다.

우리 역시 이 같이 명확한 목표를 갖고 영적인 여정을 시작할 필요가 있다. 이 위대한 모험을 시작하는 우리의 목표는 가족과 친구를 비롯한 여러 사람에게 행위와 말로써 복음을 전하는 것이다. 이 일에 우리는 하나님의 도움을 받아 그들을 그리스도에게 인도할 수 있는 방법을 사용해야 한다. 이런 복음 전도는 상대방을 교묘히 조종하는 방법을 사용하지 않고, 그들로 하여금 하나님이 값없이 주시는 용서와 우정과 인도를 깊이 고려하도록 부드럽게 격려하는 방법을 사용한다.

일단 우리의 목표가 분명해지면, 그것을 이루는 방법에 대해서는 하나님이 우리에게 많은 재량을 주신다. 기본적인 지침을 이야기하자면 이렇다. 먼저 성경에 계시된 하나님의 도덕적 테두리 안에 머물러 있을 것, 하나님의 지혜와 인도를 구할 것, 사랑으로 행할 것. 그리고 상대방을 전도하는 데 필요한 것이면 무엇이든 해도 좋다.

그러므로 혁신적으로 생각하라. 마음껏 실험을 해보라. 당신의 잠재력을 펼쳐보라. 안전지대 밖으로 움직여보라. 시행착오를 두려워하지 마라. 효과적인 접근방법을 찾아라. 그리고 가능한 자주 그것을 이용하라. 바울과 같이 우리도 "여러 사람에게 여러 모습"이 됨으로써 아무쪼록 하나님의 도움을 받아 우리도 "몇 사람이라도 구원할" 필요가 있기 때문이다.

기억할 말씀 (엡 5:8-10, 15-16)

너희가 전에는 어둠이더니 이제는 주 안에서 빛이라. 빛의 자녀들처럼 행하라. 빛의 열매는 모든 착함과 의로움과 진실함에 있느니라. 주를 기쁘시게 할 것이 무엇인가 시험하려 보라. … 그런즉 너희가 어떻게 행할지를 자세히 주의하여 지혜 없는 자 같이 하지 말고 오직 지혜 있는 자 같이 하여 세월을 아끼라. 때가 악하니라.

목요일

3분짜리 자기 간증을 준비하라

리 스트로벨

뜻밖의 모험은 말 그대로 '뜻밖에' 찾아온다.
그러므로 준비를 갖출 시기는 바로 '지금'이다.

나는 우리 선교 팀을 따라 남인도의 봄베이(지금은 뭄바이)에서 남서
부 지방의 안드라 프라데쉬까지 이동하며 곳곳에서 열린 전도 집회
와 의료 선교에 참가했다. 거의 2,000장에 달하는 컬러 슬라이드에
사역 현장을 담고 돌아온 직후의 일이다.

내가 편집장으로 일했던 신문사의 편집진은 나의 과외 활동에 대
해 어떻게 받아들여야 할지 모르고 있었다. 그 가운데 헌신된 그리스
도인은 극소수밖에 없었으므로 자기네 상사가 귀중한 휴가를 지구
반 바퀴 너머에 있는 가난한 지역에서 보내는 것을 이해할 길이 없었
을 것이다. 하지만 좋은 저널리스트가 으레 그렇듯이 그들도 건전한

255

호기심을 보여주었다.

"슬라이드 좀 보여주세요." 어느 날 한 기자가 내게 부탁했다.

"물론이지. 좋은 생각이야. 다음 주 어느 날 점심시간에 회의실 예약해놓을게. 관심 있는 사람은 누구나 와서 식사하며 슬라이드를 봐도 돼."

기자는 약간 망설이더니, "음, 그 슬라이드를 전부 보고 싶다는 말은 아니고…"라며 분명한 의사를 밝혔다.

"알았어. 제일 좋은 것만 추려볼게."

당일이 되자 열두 명도 넘는 직원들이 누런 점심 도시락을 들고 나타났다. 우리는 식사를 하려고 긴 테이블에 둘러앉았다. 그들은 한 달이나 되는 긴 여행 동안에 무슨 일이 있었는지 정말로 알고 싶어 하는 것 같았다. 더군다나 내 몸무게가 10킬로그램이나 준 이유가 궁금했던 모양이다.

나는 슬라이드를 하나씩 보여주기 시작했다. 광대하고 푸르게 우거진 아름다운 미개척지의 광경, 봄베이 슬럼가 개천에서 노는 발가벗은 어린이의 모습, 하이드라바드의 보도 위에서 얇은 담요 하나만 덮고 자는 셀 수 없이 많은 노숙자들, 사람들로 붐비는 다채로운 시장, 빨강 노랑 파랑 사리를 입고 시골 마을을 가로질러 물동이를 지고 가는 여인들의 생생한 초상, 풀로 만든 오두막에서 흙바닥 위에 누워 있는 소아마비 환자들의 처참한 사진 등.

나는 가급적이면 영적인 언급을 피하면서 벽에 비치는 슬라이드에 대해 짧은 해설을 병행했다. 편집장의 직위를 남용하여 회사 건물에서 직원을 개종시키려고 했다는 비난을 받고 싶지 않았다. 그러나 질문을 받을 경우에는 얼마든지 답변해줄 의향이 있었다.

마지막 부분에 이르러서는 야외에서 열린 저녁 전도 집회에 수천 명이 몰려드는 슬라이드를 여러 장 보여주었다. 그리고 기쁨에 충만한 새신자들이 잿빛 크리슈나 강에 허리까지 들어가 있는 사진으로 슬라이드 쇼를 마무리했다.

"이 사람들은 방금 그리스도인이 되었답니다." 그들이 물에 잠겼다가 승리에 찬 얼굴로 다시 나오는 장면을 담은 이미지를 연이어 보여주며 말했다. "아이러니하게도, 힌두교 신의 이름을 본 딴 이 강에서 세례를 받고 있는 장면입니다."

마지막 슬라이드가 잠시 여운을 남기도록 한 다음 박수 소리에 맞추어 전등을 켰다. "이게 다예요. 혹시 질문 있습니까?" 내가 물었다.

무슨 질문이 나올지 전혀 예상하지 못했다. 그때 최근에 수습기간을 마친, 진지한 자세로 열심히 일하는 한 기자가 손을 반쯤 들었다. 어리둥절한 표정을 짓고 있었다.

"편집장님은 물속에 있는 이 사람들이 '그리스도인이 되었다'고 말씀하셨어요"라고 중간의 두 단어를 강조하며 말하기 시작했다. "그리스도인이 된다는 게 무슨 뜻입니까? 저는 그리스도인이 된 상태로 태어난다고 생각했거든요. 가령, 미국과 같은 곳에 태어나면 자동적으로 그리스도인이 된다고 말이지요. 그렇지 않나요?"

우와! 이 얼마나 절호의 기회인가! 모든 눈동자가 나를 쏘아보고 있었다. 대답을 애타게 듣고 싶어 하는 분위기였다.

시계를 얼핏 보니 1시 2분 전이었다. 그러니까 탐구심은 있으나 신앙이 없는 일단의 기자들에게 그리스도인이 된다는 것이 무슨 뜻인지를 설명해줄 수 있는 시간이 딱 120초 있는 셈이었다.

잠깐, 여기서 멈춰보자. 만일 당신이 내 입장이었다면 무슨 이야기를 했을 것 같은가?

당신이 생각하는 동안 그보다 몇 년이 지난 뒤에 일어난 다른 장면을 보여주고 싶다. 당시는 내가 신문사를 그만두고 시카고 근교에 있는 큰 교회에서 신참 교역자로 일할 때였는데, 내 역할은 뉴스 미디어에서 제기하는 질문을 다루는 일이었다. 어느 날 나의 전 직장에서 한 기자가 급성장 중이던 우리 교회에 관한 기사를 쓰려고 교회를 찾아왔다. 그래서 나는 한 부목사와의 인터뷰를 주선했고, 그는 기자가 어떤 주제를 다루려고 하는지 나도 아는 게 좋겠다며 그 자리에 있어달라고 부탁했다.

인터뷰는 원만하게 진행되었다. 약 20분 동안 기자는 그저 그런 뻔한 질문을 했다. 나는 문 옆에 있는 의자에 앉아 있었는데, 시간이 좀 흐르자 그냥 한쪽 귀로 듣고 한쪽 귀로 흘리면서 지루함과 싸우고 있었다.

그때 그 기자가 느닷없이 의자를 내 쪽으로 돌리더니, 나를 정면으로 쳐다보면서 "그러면 리, '당신의' 이야기는 어떤 것입니까?"라고 물었다. 그 바람에 나는 깜짝 놀랐다.

잠깐만, 여기서도 멈춰보자. 인터뷰하러 온 기자가 뜬금없이 당신에게 그리스도를 믿게 된 간증을 들려달라고 부탁한다고 한번 상상해보라. 그는 펜을 들고 당신의 말을 받아 적을 태세를 갖추고 있으며, 그 내용은 인쇄되어 수많은 사람이 읽게 될 것이다. 그 순간에 당신은 무슨 이야기를 하겠는가?

앞에 나온 두 명의 기자가 내게 그런 질문을 던지기 전에, 이미 과거에 내게 믿음을 증언하는 방법을 훈련해준 누군가에게 감사한 마음을 느꼈다. 이런 배경과 이로 인한 자신감이 없었다면 나는 그만 말을 더듬거리다가 내가 전도해야 할 상대방을 좌절시키고 말았을 것이다.

보통은 이런 기회가 예고 없이 찾아오곤 한다. '타임아웃'을 부를 수도 없다. 현명한 모험가들이 등산을 하거나 침몰한 배를 탐색하기에 앞서 으레 철저한 준비를 갖추는 것처럼, 우리도 사전에 충분히 준비하여 영적인 대화의 문이 열릴 때 곧바로 대처할 수 있어야 한다.

행동 지침

뜻밖의 모험은 말 그대로 '뜻밖에' 찾아온다. 그러므로 준비를 갖출 시기는 바로 '지금'이다. 누군가 갑자기 복음을 알고자 당신을 찾아왔다면, 때는 이미 늦은 것이다. 여기에 잘 알려지지 않은 복음 전도의 법칙이 있다. 우리가 준비를 잘 갖추고 있으면 있을수록 하나님은 우리를 더 많이 사용하신다는 법칙이다. 우리가 제대로 훈련되어 있지 않은 경우에는 하나님이 우리에게 누군가를 기꺼이 맡기시지 않는 것 같다.

모험에 뛰어들기

언젠가 마크와 나는 신학생들에게 예수님에 관해 간단히 이야기하는 법을 가르친 적이 있다. 그들은 곧 졸업해서 목사가 될 시점이었는데도 자기의 간증을 3분 동안 쉽고 명쾌하게 전달하지 못하는 걸보고 우리는 너무나 놀랐다. 한 학생은 기독교 전문 용어를 너무 많이 사용해서 그것을 고쳐주느라 진땀을 뺐다. 마침내 이 학생은 이렇게 소리쳤다. "만일 기독교 상투어를 사용하지 않는다면 저는 할 말이 하나도 없을 겁니다."

여기서 중요한 열쇠는 정보나 영감이 아니라 바로 '훈련'이다. 이 책과 같은 서적을 읽으면 복음 전도의 동기는 유발될 수 있다. 이제 다음 단계는 뜻밖의 기회가 찾아올 때 그리스도를 증언할 수 있도록 그 방법을 체계적으로 배우는 일이다.

마크와 나는 빌 하이벨스와 함께 DVD를 활용하여 간증을 명쾌하게 할 수 있도록 돕는 '예수를 전염시키는 사람들 훈련 과정'을 개설했다. 이 과정에서는 판에 박은 방법이 아니라 상대방이 공감하기 쉽게 자연스럽게 이야기하는 방법을 훈련한다. 아울러 영적인 대화를 주도하는 법에서부터 상대방을 믿음으로 인도하는 법과 누구나 이해할 수 있도록 단도직입적으로 복음을 설명하는 법까지 모두 배울 수 있다. 이 과정에서 배우는 예화 중 하나는 내가 그 기자에게 어떻게 하면 그리스도인이 될 수 있는지 설명했던 이야기이다.

"기독교는 다른 모든 신앙과 다릅니다." 내가 말문을 열었다. "다른 종교들은 어떤 행위를 해야 한다고 강조합니다. 즉 사람들에게 선행을 해야 한다거나, 특정한 방식으로 기도해야 한다거나, 남에게 특별히 친절해야 한다거나, 가난한 자에게 돈을 줌으로써 하나님에게 나아가는 자격을 얻어야 한다고 주장합니다. 문제는 얼마나 많은 선행을 해야 하는지를 모른다는 것입니다. 설상가상으로, 성경에서는 아무리 선행을 많이 해도 영생을 얻을 수 없다고 말한다는 것이지요."

"반면에 기독교는 이미 완수되었다고 말합니다. 예수님은 우리가 스스로 할 수 없는 일을 우리를 위해 완수하셨습니다. 그분은 완전한 삶을 사셨고 우리의 모든 잘못을 해결하기 위해 대속물로 죽으셨습니다. 그래서 그분은 죄 사함과 영생을 값없는 선물로 주시는 것입니다. 그러나 이것을 아는 것만으로는 충분하지 않습니다. 우리는 예수님을 우리의 죄를 용서하신 분이자 인도자로 영접해야 합니다. 이것이 바로 그리스도인이 되는 길입니다."

나는 예전에 친구들을 대상으로 하는 안전한 환경에서 이런 예화들을 배우고 실습하면서 실수를 극복할 수 있는 기회를 가졌다. 소그룹이나 세미나를 통해 방금 소개한 훈련 과정이나 그 밖의 다른 과정을 밟으면서 이 방법을 터득할 수 있다.

마크는 이런 훈련을 제트기 운항을 위해 밟아야 할 조종사 훈련 과정과 비교하기를 좋아한다. "당신이 비행기를 조종하는 조종사에게 당신의 생명을 맡길 때, 그가 사전에 모의 비행 장치를 통해 시행착오를 모두 겪었다는 것이 고맙지 않습니까?"

마찬가지로, 당신의 친구도 당신이 안전한 훈련 과정을 통해 간증하는 법과 예화를 드는 법을 배우면서 몇 번씩 '시행착오'를 거친 것을 고맙게 생각할 것이다. 이런 준비를 거쳐야만, 그 친구가 마음을 열고 그리스도에 대해 듣고 싶어 할 때 잘 도울 수 있을 것이다.

하나님이 우리의 영적 후원자임을 기억하라

마크 미텔버그

> 기도하는 마음으로 하나님의 이야기를 사람들에게 들려주는
> 모험을 감행할 때 우리는 결코 혼자가 아니다.

플로리다 주 올랜도에서 복음 전도 수련회를 인도한 적이 있다. 우리 팀은 며칠 동안 가르치고, 리더들을 격려하고, 질문에 응답하고, 수많은 세부사항을 처리한 뒤라 휴식이 절실히 필요한 상태였다. 그런 상태에서 서둘러 공항으로 가서 밤늦게 시카고행 비행기를 타야 했으므로 마지막 순간까지 쉴 틈이 없었다.

비행기에 탑승한 다음 리와 내가 나란히 자리를 배정받은 것을 알고 안도의 숨을 쉬었다. 솔직히 말해서 우리는 사람들에게 치여서 낯선 이들과 대화할 여력이 없었다. 그래서 느긋하게 쉬면서 수련회에 관해 담소하고 약간의 휴식을 취할 수 있게 돼 좋았다.

그런데 수련회를 인도하는 일을 도와준 앤디는 우리와 같은 '행운'을 얻지 못했다. 우리 바로 앞줄에 앉은 그는 지극히 외향적이고 이야기하길 너무 좋아하는 낯선 사람과 자리를 함께했다. 평상시에는 괜찮은 자리였으나 지금은 앤디도 우리와 마찬가지로 녹초가 된 상태였기에 부담스러웠을 것이다.

리와 나는 그들과 그들의 대화에 별로 신경을 쓰지 않았다. 어쨌든 그들이 말하는 소리는 비행기의 소음과 승객들의 수다에 대부분 잠식되고 말았다. 우리는 플로리다에서 있었던 수련회에 대해 이야기하고 비스킷 '식사'와 음료수를 즐기고 서서히 낮잠을 잘 준비를 하고 있었다.

나는 의자를 뒤로 젖힌 채 눈을 감고 잠을 청했다. 그 순간 비행기 소음이 조금 가라앉는 바람에 앤디가 옆 사람과 나누는 이야기가 조금씩 들려왔다.

내가 잠시 그쪽으로 주파수를 맞춰보니 상당히 깊은 영적인 대화가 오가는 것을 알 수 있었다. 그 사람(알고 보니 무신론자였다)은 기독교 신앙과 관련된 다양한 의문과 반론을 제기하는 중이었고, 앤디는 인내심을 갖고 하나씩 답변하고 있었다.

힘내라, 앤디! 피로감이 몰려오는 중에 혼자 중얼거렸다. "주님, 앤디가 저 친구에게 당신의 사랑과 진리를 가르치려고 애쓰고 있습니다. 앤디를 사용하소서." 잠에 빠져들면서 드린 기도였다. 내가 그 생각을 모두 마무리했는지 또는 제대로 "아멘"을 했는지도 잘 모르겠다. 나중에 알고 보니 리도 나와 같은 상태였다.

그동안 앤디는 오랜만에 접해본 많은 영적인 도전을 충실하게 처리하고 있었다. 아마 그 정도로 속사포처럼 쏘아대는 사람은 만난 적이 없었을 것이다. 앤디는 성경과 여러 변증 서적에서 읽었던 내용, 기독교 대학의 철학 강의에서 배운 것, 설교 시간에 들은 것 등 저 멀리 있는 기억까지 더듬어가며 답변하는 중이었다.

나중에 앤디는 우리에게, 그 대화가 진행되는 동안 혼자가 아니라는 사실을 계속 상기했다고 이야기해주었다. '내 바로 뒷좌석에는 리스트로벨과 마크 미텔버그가 앉아 있어'라고 혼자 중얼거렸단다. '만일 이 친구가 내가 들어본 적도 없는 반론을 제기하거나 내가 대답할 수 없는 질문을 하면, 이 형제들(아마 이 순간에 열심히 듣고 있을)이 몸을 앞으로 숙이고서는 필요한 정보나 답변을 줄 거야. 리와 마크는 이런 주제에 관해 글도 쓰고 강연도 하는 세계적인 저자요 강사들로서 지금 나를 든든하게 받쳐주고 있잖아.'

앤디는 우리 쪽으로 고개를 돌렸다. 우리가 고개를 끄덕이거나 엄지손가락을 치켜들거나 하는 승인의 표시를 해줄까 기대한 건지, 아니면 우리 중 한 사람이 코 고는 소리를 듣고 고개를 돌린 건지는 확실하지 않다. 마침내 앤디는 태연히 어깨 너머로 우리를 쳐다보고 나서 이 영적 동지들이 혼수상태에 빠진 것을 확인하고는 실망했다.

처음에 앤디는 낙담했다. '이 친구들은 훌륭한 도우미들이잖아. 군중에게 복음 전도에 대해 가르치는 인물들인데 동료에게 자그마한 영적 도움을 줄 만큼도 깨어있을 수 없다니 정말 실망스럽군.'

그런데 문득 이런 생각이 떠올랐다. 자기는 방금 홀로 그 사람의 질문에 답변하고 기독교의 메시지를 전하지 않았는가 하는 생각 말이다. 어쩌면 리나 마크처럼 하지는 못했을지라도 그게 무슨 상관인가?

혹시 더 잘 했을지도 모르잖나?

더 중요한 점은 그가 의지하던 '후원'을 하나님이 이미 해주셨을지도 모른다는 것이다. 그것도 마크와 내가 제공했을 것보다 더 직접적이고 강력한 방식으로 말이다. 앤디에게 필요했던 것은 전도에 관해 가르치는 두 친구의 도움보다는 최초에 전도의 개념을 창안하고 전도 사역을 위탁한 하나님의 인도와 격려였을 것이다. 그분은 앤디 옆에 앉은 무신론자의 마음과 생각을 아시고 어느 누구보다도 그를 더 사랑하시는 분이기 때문이다.

예수님은 제자들에게 이런 말씀을 하셨다.

> 보혜사 곧 아버지께서 내 이름으로 보내실 성령 그가 너희에게 모든 것을 가르치고 내가 너희에게 말한 모든 것을 생각나게 하리라. 평안을 너희에게 끼치노니 곧 나의 평안을 너희에게 주노라. 내가 너희에게 주는 것은 세상이 주는 것과 같지 아니하니라. 너희는 마음에 근심하지도 말고 두려워하지도 말라(요 14:26-27).

> 그러나 내가 너희에게 실상을 말하노니 내가 떠나가는 것이 너희에게 유익이라. 내가 떠나가지 아니하면 보혜사가 너희에게로 오시지 아니할 것이요. 가면 내가 그를 너희에게로 보내리니 그가 와서 죄에 대하여, 의에 대하여, 심판에 대하여 세상을 책망하시리라(요 16:7-8).

나로서는 그 남자가 그날 밤에 비행기에서 들었던 진리를 더 자세히 이해하기 위하여 사후에 어떻게 조치했는지 알 길이 없다. 하지만

리와 내가 아닌 앤디가 그 자리에 앉았다는 것이 기쁠 뿐이다. 사실 우리는 뜻밖의 영적 모험에 뛰어들 때 그 기회를 잘 선용할 수 있도록 성령의 능력과 인도와 지혜를 약속받은 자들이다.

행동 지침

기도하는 마음으로 하나님의 이야기를 사람들에게 들려주는 모험을 감행할 때 우리는 결코 혼자가 아니다. 전지전능하시고 편재하시고 사랑이 충만하신 우주의 창조주는 '영적인 후원자'로서 우리를 밀어주신다. 그러므로 그분이 당신과 함께할 뿐 아니라 당신이 그 생명의 메시지를 전할 때 기꺼이 도와주실 것을 확신하고 담대하게 전하라.

모험에 뛰어들기

예로부터 내려오는 격언이 있다. 하나님은 무엇을 기대하든 그것을 가능하게 하는 분이라는 격언이다. 달리 말하면, 그분이 우리에게 어떤 일을 시키실 때는 그것을 이룰 수 있는 능력과 자원을 공급하신다는 뜻이다.

만일 이게 사실이라면, 예수님이 승천하시기 직전에 제자들에게(그리고 우리에게도) 주신 그 유명한 지시에 어떻게 적용할 수 있겠는가? 그 지시는 마태복음 28장 19-20절에 나온다. "그러므로 너희는 가서 모든 민족을 제자로 삼아 아버지와 아들과 성령의 이름으로 세례를 베풀고 내가 너희에게 분부한 모든 것을 가르쳐 지키게 하라." 이 말씀을 보통은 '지상 대명령'이라고 부른다. 이 명령이 비현실적인 희망 사항을 피력한 것에 불과한 것인가, 아니면 이 명령을 수행하는 데 필요한 모든 것을 예수님이 공급하시는가?

우리는 먼저 성경공부의 기본 규칙을 적용할 필요가 있다. 이 본문의 전후에 나오는 구절들, 곧 그 문맥을 살펴보자. 문맥을 고찰해보면 이 유명한 명령의 앞과 뒤에 격려의 말씀이 나오는 것을 알 수 있다.

첫 번째 격려는 18절에 나오는데, 거기서 예수님은 "하늘과 땅의 모든 권세를 내게 주셨다"고 말함으로써 "그러므로 너희는 가서 모든 민족을 제자로 삼으라"고 말하는 분을 크게 신뢰하게 만들고 있다. 그리고 이 명령의 바로 뒤에는 "내가 세상 끝날까지 너희와 항상 함께 있으리라"고 약속함으로써 우리를 안심시키고 있다.

이 말씀이 오늘 당신과 나에게 무슨 의미를 지니는가? 우리가 그분의 지상 대명령에 순종하는 일은 결코 우리 자신의 힘이나 권위로 하는 것이 아니라는 뜻이다. 이 명령을 주신 분이 곧 필요한 것을 공급하시는 분이다. 그분은 문자 그대로 우리와 함께 계셔서 우리로 그분의 말씀을 순종하게 하고 우리가 다른 사람에게 그분의 놀라운 사랑과 진리에 관해 이야기할 때 지대한 영향을 끼칠 것이라 확신시켜주신다.

기억할 말씀   (벧후 1:3)

그의 신기한 능력으로 생명과 경건에 속한 모든 것을 우리에게 주셨으니 이는 자기의 영광과 덕으로써 우리를 부르신 이를 앎으로 말미암음이라.

토요일

뜨거운 열정을 가지라

리 스트로벨

> 세상에서 성취된 위대한 일 가운데 열정 없이
> 이룩된 것은 하나도 없다.

인종은 유대인, 직업은 코미디언. 그러나 당시 상황은 웃음과 거리가 멀었다. 우리의 즉흥적인 논쟁은 계속 뜨거워지고 목소리는 갈수록 더 커지고 군중은 점점 더 많아졌다. 우리가 주먹다짐이라도 할까봐 두려웠던지 비번이라 그날 행사를 도우러 왔던 FBI 요원이 당장이라도 어떤 조치를 취하려 했다.

이 일은 전도 집회가 열리던 어떤 날에 일어났다.

사실 그날 저녁은 처음부터 특이한 면이 있었다. 그날은 부활절을 앞두고 마크와 내가 예수님의 부활에 관한 세계적인 전문가를 교회에 초청하여 강연을 열었던 주일 밤이었다.

우리는 그리스도인들에게 영적인 문제에 관심이 있는 친구들을 데려와서 《역사적 예수*The Historical Jesus*》의 저자이자 《예수의 부활에 대한 논증*The Case for the Resurrection*》의 공저자인 게리 하버마스 박사의 강연을 들으라고 독려했다. 한편으로는 대학 교수가 하는 주일 강연에 사람이 오면 얼마나 올까 하는 회의도 들었다. 예배당 좌석은 모두 4,500석이었는데, 그 가운데 무대 앞쪽에 있는 500석을 제외하고는 모두 출입을 금지시켜놓았다. 그러고는 좌석이 가득 차도록 열심히 기도했다.

행사가 시작하기 직전에 우리의 기도는 응답을 받았다. 〈시카고 트리뷴〉에서 온 어떤 기자는 악명 높은 무신론자가 그 자리에 나타나서 까다로운 반론으로 하버마스를 공격할 것이라고 전했다. 이 보도로 교회 안은 왁자지껄해졌다. 나는 주일 아침 예배 시간에 이 기사를 크게 부각시켰다. "오늘 밤 예배당은 열기로 가득 찰 겁니다."

그날 저녁에 무려 5,000명이나 몰려와서 예배당이 차고 넘치는 바람에 우리 모두는 깜짝 놀랐다. 하버마스는 강단에 올라가기 전에 수많은 청중을 돌아보더니 "이렇게 많은 사람 앞에서 강연하긴 처음입니다!" 하고 소리쳤다.

아이러니하게도, 그 대담무쌍한 무신론자는 낮잠을 너무 길게 자는 바람에 그 행사를 놓쳐버렸다. 나는 나중에 그에게 편지를 보내 그토록 많은 인원이 예수님이 죽음에서 살아난 증거를 들을 수 있도록 기여한 것에 감사드린다고 했다. "당신은 그리스도를 위해, 그 어떤 그리스도인보다도 더 많이 기여했습니다"라고 썼다. (그는 내가 무신론자 시절부터 알던 오랜 친구라서 이런 농담쯤은 감당할 수 있었다.)

행사는 모든 면에서 원만하게 진행되었다. 하버마스는 부활을 입증하는 역사적인 자료를 훌륭하게 제시했고, 그 후 반시간 동안 제기된 질문들을 노련하게 처리했다. 마지막에 가서 마크는 방문객들에게 오늘 들은 강력한 증거를 계속 조사하고 부활을 지지하는 입장이 믿을 만한지 여부에 대해 스스로 판결을 내리도록 도전했다.

"여보시오, 당신은 이 행사의 주최 측이잖아" 하고 유대인 코미디언이 비난조로 말했다. "당신은 어떻게 부활과 같은 신화를 선전할 수 있지? 뻔한 신화를 뒷받침하는 무슨 증거라도 있나? 이건 웃기는 소리야!"

"워" 하고 그를 진정시키려고 말했다. "혹시 내가 도와줄 만한 구체적인 질문이라도 있나요?"

"구체적인 질문?" 그는 내게 고함을 지르다시피 했다. "그래, 그런 건 백 개도 넘어. 내가 그 2천 살이나 된 요정 이야기를 믿지 않는다고 지옥에 갈 거라는 말이야?"

그의 공격적이고 전투적인 태도는 금방 주변에 있던 사람들의 이목을 끌었다. 우리가 마치 초등학교 운동장에서 결투를 벌이려는 아이들인 것처럼 곧 군중이 우리를 둘러싸기 시작했다.

나는 최선을 다해 그의 질문에 응답했지만, 내가 기본적인 답변을 하자마자 그는 곧바로 다른 반론으로 옮겨갔다. 사람은 죽은 상태에서 다시 살아날 수 없고, 그런 건 의학적으로 불가능하다고 했다. 어쩌면 예수님은 십자가에서 죽지 않았을지도 모르며 제자들이 그의 시체를 훔쳐갔을 수도 있다고 했다. 복음서들은 예수님이 죽고 한참 후에 쓰였기 때문에 믿을 수 없다고도 했다. 이런 식의 반론이 계속 제기되었다.

의도하지는 않았지만 그의 질문에 응답하다보니 내 목소리도 전투적인 말투로 바뀌기 시작했다. 내 음성이 그의 음성에 맞추어 점차 커지고 있었다. 군중도 점점 더 늘어났다. 그때 행사 안내 위원과 안전 담당 도우미로 자원한 FBI 요원이 곧 싸움이 벌어질 것 같아 끼어들려고 했다.

그 코미디언과 나는 30분 동안 티격태격했다. 그런데 그는 전혀 뜻밖의 태도를 보였다. 갑자기 미소를 짓더니 손을 내밀어 악수를 청하는 것이었다. "나와 논쟁을 벌여주어서 고마워요. 당신이 믿는 바를 굳게 고수해서 참 좋았어요."

"무슨 뜻입니까?" 내가 물었다.

"나는 이제까지 사제와 목사와 지도자 여럿을 상대해보았습니다. 그런데 내가 부활에 대해 반론을 제기할 때면 그들은 그냥 미소를 지으면서 '내가 졌습니다. 좋은 논점이군요' 하고 떠나버리곤 했어요. 그들은 자기가 믿는 바를 변호하려고 하지 않았죠. 그 점이 나를 미치게 만들었어요. 그들이 부활을 가르칠 것이라면 왜 부활을 변호하지 않는지 모르겠습니다. 그래서 기독교의 주장을 믿는 자들 가운데 과연 논쟁할 만한 인물이 있는지 궁금해지기 시작했답니다."

"제가 너무 완강했던 것 같군요. 미안합니다." 악수를 하며 말했다.

"아니오, 나한테 필요한 논쟁이었어요. 당신이 믿는 바에 대해 열정을 품은 모습이 정말 보기 좋았습니다." 그는 호탕하게 말했다.

이제 와서 그 사건을 돌이켜보면 마음이 착잡하다. 베드로전서 3장 15절 말씀처럼 온유함을 발휘하며 그 도전에 응답했더라면 더 좋았을 텐데 말이다. 내 태도에는 이런 모자람이 있었지만 내 열정으로 부족함을 만회했다고 생각한다. 그 사람이 찾고 있었던 것은 바로 뜨거운 열정이었으니까 말이다. 솔직히 말해서 그가 옳았다. 만일 기독교가 진리라면(만일 예수님이 죽은 자 가운데서 살아나심으로 자신의 신성을 확증했다면) 그리스도인은 부활에 대해 마땅히 열정적이어야 하고 이 믿음의 초석을 열심히 변호하지 않으면 안 된다.

그러지 않으면, 이 코미디언과 같은 사람들에게 마치 우리가 전혀 신경을 쓰지 않는 것 같은 인상을 주기 십상이다. 우리가 그렇게 무심한데 그들이 굳이 열을 올릴 필요가 있겠는가?

행동 지침

확신이 없는 그리스도인에게는 남에게 전달할 메시지가 별로 없기 마련이다. 만일 그리스도인이 예수님에 대해 열정을 품지 않는다면 믿지 않는 사람들은 당연히 흥분할 이유가 없다. 반면에 우리가 우리의 믿음에 대해 열정을 품을 때 구도자들과 회의주의자들은 우리가 정말로 그리스도에게 사로잡힌 사람임을 알게 될 것이다. 독일의 철학자 헤겔은 "세상에서 성취된 위대한 일 가운데 열정이 없이 이룩된 것은 하나도 없다"[17]고 말한 바 있다.

모험에 뛰어들기

마크와 나는 유럽의 한 거대한 성당 맨 앞줄에 앉아 일요일 미사를 드린 적이 있다. 건축 양식과 스테인드글라스는 무척이나 근사했고, 오르간 연주는 휑뎅그렁한 예배당에 아름답게 울려 퍼졌다. 화려한 예복을 차려입은 사제가 높은 강단에서 설교를 하고 있었다. 그런데 무언가 빠진 듯한 느낌이 들었다.

나는 마크에게 몸을 기대면서 속삭였다. "저 사제는 자기가 설교하는 내용을 한 대목도 믿지 않는 것 같아."

조금 공정하지 않은 평가였을지도 모른다. 그러나 그가 예수님에 관해 말하는 방식(에너지나 감정이나 확신이라고는 전혀 없는 밋밋하고 단조로운 목소리)은 시늉만 한다는 인상을 주었다. 전하는 사람이 메시지에 대한 열정이 없는데 과연 어떤 영적인 구도자가 그것을 듣고 흥분하겠는가?

내 어린 시절에 부모님은 나를 교회에 데려가곤 하셨다. 오르간 연주자의 연주는 정확했으나 열정이 묻어 있지 않았다. 설교는 지겨울 정도로 단조로웠다. 교인들은 아무 생각도 없이 그저 의무적으로 사도신경을 암송하는 것 같았다.

이런 의식은 내게 아무런 의미가 없었다. 만일 기독교 이야기가 참으로 영광스럽고 찬란하고 경이로운 진리라면, 그리스도인은 온통 뜨거운 열정을 지녀야 마땅하지 않을까? 다른 사람들에게 그리스도에 대해 이야기하고 싶어 안달을 내야 하지 않을까? 아니, 적어도 얼굴에 '미소'라도 지어야 하지 않을까? 그런데 그들의 표정은 그저 예로부터 내려오는 종교적인 의무를 수행하고 있는 듯한 느낌을 주었다. 그들의 신앙이 저토록 생기가 없다면, 예수님 역시도 생기가 없는 분일지도 모르겠다는 생각이 들었다.

그렇다고 우리가 거짓된 감정을 꾸며내야 한다는 말은 아니다. 그러나 만일 예수님이 우리의 삶 가운데 함께하신다는 생각을 할 때 가슴이 설레지 않는다면 무언가 잘못된 것이 틀림없다. 인류에게 여태 껏 전해온 메시지들 가운데 가장 중요한 이 메시지에 우리가 흥분을 느끼지 못한다면 그 무엇이 우리의 마음에 불을 지피겠는가?

우리는 남에게 불쾌감을 주지 않으면서 얼마든지 열정적인 신자가 될 수 있다. 웃음거리가 되지 않고도 그리스도에게 열정을 품을 수 있다. 하지만 우리 스스로 예수님을 좇는 일이 신나서 온통 열정에 휩싸이지 않는다면, 우리의 신앙은 남을 전염시키기 어려울 것이다.

빌 하이벨스와 마크 미텔버그는《예수를 전염시키는 사람들》에서 "구도자들은 연약한 그리스도인을 별로 존경하지 않는다"고 말했다. "그들은 마음 깊숙한 곳에서 누군가 다가와서 진리를 선포하고 담대하게 그 진리를 살아낼 것을 기대하고 있다. 그래서 이렇게 묻는다. 그 누군가가 바로 당신과 내가 되면 어떨까?"[18]

기억할 말씀 (고전 1:17)

그리스도께서 나를 보내심은 세례를 베풀게 하려 하심이 아니요 오직 복음을 전하게 하려 하심이로되 말의 지혜로 하지 아니함은 그리스도의 십자가가 헛되지 않게 하려 함이라.

보이지 않는 손길을 의지하라

마크 미텔버그

> 남들과 믿음을 나누는 이 놀라운 여정을 인도하는 분은
> 바로 눈에 보이지 않는 성령님이시다.

"어젯밤에 이상한 꿈을 꿨어요." 가게 문을 닫으려고 준비할 때 동료인 바브가 내게 살짝 털어놓았다. 그녀는 대수롭지 않은 일처럼 행동했으나 나는 무언가 심각한 문제가 있다는 것을 알아차렸다. "당신과 우리 가게에 가끔 들르는 당신 친구(검은 머리칼의 훈훈한 남자)가 꿈속에 나왔어요."

"정말요?" 어쩌면 나는 그녀의 예상보다 더 많은 관심을 보였는지도 모르겠다. "우리가 뭘 하고 있던가요?"

"바로 그것이 아주 흥미로운 점이었어요. 내가 아는 것은 당신네 둘 다 내게 이야기를 하고 있었다는 것이 전부예요. 무슨 말을 하고

276

있었는지는 기억나지 않지만, 무언가 '정말로' 중요한 이야기를 하고 있는 것 같았어요."

내가 그리스도인이 된 지 며칠밖에 되지 않는 시점이었다. 그래서 그런지 나는 사방에서 기적이 일어날 것을 은근히 기대하고 있던 차였다. 전자제품 가게에서 일하던 나는 과연 일터에서 그리스도인답게 사는 것이 무엇인지를 막 생각하던 터라 내 업무를 훌륭하게 수행하고 싶었고, 또 무엇보다도 영적인 영향력을 발휘하고 싶은 마음이 컸다.

"혹시 얼마 전에 여기에 들러 계산대 근처에서 나와 이야기를 나눴던 데이브 로이즈 말인가요?" 우리가 동일한 친구를 염두에 두고 있는지 확인하려고 내가 물었다.

"맞아요, 그 친구예요. 사실 나는 데이브를 만난 적이 거의 없는데다가 이름도 제대로 모르는데 당신네가 꿈에 나타났으니 참 이상하지 않나요?"

"글쎄요, 드문 일인지는 모르지만 이상하다는 생각은 안 들어요. 거기에 어떤 의미가 담겨 있을지도 모르죠."

"가령 어떤 의미를 염두에 두고 계신 건가요?" 그녀가 질문했다.

"잠깐, 먼저 당신은 금전 등록기를 마감하고 나는 전등과 장비를 꺼야 하지 않겠어요? 이건 중요한 대화인 만큼 일단 일이 끝난 다음에 집중해서 이야기하는 게 좋겠네요."

바브의 얼굴에서 이제 가벼운 표정은 사라지고 호기심과 관심이 뒤섞인 표정으로 바뀌었다. "좋아요." 그녀는 약간 망설이는 듯 응답했다.

우리는 일을 마무리하고 음료수를 마시러 나갔다. "바브, 내 말 좀 들어보세요." 나는 조심스럽게 말을 꺼냈다. "나는 그 꿈에 대해 과잉 반응을 보일 생각은 없지만, 무척 흥미롭게 들리는 이유가 있어요. 당신이 말한 데이브라는 친구는 아주 독실한 그리스도인이거든요. 혹시 알고 계셨나요?"

"아니오." 그녀는 묘한 표정을 지으며 대답했다. "그게 무슨 의미가 있다는 거죠?"

"그리고 당신이 모르고 있는 사실이 또 하나 있어요. 며칠 전에 내가 그리스도에게 내 인생을 맡겼다는 사실인데, 이제 나는 하나님을 좇고 섬기는 것을 아주 진지하게 생각하고 있답니다."

이 말에 바브는 충격을 받은 듯했다. 그녀는 방탕한 파티를 쫓아다니던 내 과거를 알기에, 그리고 데이브와 나를 이어주는 연결고리가 뭔지 서서히 발견했기에 충격을 감추지 못했다.

"뿐만 아니라, 내가 그리스도인이 되기로 결단하는 데 데이브도 영향을 주었다는 사실도 의미심장하죠."

"아, 그래서 내가 당신들에 관한 꿈을 꾸었군요. 그런데 어느 쪽이든 진지한 그리스도인이었다는 사실은 전혀 모르고 있었거든요."

"아울러 우리가 꿈속에서 당신에게 말한 내용이 '진실로' 중요한 것이었다면서요?" 하고 내가 큰 소리로 말했다.

"당신들은 대체 무슨 말을 했나요?" 그녀가 순진하게 물었다.

"나도 모르겠어요. 실제로 저는 거기에 없었으니까요. 당신 꿈속에 말이죠." 나는 대화를 조금 가볍게 만들려고 미소를 지으며 말했다. "혹시 하나님이 당신에게 말씀하신 것은 아닐까요? 그러니까 데이브와 나의 메시지를 경청하라는 일종의 사인일 수도…."

"우와." 이 한 마디가 바브의 입에서 나온 전부였다.

그래서 내가 이렇게 덧붙였다. "그리고 우리의 메시지는 당신을 향한 하나님의 사랑에 관한 것이었을 거에요. 하나님의 소원은 당신이 하나님에게 나아와 예수님이 십자가에서 죽으셔서 이뤄내신 죄 사함을 받는 것이랍니다. 이는 사실 우리 모두(데이브와 나와 당신)를 위한 것입니다. 누구든지 가던 길에서 돌이켜 그분을 따르면 얻을 수 있는 것이죠."

"우와" 하고 그녀는 똑같은 감탄사를 반복했다. "정말로 깊이 생각해볼 문제군요."

"그래요. 사실 나는 이 문제에 관해 당신과 이야기를 나누고 싶었지만, 너무 강하고 빠르게 할 생각은 없었거든요. 어쩌면 하나님이 좀 더 빨리 도전을 주고 싶어서 당신에게 그런 멋진 꿈을 꾸게 하셨는지도 모르겠네요."

바브는 고개를 끄덕였다.

"당신이 방금 말한 대로 해보라고 권하고 싶어요. 정말로 깊이 생각해보세요. 그리고 그것이 진리인지 보여 달라고 하나님에게 기도하세요. 또 원하면 내가 최근에 다니기 시작한 월요일 저녁 성경공부에 오셔도 좋고요. 데이브를 비롯해서 참 좋은 사람들이 참석하는 모임입니다. 그리고 거기서 당신의 의문에 관해 이야기할 수도 있을 겁니다. 그리고…."

"그만, 그만! 좀 천천히 해요!" 내가 너무 진도를 빨리 나가는 바람에 바브가 불쑥 끼어들었다. "나는 아직도 꿈의 문제를 해결하는 중이거든요."

"미안해요. 내가 받은 용서를 떠올리고 하나님이 나로 하여금 하나님을 전하게 하신다는 생각을 하니 가슴이 온통 뜨거워졌답니다. 천천히 말하도록 노력할게요. 그리고 당신이 이 문제를 해결하는 동안 당신을 위해 기도할게요. 나는 아직 초신자에 불과하지만 당신이 원하면 언제든지 이에 대해 더 이야기할 의향이 있습니다."

"나도 그렇게 느끼고 있어요" 하고 바브는 가벼운 마음으로, 하지만 약간은 조심스럽게 말했다. "감사합니다." 거기서 우리는 대화를 끝내고 다음 날에 보기로 하고 작별인사를 나누었다.

바브는 그로부터 몇 주 뒤에 그리스도에게 헌신했다. 우리는 어떻게 하면 그리스도를 위해 살 수 있을지 그리고 어떻게 사람들과 그분에 관해 이야기할 수 있을지를 함께 고민하면서 친한 친구가 되었다. 참 묘하게도 그 모든 일이 꿈 이야기로부터 시작되었다. 복음 전도의 창시자이신 하나님이 꾸게 하신 것이 분명한 그녀의 꿈 말이다. 이 뜻밖의 모험은 바로 '그분의' 아이디어였다. 우리는 하나님이 이미 진행하고 계신 일에 합류하기만 하면 된다. 그분이 막후에서 일하고 계시므로 우리는 찾아온 기회를 꼭 붙잡고 주변 사람들에게 놀라운 방법으로 영향을 끼치기만 하면 되는 것이다.

행동 지침

우리가 남들과 믿음을 나누는 이 놀라운 여정을 인도하는 분은 바로 눈에 보이지 않는 성령님이시다. 그분은 사람들의 관심을 불러일으키시고, 마음을 따뜻하게 하시고, 사람들의 정신을 일깨우시고, 사람들의 눈을 여시며 때로는 그들의 상상력에 구원과 관련된 꿈과 생각을 불어넣기도 하신다. 그러고는 기회의 문을 열어 우리를 인도하서서 우리가 기회를 최대한 활용할 수 있게 하신다. 그렇기 때문에 우리는 기도하고 준비하고 담대하게 발걸음을 내디딜 수 있는 것이다. 하나님은 "오래 참고 아무도 멸망하지 아니하고 다 회개하기에 이르기를 원하시는"(벧후 3:9) 분이기 때문에, 그분이 이미 실행하고 계신 전도 계획에 우리는 동참하기만 하면 된다.

모험에 뛰어들기

나는 막후에서 활동하시는 하나님이란 아이디어는 좋아하지만, 솔직히 고백하건대 날마다 그런 활동을 기대하기는 쉽지 않다고 생각한다. 나를 회의적으로 만드는 것이 우리의 세속 문화인지, 아니면 초자연적인 사건을 성경에만 국한시키는 나의 복음주의적 배경인지 잘 모르겠다. 그 원인이 어디에 있든지 나로서는(어쩌면 당신도) 영적인 변화를 일으키는 힘이 우리에게 있다고, 그래서 '우리'가 말하고 행하는 것이 사람들을 믿음으로 이끌어준다고 생각하는 편이 더 나을 성싶다.

이 때문에 우리는 바브에게 일어난 일과 같은 이야기를 들을 필요가 있는 것이다. 즉, 이 전도의 모험에는 우리 눈에 띄는 것 이상의 요소가 포함되어 있다는 말이다. 우리는 이 지구에서 펼쳐지는 우주적인 드라마의 일부이고, 이런 면에서 우리는 '하나님'이 행하시는 활동의 최전선, 곧 그 중심부에 있는 셈이다. 만일 우리가 하나님의 활동을 파악할 수만 있다면, 그분이 놀라운 방법으로 '평소'에 일하신다는 것을 알게 될 것이다. 그렇다. 그분은 우리의 말과 행위를 사용하신다. 그러나 그분의 활동이 우리의 언행을 훨씬 뛰어넘는 것도 사실이다.

예컨대 사도행전 10장을 보라. 하나님은 천사를 고넬료에게 보내어 그를 준비시킨 다음에 꿈을 통해 그를 베드로에게로 이끌어 복음을 듣도록 하셨다. 전혀 뜻밖의 모험을 감행하신 것이다. 그 결과 고넬료와 그의 온 집안사람이 그리스도를 믿게 되었고 성령에 충만하여 세례를 받기에 이르렀다. 그것도 단 하루만에.

하나님은 지금도 꿈을 이용해서 사람들에게 손을 뻗치신다. "나는 예수에 관해 이야기하기가 힘든 이슬람 국가에서 강연을 했습니다." 인도 출신의 변증가인 래바이 재커라이어스Ravi Zacharias가 리 스트로벨에게 한 이 이야기가《특종! 믿음 사건》에 실려 있다. "그리스도를 따르게 된 사실상의 모든 무슬림은 그리스도인을 통하여 그리스도의 사랑을 경험하거나 환상 혹은 꿈 등 어떤 초자연적인 개입으로 그리스도를 믿게 되었습니다."[19] 인도의 개종자 가운데 가장 위대한 인물로 꼽히는 시크교 출신의 썬다 싱Sundar Singh은 한 때 성경을 한 장씩 찢어서 불에 태웠던 사람이었는데, 그리스도가 꿈속에 나타난 뒤로 선교사가 되었다.

우리가 섬기는 하나님은 그 어떤 제약도 받지 않는 초자연적인 분임을 명심하라. 그분이 과거에 초자연적인 방법으로 일하셨다면, 지금도 그렇게 하실 수 있다. 이번에는 당신을 사용해서 일하실지 모른다.

기억할 말씀   (요 16:7-8)

내가 떠나가지 아니하면 보혜사가 너희에게로 오시지 아니할 것이요. 가면 내가 그를 너희에게로 보내리니 그가 와서 죄에 대하여, 의에 대하여, 심판에 대하여 세상을 책망하시리라.

6 week

월요일 놀라운 하나님의 은혜를 전하라

화요일 복음의 능력을 믿으라

수요일 우연의 일치란 없다

목요일 긴급하게 전해야 할 때가 있다

금요일 구도자에게 시간과 마음을 투자하라

토요일 복음의 수혜자는 수여자가 된다

주 일 변화된 인생은 전도의 연료다

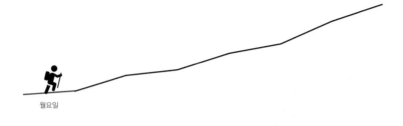

놀라운 하나님의 은혜를 전하라

리 스트로벨

> 어린 나이에도 그리스도가 베푸시는 은혜를 맛보게 되면
> 영혼에 지울 수 없는 흔적이 남는다.

"이건 무척 당혹스러운 일이야." 친구가 전화로 말했다.

"괜찮아, 계속 말해봐." 나는 친구를 안심시켰다.

친구는 한숨을 쉬었다. "글쎄, 우리 딸이 교회 서점에서 책을 훔쳤 잖아. 착한 딸이 그랬다니 더 놀랐지 뭐니. 어쨌든…. 너한테 도움 좀 받을 수 있을까 하고 전화한 거야."

솔직히 나는 그 소식을 듣고 그나마 안심했다. 그보다 더 나쁜 일이 아니어서 다행이라고 생각했기 때문이다. "물론이지, 무슨 도움이 필 요하니?"

"네가 교회를 대표해서 내 딸아이의 사과를 받아주었으면 좋겠어.

배상할 방법도 좀 생각해주고. 이 사건을 교훈으로 삼게 하려고 그래."

나는 도와주겠다고 승낙하면서 실은 그보다 더 큰 교훈을 염두에 두고 있었다.

다음 날 부모와 여덟 살 된 딸이 망설이면서 내 사무실로 들어와 자리에 앉았다. 아이는 아주 자그마해서 의자에 푹 싸이다시피 했다. 눈을 아래로 내리깐 채 무척 우울한 분위기였다.

나는 부모와 의례적인 인사말을 몇 마디 나눈 뒤에 그 아이를 똑바로 볼 수 있도록 책상 모서리에 앉았다. 가능한 한 부드럽게 "무슨 일이 있었는지 이야기해주렴" 하고 내가 말했다.

아이는 망설이면서 아랫입술을 떨었다. 그러고는 훌쩍이면서 이렇게 말하는 것이었다. "네, 예배가 끝난 뒤에 서점에 갔다가 정말 갖고 싶은 책을 보았어요. 하지만 돈이 없었어요."

이제는 눈동자에 눈물이 고이더니 뺨을 타고 내렸다. 나는 티슈를 건네주었다. 아이는 눈물을 닦고 계속 말을 이었다.

"그래서 그 책을 코트 아래에 숨겨서 갖고 나왔어요." 아이가 불쑥 말했다. 그 말이 여운을 남기지 않도록 재빨리 내뱉어버리려는 것 같았다. "그것이 잘못된 행동이라는 걸 알고 있었어요. 그러면 안 된다는 걸 알았지만…. 죄송해요. 다시는 그러지 않을게요. 정말로."

아이가 너무 깊이 뉘우치는 바람에 내 마음이 아팠다. "네가 스스로 잘못을 인정하고 죄송하다고 말하니 참 기쁘다. 정말 용기 있구나. 그렇게 하는 게 옳단다."

아이는 조금 고개를 끄덕였다.

"그런데 어떤 벌을 받아야 한다고 생각하니?" 내가 말을 이었다.

아이는 어깨를 으쓱였다. 나는 아이가 증거를 감추기 위해 그 책을 갖다버렸다는 사실을 부모에게 들어서 이미 알고 있었다. 잠시 후 내가 말했다. "그 책값이 5달러라며? 그래서 네가 그 서점에 5달러와 그 세 배에 해당하는 15달러, 그러니까 모두 20달러를 지불해야 한다고 생각하는데. 어때, 공평하다고 생각하니?"

"네" 하고 아이가 중얼거렸는데 눈을 보니 크게 겁먹은 표정이 역력했다. 아이가 머리를 굴리는 소리가 '윙'하고 들리는 듯했다. 아이는 과연 어디서 20달러를 구할까? 어린아이에게는 굉장히 큰돈이었다. 애초에 5달러가 없어서 그 책을 못 샀는데 갑자기 감당할 수 없을 만큼 빚이 늘어난 것이다.

바로 그 순간 나는 일어나서 책상 뒤로 걸어갔다. 의자에 앉아 맨 위 서랍을 열었다. 여자아이는 눈을 가늘게 뜨고 있었다. 내가 무슨 짓을 하고 있는지 이해할 수 없는 모양이었다.

나는 내 수표장을 꺼내고 펜을 들어 빚진 액수만큼을 적어넣었다. 그러고는 그 수표를 떼어 손에 들었다. 아이는 입이 쩍 벌어졌다.

"마땅히 갚아야 할 벌금을 지불할 방법이 네게는 없다는 걸 안단다. 그래서 내가 대신 지불할 생각이다. 내가 왜 그러는지 알겠니?"

아이는 어리둥절한 표정으로 고개를 저었다.

"내가 너를 사랑하기 때문이지. 내가 네게 관심이 있기 때문이야. 너는 내게 중요한 사람이란다. 그리고 명심할 게 또 있어. 예수님도 너에 대해 나처럼 생각하고 있어. 아니, 그 이상이지."

나는 수표를 건네주었고, 아이는 수표를 꽉 붙잡더니 가슴에 끌어

안았다. 안도감과 기쁨과 경이로움이 가득한 표정이 활짝 피어났다. 너무 고마워서 현기증이 날 정도였다. 수치심에 눌려 살금살금 사무실로 들어왔던 어린아이가 지금은 가벼운 마음으로 펄쩍펄쩍 뛰면서 떠났다.

하나님이 이 교훈의 순간을 장차 어떻게 사용하셨는지는 모르겠다. 하지만 내가 분명히 알고 있는 것이 있다. 어린 나이에도 일단 그리스도가 베푸시는 은혜를 맛보게 되면 영혼에 지울 수 없는 흔적이 남는다는 사실이다. 이 세상에 예수님이 주시는 용서와 과분한 은총에 감격하지 않을 사람이 있을까?

뜻밖의 모험이 지닌 또 하나의 위대함이리라. 우리가 전하는 메시지는 정죄나 수치에 기초한 것이 아니다. 사람들에게 어떻게든 천국에 들어갈 자격을 얻으려면 평생 중노동을 하라는 종신형을 선고하는 것이 아니라는 말이다. 그 대신 우리는 사람들에게 어떻게 하면 값없이 주어지는 완전한 용서를 찾을 수 있는지 이야기해주는 특권을 갖고 있다. 즉, 예수님이 우리의 대속물로 죽으셔서 우리의 모든 잘못(과거, 현재, 미래를 모두 포함하는)의 대가를 지불하시고 받아오신 그 선물을 어떻게 얻을 수 있는지 이야기해주는 특권 말이다.

필립 얀시는 고전과도 같은 책, 《놀라운 하나님의 은혜*What's So Amazing About Grace?*》에서 이렇게 말했다. "은혜란 하나님의 사랑을 더 받기 위해 할 수 있는 일이 아무것도 없다는 뜻이다. … 은혜란 또 무엇으로도 하나님의 사랑을 약화시킬 수 없다는 뜻이다. … 은혜란 무한한 신의 사랑으로 가능한 최대치만큼 이미 하나님이 우리를 사랑하고 계심을 뜻한다."[20]

'우와!' 이 사실을 마음에 새기다보면 나도 그 여자아이만큼 마음에 고마움이 차고 넘친다. 동시에 다른 사람들에게도 이 놀라운 구속과 화해의 메시지를 알려야겠다는 마음을 품게 된다. 이처럼 좋은 소식을 어떻게 우리만 소유할 수 있겠는가?

행동 지침

어떤 사람들은 나쁜 소식을 들고 온다. 외과 의사가 수술에 실패했다는 소식, 감사가 들어온다는 소식, 은행 간부가 대출을 거절했다는 소식 등이 그런 경우이다. 그러나 다행스럽게도 우리는 남에게 실망스럽거나 슬픈 소식을 전할 필요가 없다. 오히려 용서와 은혜와 보람찬 인생과 천국 등 희망과 긍정으로 가득 찬 메시지를 갖고 있다. 이렇듯 복음 전도는 기쁨을 전하는 사역으로서 전혀 손색이 없다.

모험에 뛰어들기

오랫동안 신앙생활을 하다 보면 하나님의 은혜에 경탄하는 어린아이 같은 모습을 잃기가 쉽다. '놀라운' 은혜가 '흥미로운' 은혜로 변질되고, 시간이 흐르면 밋밋한 단어로 퇴색한다. 그러나 때로는 엄청난 하나님의 용서를 얼핏 떠올리다가 간접적으로나마 평생 죄책감에서 벗어나는 것이 얼마나 감격적인 경험인지를 새삼 절감하기도 한다.

이런 일이 내가 목사로 일하는 교회 세례식에서 일어났다. 예식이 진행되는 동안 우리는 세례자들에게 자신의 죄목을 종이에 적으라고 했다. 그 후 강단으로 나와서 그 종이를 거대한 십자가에 핀으로 꽂으라고 했다. 골로새서 2장 14절을 반영하는 의식이었다. 하나님이 "우리를 거스르고 불리하게 하는 법조문으로 쓴 증서를 지우시고 제하여 버리사 십자가에 못 박으셨다."

세례식이 끝나고 한 젊은 여성이 편지에 자신의 경험을 다음과 같이 묘사했다.

내가 종이에 아주 작은 글씨로 '낙태'라고 쓸 때 느꼈던 두려움(내가 기억하는 가장 큰 두려움)이 생각납니다. 누군가가 그 종이를 펴서 읽고 그걸 쓴 사람이 나라는 걸 알아버릴까 봐 겁이 났습니다. 당시의 죄책감과 두려움이 얼마나 심했던지 세례식을 하는 동안 예배당에서 빠져나오고 싶을 정도였습니다.

내 차례가 되자 나는 무대 중앙에 있는 십자가를 향해 걸어 올라가서 종이를 꽂고, 안내자를 따라 세례를 받으러 목사님 앞에 갔습니다. 그분은 내 눈을 똑바로 쳐다보았습니다. 그때 그분이 내 눈 속에서 그토록 오랫동안 숨겨왔던 비밀을 읽어내지는 않을까 생각했습니다.

그런데 오히려 하나님은 나에게 '나는 너를 사랑해. 괜찮아. 너는 용서받았어. 용서받았어!'라고 말씀하시는 것처럼 느껴졌습니다. 나처럼 형편없는 죄인을 향한 엄청난 사랑을 느꼈습니다. 진정으로 용서와 무조건적인 사랑을 느꼈던 첫 순간이었습니다. 도무지 믿을 수 없는 경험이요 도무지 묘사할 수 없는 체험이었습니다.

옳은 말이다. 그것은 '진정' 믿을 수 없는 경험이다! 맨 처음 당신의 수치심과 죄책감을 말끔하게 씻어주신 하나님의 완전한 용서를 느꼈던 순간을 되돌아보라. 당시의 느낌이 기억나는가? 죄의 덫에서 풀려

자유롭게 되었을 때 느꼈던 그 해방감을 기억하는가? "너희의 죄가 주홍 같을지라도 눈과 같이 희어질 것이요. 진홍같이 붉을지라도 양 털같이 희게 되리라"는 이사야서 1장 18절의 약속이 처음으로 영혼에 새겨졌을 때 당신은 어떤 반응을 보였는가?

이 믿기 어려운 느낌이 당신 속에 계속 살아 있게 하라. 그래서 하나님의 은혜를 전하는 이 뜻밖의 모험에 뛰어들도록 하라.

기억할 말씀   (엡 2:8-10)

너희는 그 은혜에 의하여 믿음으로 말미암아 구원을 받았으니 이것은 너희에게서 난 것이 아니요 하나님의 선물이라. 행위에서 난 것이 아니니 이는 누구든지 자랑하지 못하게 함이라. 우리는 그가 만드신 바라. 그리스도 예수 안에서 선한 일을 위하여 지으심을 받은 자니 이 일은 하나님이 전에 예비하사 우리로 그 가운데서 행하게 하려 하심이니라.

복음의 능력을 믿으라

마크 미텔버그

> 하나님의 말씀은 그리스도의 진리가 사람들의 가슴에
> 사무치게 하고 그들을 도전하는 능력이 있다.

오전 휴식 시간 전에, 전 세계에서 온 교회 지도자들을 대상으로 두 시간 동안 강연을 했다. 교인들이 자신의 영적 여정을 분명히 알도록 도와줄 수 있는 방법에 관한 주제 강연이었다. 어떻게 해서 그리스도를 믿게 되었는지, 믿고 난 후 삶에 어떤 변화가 있었는지 등을 분명히 하는 내용이 포함되어 있었다.

우리는 활발한 질의응답 시간을 가졌고 생동감 넘치는 토론을 주고받았다. 원하는 사람들은 휴식 시간에도 토론을 이어갔다. 그러다가 다시 워크숍을 시작하러 들어갈 때가 되었을 때, 한 사람이 때는 이때다 하며 끼어들어 이렇게 말했다.

"당신이 강연한 내용은 마음을 좀 불편하게 합니다. 혹시 제가 내용을 잘 정리할 수 있도록 도와주실 수 있을까요?" 스티브가 한 발언이었다.

"기꺼이 도와드리겠습니다. 어떤 문제가 있습니까?"

"당신은 그리스도인의 삶을 묘사할 때, '신자가 되는 것'이라든가 '한 사람이 그리스도를 신뢰하게 되는 시점'과 같은 표현을 사용했습니다. 그런데 우리 중에는 그런 말을 삼가는 전통적인 신앙을 가진 사람들이 있습니다. 우리는 회심의 체험이나 영적인 위기는 강조하지 않습니다. 그보다는 신앙의 성장, 하나님을 믿는 것, 교회에 참여하는 것 등에 관해 더 많이 이야기하지요. 이런 점을 감안할 때, 당신이라면 오늘 아침에 가르친 내용을 어떻게 우리 상황에 적용하겠습니까?"

"아주 훌륭한 질문입니다. 교회의 특성에 따라 한 사람의 인생에서 꼭 일어나야 할 이러한 사건을 묘사하는 방법이 아주 다양하다는 사실을 저도 알고 있습니다. 어떤 교회들은 죄를 버리고 그리스도에게로 돌아오는 극적인 순간의 중요성을 강조합니다. 또 다른 교회들은 기독교 진리를 배우면서 차차 그리스도를 영접하도록 시간을 두고 도와주는 일을 강조합니다. 어린아이가 자라듯 이런 일이 자연스럽게 일어난다면 일관성 있고 안정된 믿음으로 나갈 수 있을 것입니다."

스티브는 동의하는 듯 고개를 끄덕였다.

"그러나 그것이 항상 표현의 문제이거나 강조점의 차이에 불과한 것이 아니라는 점을 주의할 필요가 있습니다. 때로 사람들이 회심이나 '그리스도에게 헌신하는 것'과 같은 말을 불편하게 생각하는 이유는 본인이 직접 그런 결단을 내린 적이 없기 때문입니다. 사실 저는 그냥 시류에 편승하는 사람들이 교회 안에 많이 있다고 생각합니다. 요즘처럼 많은 교회가 이런저런 운동을 벌이고 있는 상황에서는 그렇게 되기가 쉽지요. 그런데 그들은 복음의 메시지를 내면화시켜 예수님에게 자신의 죄를 용서해달라고, 지도자로 세워달라고 부탁한 적이 없는 사람들입니다…"

스티브는 갑자기 '울음을 터뜨렸다.' 상당히 신중한 사람이었으나 내가 자신의 신경을 건드렸다는 사실을 숨기려 하지 않았다. 냉정을 되찾자 그는 어떻게 해서 내 말이 자신의 마음 깊은 곳을 움직였는지 설명하려고 애썼다. 나는 스티브를 격려하며 그의 말에 귀를 기울였다.

휴식 시간을 훌쩍 넘긴 줄도 모르고 말이다. 많은 사람이 강의실에서 내가 진행할 다음 순서를 기다리고 있었다.

그래서 스티브에게 이렇게 말했다. "스티브, 이건 아주 중요한 주제이기 때문에 지금 당장 끝내고 싶지 않습니다. 이번 순서가 끝나면 점심시간이니 그때 만나서 더 이야기하면 어떨까요?"

스티브가 동의했다. 점심시간이 되자마자 스티브와 나는 서둘러 내 차를 차고 근처 샌드위치 가게로 향했다. 시간이 금방 지나갈 것이 뻔하기에 우리는 차를 타고 가는 동안 토론을 재개했다.

스티브는 그날 오전 내내 깨달은 내용을 이야기했는데 역시 내가 예상한 그대로였다. 스티브는 수년 동안 교회의 여러 프로그램과 활동에 참여해왔으나 예수님을 자기의 구원자로 영접한 적이 한 번도 없었다. 종교적이긴 했지만 그리스도와 인격적인 관계를 맺은 적이 없는 사람이었다. 오늘 강연을 통해 이 사실이 아주 뚜렷해졌으니 당연히 마음이 불편할 밖에….

나는 차를 식당 옆에 주차하면서 많은 사람이 스티브와 같은 처지에 있으니 당황할 필요가 없다고 주지시키려 애썼다. 하지만 동시에 그런 처지에 머물러 있지는 말라고 촉구했다. 하나님이 스티브를 이 워크숍으로 인도해서 진리를 듣게 해주신 거라고 말해주었다. 또 하나님은 스티브의 눈을 여셔서 예수님의 십자가 죽음으로 말미암는 구원을 받도록 은혜를 베풀고 계시다고 덧붙였다.

내가 복음을 설명하자 스티브는 모든 내용에 수긍했고, 정말로 자기 죄를 용서받고 하나님의 자녀가 되기를 원했다고 말하면서 다시 눈시울을 적셨다.

그래서 나는 이렇게 말해주었다. "스티브, 지금 여기에서 나와 함께 하나님의 은혜와 인도하심을 받아들이기로 기도합시다. 그러면 그 결심을 확증할 수 있습니다."

스티브는 충분히 준비가 된 상태였다. 그래서 우리는 차 안에서 함께 기도했고 스티브는 예수님에게 자기의 구원자와 주님이 되어 달라고 부탁했다.

참으로 놀라운 순간이었다. 이런 경사를 어떻게 축하하면 좋을까? 우리는 이런 생각을 하면서 서둘러 가게로 들어가 샌드위치를 먹었다.

교회로 돌아오는 동안 나는 다시 한 번 소리 내어 하나님에게 기도했다. 스티브에게도 이제는 하나님의 아들이 되었다는 확신과 더불어 기쁨이 충만하게 해달라고 간구했다. 그는 내가 소리 내어 기도할 때 자기도 "그렇습니다, 주 예수님" 하고 계속 기도했다고 한다. "갑자기 '주님'이란 단어가 전혀 새로운 의미를 덧입었습니다. 이 말은 마치

빨강, 파랑, 금빛으로 빛나는 것 같았습니다. 나는 '주 예수님'이란 두 단어를 거듭거듭 되풀이했습니다. 마침내 '주님'이란 단어의 뜻을 깨달았고 웃기도 하고 울기도 했습니다."

이 일은 스티브의 인생에서 하나의 전환점이 되었다. 세월이 흐르면서 스티브의 믿음은 크게 성장했다. 그는 두어 권의 경건서적을 출간했고 한동안 목사로 섬기기도 했다. 나는 그날 스티브와 겨우 30분밖에 시간을 함께하지 못했지만 하나님은 날카로운 복음 진리로 그를 도전하도록 통찰을 주셨다. 무척 감사한 일이다. 그 후에는 하나님이 하시는 일을 지켜보기만 하면 되었다.

당신도 이런 모험담을 이야기해보라!

행동 지침

전도를 하려면 지금보다 더 잘 준비되고 성경을 샅샅이 알아야 하고 모든 질문에 능히 대답할 수 있어야 한다고 생각하지 않는가? 그래서 전도할 엄두를 내지 못하는 것을 적잖게 보았다. 흔히들 다음 두 가지를 잊어버리곤 한다. 첫째로 성령님이 우리와 함께하셔서 우리가 마땅히 할 말을 가르쳐주시고 사용하신다는 것과 둘째로 하나님의 말씀은 그리스도의 진리가 사람들의 가슴에 사무치게 하고 그들을 도전하는 신적인 능력을 갖고 있다는 것이다. 물론 우리가 할 수 있는 만큼 준비하는 것이 필요하지만 그 후에는 우리에게 찾아오는 모든 기회를 붙잡고 하나님의 인도와 복음의 능력을 신뢰하는 일이 수반되어야 한다.

모험에 뛰어들기

남의 마음을 상하게 하길 즐기는 사람은 아무도 없다. 그런데 누군가에게 하나님의 진리를 이야기하는 일은 그런 위험을 감수하는 것이다. 즉 상대방의 마음을 동요시키고, 때로는 모욕감을 주기도 하고, 어떤 경우에는 관계를 위태롭게 만들기도 한다. 그러나 사람들에게 하나님의 말씀을 전하여 그 말씀이 능력을 발휘하게 하려면 마땅히 감수해야 할 위험이다. 이 말씀은 "살아 있고 활력이 있어 좌우에 날선 어떤 검보다도 예리하여 혼과 영과 및 관절과 골수를 찔러 쪼개기까지 하며 또 마음의 생각과 뜻을 판단하는" 능력이 있기 때문이다(히 4:12).

마찬가지로, 환자에게 치명적인 병에 걸렸다는 사실을 알리길 꺼리지 않는 의사는 없다. 그 사실을 알리면 환자가 화를 낼 수도 있고, 심지어는 그 의사의 충고를 거절하고 다른 의사에게 갈 위험도 있다. 그럼에도 좋은 의사는 상황을 피하려고 하지 않을 것이다.

환자에게는 '마땅히' 나쁜 소식을 듣고 그 사실을 직면하여 치료책을 찾을 권리가 있다. '치료법'에는 영양보충과 운동, 약, 방사선, 또는 수술 등이 있을 것이다. 그런데 환자들은 자기에게 정말 문제가 있다고 믿기 전에는 이런 해결책을 사용하려 들지 않는다.

성경의 메시지에는 나쁜 소식과 좋은 소식이 섞여 있다. 나쁜 소식은 우리가 하나님의 법을 위반한 죄인이요 그분의 표준에 미달하는 존재들이라서 마땅히 하나님의 형벌, 곧 영적인 분리와 영원한 죽음을 당해야 한다는 것이다. 이는 실로 절망적인 상태이고, 로마서의 첫 세 장이 명백하게 밝히고 있듯이 우리 자신의 힘으로는 거기서 벗어날 길이 없다.

이것은 정말로 나쁜 소식이다. 하지만 사람들이 이런 현실을 충분히 이해하게 되면, '좋은 소식'에 대해 더욱 수용적인 자세를 갖게 된다. 좋은 소식이란 예수님이 우리를 위해 우리의 형벌을 지불하러 오셨다는 것이다. 그분은 우리 죄 때문에 스스로 형벌을 짊어지려고 기꺼이 십자가에서 죽으셨으며, 이로 말미암아 우리의 죄와 수치는 그리스도의 용서와 인도하심과 영생으로 바뀌게 되었다(로마서 4-8장 참조).

우리가 이 메시지(나쁜 소식과 좋은 소식)를 사랑의 마음으로 다른 사람들에게 전달하면, 이것은 그들의 삶을 영원히 바꾸는 능력을 발휘한다. 그러므로 성령님이 당신에게 기회를 주시는 대로 겸손하고 명쾌하게 하나님의 진리를 선포하라. 그런 다음 그분이 당신의 가족과 친구의 삶에 어떻게 역사하시는지 눈여겨보라.

기억할 말씀 (고전 2:3-5)

내가 너희 가운데 거할 때에 약하고 두려워하고 심히 떨었노라. 내 말과 내 전도함이 설득력 있는 지혜의 말로 하지 아니하고 다만 성령의 나타나심과 능력으로 하여 너희 믿음이 사람의 지혜에 있지 아니하고 다만 하나님의 능력에 있게 하려 하였노라.

수요일

우연의 일치란 없다

리 스트로벨

> 우리가 하나님과 나란히 일한다면, 그분이 우리의 과업을 도우시려
> 초자연적인 능력을 발휘하시는 모습을 볼 수 있을 것이다.

　만일 당신이 졸지에 회의주의자와 구도자와 그리스도인으로 구성된 1,000명 이상의 청중 앞에 서는 상황이 벌어진다면? 그것도 90분 동안 하나님, 예수, 성경, 세계 종교 등 어떤 영적 주제에 관해서든 마음껏 질문을 퍼부어도 좋다고 허락된 상황이라면? 어떤 느낌이겠는가?

　염려스럽고 초조하고 겁나고…. 그렇다. '내'가 느낀 그대로이다. 나는 이런 상황에 직면한 적이 한 번도 없었다. 단, 한 가지 위안은 있었다. 내 곁에 아주 똑똑한 동역자인 마크 미텔버그가 있어서 그에게 질문을 넘겨줄 수 있다는 점이었다. 그래서 약간의 자신감은 있었다. 그

298

런데 어떤 요인으로 사태가 완전히 바뀌었다. 내가 이 요인을 과소평가한 탓이었다.

어쩌면 당신은 이런 영적인 반론을 줄줄이 제기하는 군중과 마주할 기회가 평생 없을지도 모르겠다. 그래도 읽어보길 바란다. 이 이야기에는 하나님의 은밀한 활동을 드러내는 놀라운 '우연의 일치'가 담겨 있어서 우리에게 좋은 교훈을 주기 때문이다. 이 이야기는 복음 전도의 모험에서 일어나는 하나님의 개입을 보여주는 훌륭한 본보기다.

이 질의응답 행사는 일요일 저녁에 애틀랜타에서 열릴 예정이었다. 그날 정오에 마크와 나는 점심을 먹던 중에 어쩌다가 아주 완고한 회의주의자와 대화를 나누게 되었다. 그는 기독교에 대해 반론을 제기했다. 그런데 전혀 들어본 적이 없는 것이었다.

"신화에 나오는 신들 가운데 미트라(빛·진리의 신 혹은 태양신)라는 신이 있었는데, 그는 예수님이 있기 훨씬 전 12월 25일에 동정녀에게 태어났고, 여기저기를 순례하던 위대한 선생이었으며, 세계 평화를 위해 스스로 희생했고, 무덤에 묻힌 지 삼일 만에 죽은 자 가운데서 부활했답니다." 그가 주장한 내용이었다. "보다시피, 기독교는 이런 신화를 본 딴 것에 불과합니다."

이런 주장은 몇 해 전에 《다빈치 코드The Da Vinci Code》가 출간된 이후로 훨씬 더 널리 퍼졌으나 당시만 해도 내게 생소한 것이었다. 그전까지는 나와 대화하는 가운데 이런 공격을 퍼부은 사람이 한 명도 없었다. 나는 그에게 답변하느라고 헤매고 있었다. 실은 답변보다는 헤매는 일이 더 많았다.

호텔로 돌아와서 마크와 나는 그날 행사를 위해 준비도 하고 기도도 했다. 그때 하나님이 점심시간의 만남을 이용해 나를 준비시키려고 하셨다는 느낌이 강하게 들었다. 전지전능하신 하나님은 장차 구도자가 그 질문을 던질 것을 아시고 나에게 답변을 준비하라고 독려하셨다는 것을 감지한 것이다.

그래서 나는 몇 시간 동안 미트라에 관한 이슈에 초점을 맞추었다. 이 주제의 전문가에게 전화를 걸고 이와 관련된 학술적인 글도 섭렵했다. 내가 예상했던 대로 표절 혐의는 엉터리였다. 실제 신화에 따르면, 미트라는 동정녀에게 탄생한 것이 아니라 완전히 자란 상태로 바위로부터 나온 것으로 되어 있다. 또 그는 순회하던 선생이 아니라 신화적인 신이었다. 그리고 스스로 희생하는 대신 황소를 죽인 것으로 유명했다. 뿐만 아니라, 그의 죽음에 대한 신앙이 존재하지 않으므로 부활도 없었던 셈이다. 12월 25일에 태어난 문제는 어떻게 하나? 아니, 그래서 어쨌단 말인가? 성경은 예수님이 태어난 날을 명시하지 않고 있다. 더구나 미트라 신화는 기독교가 자리를 잡은 '이후'에야 하나의 신비종교로 출현했을 뿐이다.

나는 연구한 모든 사실을 풀어놓고 싶은 심정으로 행사장을 향했다. 처음에는 불안한 마음이 들었지만 행사는 예상보다 잘 끝났다. 사람들은 다양한 주제에 관해 진지한 질문을 던졌고, 하나님의 은혜로 마크와 나는 그것들을 잘 처리할 수 있었다. 행사 내내 나는 미트라에 관한 반론이 제기될 것을 열심히 기다리고 있었는데도 그런 질문은 나오지 않았다.

어리둥절한 기분이었다. 하나님이 내게 이 문제를 다룰 준비를 갖추라고 지시하는 듯한 느낌을 아주 강하게 받았었기 때문이다. 그곳

을 떠나면서 '참 이상하다'는 생각이 들었다. '내가 잘못 인식했을 수도 있지.'

그러고는 이 사건을 금방 잊어버렸다. 두 주가 흐른 뒤에 마크와 나는 시카고의 한 교회에서 삼백 명쯤 되는 구도자와 회의주의자들 앞에 서게 되었다. 한 시간 가량 질문에 응답한 뒤에 시계를 보니 끝날 시각이었다. 그때 맨 앞줄에 앉은 젊은이가 손을 들고 있는 모습이 보였다.

"좋습니다, 마지막 질문을 받겠습니다." 그를 가리키며 말했다.

그는 일어서면서 목청을 가다듬었다. "기독교가 미트라라는 신화적 신을 숭배했던 사람들의 믿음을 표절한 것은 사실 아닙니까?" 하고 상당히 도전적인 말투로 입을 열었다.

마크는 미소를 짓지 않을 수 없었다. "참 좋은 질문입니다." 마크는 이렇게 말하고 나서 "리, 당신이 이 문제를 다뤄야겠군요" 하고 내게 바통을 넘겨주었다.

나는 그런 주장이 근거가 없는 이유를 최근에 애틀랜타에서 연구한 내용을 따라 하나씩 풀어가며 길게 설명하기 시작했다. 하나님이 내게 이 주제를 조사하도록 촉구한 덕분에 나는 당시에는 모호한 반론이었던 그 문제에 대해 철저히 그리고 설득력 있게 논박할 수 있었다.

말하면서 젊은이의 태도를 보아하니 그의 방어벽은 무너져내리고 있었다. 그는 갈수록 내 답변에 대해 더 수용적으로 반응하는 것 같았다. 답변을 끝내고 나서 나는 그에게 "더 질문할 것 있습니까?"라고 물었다.

"아, 아닙니다." 그가 대답했다. 그 후 그가 자리에 앉으면서 했던 말("이것이 나와 하나님 사이를 가로막던 마지막 걸림돌이었거든요")이 내 귀에 들렸다. 그것은 자신과 나와 그의 곁에 앉은 여성, 그리고 주님 모두에게 했던 말이었다고 생각한다.

'마지막 걸림돌'이었다. 그래서 그날 밤이 지나기 전에 그는 예수님을 그리스도로, 인도자로 영접하는 기도를 드렸다.

과연 그것은 우연의 일치였을까? 나는 그렇게 생각하지 않는다. 현재 미트라 반론이 누리고 있는 인기는 별로 오래 가지 않을 것이다. 그 이슈가 애틀랜타에서의 즉흥적인 대화에서 제기되었다는 것, 또 내가 하나님으로부터 그에 대한 답변을 준비하라는 지시를 받았다는 것을 생각해보자. 그리고 두 주 후에 수백 명의 사람들 앞에서 그 문제가 제기되고 문제를 제기한 친구와 하나님 사이의 마지막 걸림돌이 제거된 일을 더듬어보면, 우연의 일치라고 말하기 어려운 사건이다.

오히려 복음 전도는 결코 홀로 하는 활동이 아니라는 점을 상기시켜주는 또 하나의 사건이었다. 하나님은 언제나 사람들을 자신에게 인도하기 위해 막후에서 활동하고 계신다. 그리고 우리가 신앙을 나누다가 이따금씩 하나님의 은밀한 활동을 포착하곤 하는데 그것만큼 짜릿한 것도 없다. 그때는 마치 하나님이 우리에게 윙크하시면서 이렇게 말씀하시는 듯하다. "너는 아직 아무것도 보지 못했을 거야. 나와 함께 있으면 '신적인 우연의 일치'를 보여줄게. 그래서 네 세계를 뒤흔들어놓을 거야. 네 믿음을 급속도로 키워주마."

행동 지침

당신의 신앙을 키우고 싶다면 다른 사람과 함께 신앙을 나눠라. 그러면 하나님이 지구촌에서 펼치시는 위대한 구원의 드라마 속에서 한 배역을 담당하게 될 것이다. 때때로 하나님의 지상 대명령을 수행하는 동반자로서, 성령님이 여러 사건과 만남과 대화를 놀라운 방식으로 편성하시는 모습을 직접 목격할 수 있을 것이다. 그러면 당신은 더 강하고 더 생동감 넘치는 신앙을 갖고 그 자리를 뜰 수 있을 것이다.

모험에 뛰어들기

《하나님을 경험하는 삶*Experiencing God*》의 저자인 헨리 블랙커비Henry Blackby와 클로드 킹Claude King은 그리스도인들에게 이렇게 권고한다. "하나님이 이미 활동하고 계신 곳을 찾아내어 그 일에 합류하라. 그렇게 해야만 그리스도인의 삶에 따르는 가장 큰 모험과 짜릿함을 맛보게 될 것이다."

성경은 하나님의 활동 가운데 사람들과 화해하는 일보다 더 시급한 것은 없다고 분명히 말한다. 그래서 예수님은 "잃어버린 자를 찾아 구원하려고"(눅 19:10) 시끄러운 인간 세상에 들어오셨다. 이 과업은 예수님이 우리에게 지상 대명령을 주시면서 "가서 모든 민족을 제자로 삼으라"(마 28:19-20 참조)고 말씀하신 것과 다르지 않다. 그분은 더 많은 사람이 구원과 영생을 찾게 하시려고 역사의 종점까지 보류하고 계신다(벧후 3:9 참조).

우리가 하나님의 역사에 합류하여 이 지극히 중요한 과업에 동참하는 것은 그분의 뜻이 분명하다. 그러므로 하나님과 나란히 일한다면, 그분이 우리의 과업을 도우시려 초자연적인 능력을 발휘하시는 모습을 볼 수 있을 것이다. 이로 말미암아 우리는 하나님을 새롭게 체험하게 될 것이다.

나는 그런 장면을 거듭 목격했다. 한 대학생이 내게 들려준 이야기를 예로 들어보자. 그는 봄방학을 맞아 플로리다 해변에서 밤새도록 술을 마셨다. 새벽에 일어나서는 그처럼 방탕하게 사는 것을 심히 후회했다고 한다. 하나님을 찾고 싶었지만 지적인 걸림돌이 많았다. 이 세상에 그토록 고통이 많은데 어떻게 사랑의 하나님이 존재할 수 있는가? 사랑의 하나님이 어떻게 사람들을 지옥에 보낼 수 있는가? 예수님이 어떻게 천국에 가는 유일한 길일 수 있는가?

그는 황량한 해변을 걸으면서 이런 반론을 곰곰이 생각하고 있었다. 그런데 갑자기 바로 앞에서 모래에 반쯤 묻혀 있는 어떤 물건을 보게 되었다. "내가 조금 왼쪽으로 혹은 약간 오른쪽으로 걸었다면 그것을 보지 못했을 겁니다."

그 물건은 길목에 있었기 때문에 그는 물건에 걸려 넘어질 뻔했다. 이 젊은이가 발견한 물건은 《특종! 믿음 사건》이었다. 이 책은 그로 하여금 믿음을 갖지 못하게 가로막는 걸림돌들을 다룬 책이다. 그는 책을 파내어 모래를 털어낸 다음 읽어나갔다. 마침내 그는 그리스도에게 자기 인생을 맡기게 되었다.

"어떻게 해서 그 책이 거기에 있었는지 모르겠습니다." 그가 내게 했던 말이다.

그런데 나는 알고 있다. 하나님은 이 세상 누구보다 더 많이 그를 사랑하시는 위대한 복음 전도자이기 때문에 거기에 그 책이 있었던 것이다. 몇 년 전에 성령님이 내게 그 책을 쓸 마음을 주셨을 때, 이미 하나님은 이 젊은이의 운명을 틀림없이 염두에 두셨을 것이다. 그 책을 바로 그가 지나갈 길목에 두는 것, 말씀으로 우주를 창조하신 그분에게 이 일은 어린애 장난과도 같은 것이다.

기억할 말씀 (시 66:5)

와서 하나님께서 행하신 것을 보라. 사람의 아들들에게 행하심이 엄위하시도다.

긴급하게 전해야 할 때가 있다

마크 미텔버그

성령님이 인도하시는 대로 집중적으로 그리고
절박하게 도전할 준비도 갖추고 있으라.

큰할아버지(모리스 할아버지)를 만난 지가 꽤 오래 되어서 어쩌면 영영 다시 볼 수 없을지도 모른다는 생각이 들었다. 모리스 할아버지는 연세가 많은데다가 심각한 병까지 앓고 계셨다. 집안 모든 사람들이 그분의 임종이 가까웠음을 알고 있었다. 그래서 모두들 가슴 아파하며 모리스 할아버지를 부모님 댁으로 모시게 되었다.

어린 시절 우리 형제들은 멀리 계신 '모리스 할아버지와 파예 할머니'를 만나러 가는 것을 무척 좋아했다. 할머니 할아버지의 멋진 집 때문이었다. 구식 가옥인데 오랜 세월 동안 보기 드문 장신구와 장난감으로 가득 채워진 일종의 보고가 되었다. 할머니는 우리를 위층으로 올려 보내면서 집안을 샅샅이 뒤져 무엇이든 재미있게 갖고 놀라고 하셨다. 우리는 무척이나 기뻐했고, 때로는 몇 시간씩이나 놀았다.

모리스 할아버지는 항상 온화하고 유쾌하신 분이었다. 뒤돌아보면, 파예 할머니는 우리의 친할머니와 같이 언제나 손님들의 식사를 신경 쓰시고 어린이들을 즐겁게 해주셨던 분이다. 이런 분을 좋아하지 않는 사람이 있을까 생각하곤 했다.

먼 훗날 나는 어른들이 모리스 할아버지의 영적인 상태에 대해 염려하고 있다는 사실을 알게 되었다. 모리스 할아버지는 약간 종교적인 분이어서 이따금 교회에 출석하시긴 했으나 교회를 영적인 삶과 변화의 장이라고 생각하시기보다는 사람들을 만나는 장소로 여기시는 것 같았다. 게다가 때때로 예수님의 용서와 인도를 구해야 할 필요성을 대놓고 부정하시기도 했다. 그래서 어린 그리스도인이었던 나는 모리스 할아버지가 오시는 날이 다가올수록 더욱더 간절히 기도하게 되었다.

모리스 할아버지는 건강 문제로 씨름하고 계셨으나 좋은 성품은 여전하셨다. 우리는 식사를 하고 난로 곁에 앉아 몇 년 전에 돌아가신 파예 할머니와의 추억을 떠올리는 등, '그 좋았던 옛날 옛적'을 회상하면서 즐거운 시간을 보냈다.

그런데 내 맘속에서 하나님이 지금이라도 모리스 할아버지에게 그리스도를 알고 좇는 일이 얼마나 중요한지 이야기하라고 말씀하시는 것 같았다. 할아버지는 나보다 50살이나 더 많은 분이라 이 문제를 놓고 정말 많이 고민했다. 내가 뭐라고 연세도 많고 경험도 많은 분에게 이래라저래라 권고할 수 있겠는가? 우리 친척 가운데 이런 역할을 더 잘 감당할 만한 사람이 반드시 있을 거라고 생각했다. 그런데도 하나님은 내가 입을 열기 원하신다는 느낌을 떨칠 수가 없었다.

마침내 모리스 할아버지가 우리와 함께 며칠을 지낸 뒤에 돌아가실 날이 가까워졌을 때, 나는 더 이상 대화를 미룰 수 없다는 것을 알았다. 그분은 거실에 앉아 계셨다. 할아버지가 앉아 계신 의자 맞은편에 의자가 또 하나 있었고 그 중간에는 긴 의자가 있었다. 나는 할아버지 맞은편 의자에 앉아 할아버지에게 중요한 말씀을 좀 드려야겠다고 말했다.

내가 안절부절못하는 것을 눈치 채셨는지 할아버지는 무슨 이야기냐고 친절하게 물으셨다. 나는 심호흡을 한 뒤에 할아버지의 영혼에 대한 걱정거리를 말씀드렸다. 내가 몇 년 전에 그리스도를 믿게 된 경위를 설명했다. 그리고 하나님이 나를 완전히 변화시키셨고 내게 새로운 확신과 희망을 주셨다는 이야기도 했다. 이어서 할아버지도 나처럼 확신과 희망을 품으셨으면 한다고 말씀드렸다.

모리스는 미소를 짓더니 자신에 대해 우려하지 않아도 된다고 부드럽게 이야기했다. 하나님은 자비롭고 친절하신 분이라서, 죽을 때가 되어도 걱정할 것 없다고 말씀하셨다.

"그런데 할아버지가 괜찮으리라는 것을 어떻게 아시죠?" 내가 물었다.

"나는 꽤나 선한 인생을 살았단다. 하나님이 그걸 아시니 날 공평하게 대우하실 거야." 할아버지의 주장이다.

"그런데 그게 그렇지가 않아요. 성경은 하나님의 용서를 획득할 만큼 선하거나 선한 일을 한 사람이 우리 중에는 하나도 없다고 분명히 밝히고 있어요. 로마서 3장 23절을 보면 우리 모두가 죄를 범해서 하나님의 기준에 미치지 못했다고 말하고 있다고요. 그래서 예수님이 죽으셔야 했던 거예요. 각 사람이 범한 죄에 대한 형벌을 그분이 치르시려 죽으셨던 거예요." 나는 이렇게 답변했다.

할아버지는 자기는 두려워할 것이 전혀 없고 모든 게 잘 될 것이라고 나를 안심시키면서 나의 염려를 떨쳐버리려 했다.

그 다음에 무슨 일이 일어났는지 아는가? 바로 그 순간 나는 지금이 아니면 영원히 기회가 오지 않는다는 것을 불현듯 깨닫고 마음속에 거룩한 용기가 생기는 것을 느꼈다. 나는 앉았던 의자에서 미끄러져 내려와 우리 사이에 놓인 긴 의자로 향했다. 바로 코앞에 앉아서 나는 할아버지의 손을 붙잡고 그분의 눈동자를 정면으로 쳐다보았다.

"모리스 할아버지, 저는 할아버지를 사랑하기에 진리를 말씀드리는 거예요. 사실 할아버지가 예수님 앞에 서실 날은 불과 몇 주 내지는 몇 달, 길어야 이삼 년밖에 남지 않았어요. 그때 하나님은 할아버지에게 물어보실 거예요. 그리스도를 믿고 할아버지의 죄를 위한 그분의 보상을 받아들였는지 말예요. 하나님은 우리가 그리스도의 구원이 절실히 필요한 죄인이고, 그리스도만이 하나님에게 가는 유일한 길이라고 우리에게 이미 말씀하셨다고요. 그러니까 제발 그리스도와 그분이 주시는 용서와 생명에 등을 돌리지 마세요."

모리스는 나에게 그토록 깊이 배려해주어서 고맙다고 했다. 내 사랑과 염려에 감동을 받으시기는 했지만, 영적인 태도가 바뀐 증거는 찾아볼 수 없었다. 며칠 뒤에 할아버지는 떠나셨다. 그리고 다시는 그분을 보지 못했다. 하지만 몇 달이 흐르고 나서 나는 염려하는 마음을 담아 복음의 메시지를 적은 간절한 편지를 할아버지에게 보냈다.

최근 옛날 파일을 훑어보다가 그 편지의 사본을 발견하게 되었다. 그 가운데 일부를 소개한다.

> 사랑하는 모리스 할아버지께
> 우리 집에서 할아버지와 함께한 지난 가을은 정말 행복했어요. 저는 할아버지와 함께하는 시간을 몹시도 즐겼죠. 할아버지는 매우 친절하고 귀한 분이세요. 당신 같은 분을 '큰할아버지'로 모시고 있어 행복합니다.
> 저는 할아버지를 사랑해요. 사랑하기 때문에 할아버지를 생각하면 심히 괴롭고 염려가 앞서는 것을 말씀드리지 않을 수 없어요. 단지 할아버지의 건강 때문이 아니에요. 할아버지와 하나님의 관계도 걱정이고 할아버지가 진정 하나님의 자녀인지 분명하지 않은 것도 걱정이에요. 여기에 오셨을 때 서로 이런 이야기를 나눴었죠. 하지만 이야기하는 것만으로는 충분하지 않잖아요. 반드시 반응을 보이셔야 해요….

나는 답장을 받지 못했다. 2년이 지난 뒤에 모리스 할아버지가 돌아가셨다는 전갈을 받았다. 우리는 그 소식을 듣고 몹시도 슬퍼했다. 나로서는 그분이 살아 계신 동안에 내가 전한 메시지에 어떻게 반응하셨는지 도무지 알 길이 없었다.

그러나 하나님은 나의 노력으로 말미암아 영광을 받으셨고 또 기뻐하셨다는 걸 느낄 수 있었다. 마치 칭찬하시는 듯한 느낌이었다. 나로서는 내가 할 수 있는 모든 일을 한 셈이다. 복음을 명쾌하게 전했고 상황의 시급성을 강조했으며 기도로써 하나님에게 모든 것을 맡겼다. 결국 그것만이 우리가 할 수 있는 영역이고 결과는 하나님의 사랑스럽고도 강한 손에 의탁하는 수밖에 없다.

행동 지침

복음 전도의 여정은 흥분과 모험으로 가득 차 있는 동시에 '진지한' 발걸음이기도 하다. 이 발걸음은 좀 더 잘 살도록 도와주는 일에서 그치지 않는다. 우리는 사람들에게 예수님을 가르친다. 우리가 가르치는 예수님은 "내가 곧 길이요 진리요 생명이니 나로 말미암지 않고는 아버지께로 올 자가 없느니라"(요 14:6)고 분명히 선언하신 분이다. 따라서 우리의 입을 열어 (때로는 긴급하게) 복음을 설명해줄 수 있는 용기를 연마할 필요가 있다.

모험에 뛰어들기

에스겔서 3장에는 우리의 정신을 반짝 깨우는 말씀 한 구절이 있다. 17절에서 하나님은 "인자야 내가 너를 이스라엘 족속의 파수꾼으로 세웠으니 너는 내 입의 말을 듣고 나를 대신하여 그들을 깨우치라"고 말씀하시면서 그 대목을 시작하신다. 이어서 그분은 만일 에스겔이 분명하게 경고의 소리를 전하면 그 책임이 거기에 귀 기울일 백성들에게 돌아갈 것이라고 설명하신다. 반면에 에스겔이 백성들에게 분명하게 경고하지 않으면 그 책임이 에스겔에게 돌아갈 것이라 말씀하신다. 말할 필요도 없이, 에스겔은 이 말씀을 심각하게 여기고 하나님이 그에게 무슨 말씀을 하시든지 그것을 백성들에게 확실히 전달하게 된다.

그와 마찬가지로 우리 각 사람도 교회의 일원으로서 예수님의 명령대로 세상에 들어가 복음을 전해야 한다. 이 메시지는 물론 좋은 소식이지만, 그 배후에는 우리 모두가 구원자를 필요로 하는 죄인이라는 심각한 문제가 놓여 있다. 따라서 예수님이 우리의 형벌을 담당하셨으므로 우리가 용서와 새 생명을 선물로 받는다는 놀라운 소식을 전할 뿐 아니라, 우리의 죄와 그에 따른 형벌에 관한 진리도 분명히 전달할 필요가 있다.

나는 이 메시지를 모리스 할아버지에게 전달하려고 애썼다. 당시를 뒤돌아보면 내가 인내심과 끈기 사이에 올바른 균형을 맞추었는지는 잘 모르겠다. 하지만 확실히 말할 수 있는 것이 있다. 그 상황에서 내가 뒤로 물러서지 않고 끈기 쪽으로 좀 더 기울었다는 사실을 생각하면 늘 감사하는 마음이 생긴다는 것이다. 물론 부담스러운 심정도 느끼고 약간 불편한 느낌도 없지 않았다. 그러나 나는 잃을 것이 없었고 할아버지는 얻어야만 했다. 모리스 할아버지가 복음의 메시지를 듣고 어떻게 반응했는가 하는 것은 하나님의 몫이다. 어쨌든 나는 사랑의 동기로 진리를 명쾌하게 전달했다고 마음속으로 자부한다.

가족과 친구와 교제할 때 올바른 균형을 잡게 해달라고 하나님에게 부탁하라. 인내심을 품되 끈질긴 자세도 견지하라. 그리고 성령님이 인도하시는 대로 집중적으로 그리고 절박하게 도전할 준비도 갖추고 있으라.

어떤 의심하는 자들을 긍휼히 여기라. 또 어떤 자를 불에서 끌어내어 구원하라. 또 어떤 자를 그 육체로 더럽힌 옷까지도 미워하되 두려움으로 긍휼히 여기라.

구도자에게 시간과 마음을 투자하라

리 스트로벨

우리가 영적 진리를 구하는 친구들에게 줄 수 있는 최고의 선물은
우리의 시간과 듣는 귀와 마음일 때가 많다.

나는 접이식 덮개가 달린 아주 작은 스포츠카를 친구의 집 앞에 댔다. "아니, 그 차로 대륙 횡단을 하겠다는 거니?" 친구가 웃으면서 말했다.

"무슨 소리야?" 나는 화난 체하면서 말했다. "작년에 레슬리와 나는 이 차를 타고 일리노이에서 플로리다까지 종단했는데."

그는 못 믿겠다는 표정을 지었다. "일부러?"

곧 우리는 옛날처럼 까불며 놀았다. 타릭과 나는 미주리 대학교 학생 시절에 만났다. 주말이면 종종 히치하이킹을 하면서 평원을 가로질러 조플린과 캔자스시티로 가서 오토바이 가게들을 뒤지곤 했다.

우리의 방랑벽은 졸업 후에도 이어져서 한번은 슈퍼볼 기간에 뉴올리언스까지 내려가서는, 부르봉 거리로 가서 행사 전후에 열리는 떠들썩한 축구 파티에 쏘다니기도 했다. 하지만 이번에는 좀 더 의미심장한 모험을 시작할 참이었다.

타릭은 아이오와에서 일하고 나는 시카고에 살고 있어서 여러 해동안 서로 만나지 못한 터였다. 그런 상황에서 타릭이 어떤 개인적인 기회와 도전에 직면해 있다는 소문이 들려왔고 이런 이야기를 털어놓을 만큼 믿을 만한 친구가 있을까 걱정스러웠다. 내가 그리스도를 믿게 된 사실을 타릭과 함께 나눈 적이 없기도 했고….

그래서 나는 타릭에게 전화를 걸었다. "어이, 예전에 함께 즐겼던 여행 생각나지? 일주일쯤 휴가를 얻어서 함께 자동차 여행을 떠나자" 하고 제안했다.

놀랍게도 애써 설득할 필요가 없었다. "좋은 생각이야. 그럼 날 태우고 가."

타릭은 내가 무슨 차를 갖고 올지 묻지 않았다. 그래서 뚜껑 열린 푸른색 마쯔다 미아타를 타고 나타난 나를 보고 당황한 것이다. 두 명이 앉을 정도의 공간밖에 없어서 타릭은 겨우 비집고 들어와 앉았다. 우리는 목적지도 없이 서쪽을 향해 떠났다.

여행길 내내 라디오를 틀었던 기억이 없다. 그냥 이야기하고 또 하고 또 했다. 사실상 첫 이틀 동안 내가 한 일은 귀담아 듣는 일이었다. 그는 어떤 임박한 결정을 앞두고 마음이 심란해져 있었으므로 오랜 시간 반복적으로 그리고 깊이 그 문제를 이야기했다. 나는 중간 중간에 조언을 해주곤 했다.

얼마 지나지 않아 오마하에 도착하여 저녁식사로 맛있는 스테이크를 먹고 나서 남쪽으로 방향을 바꾸기로 했다. 캔자스 주에서 281번 고속도로를 따라 내려가다가 48개 주의 중심점에 도달했는데, 거기에는 작은 기념비와 6명을 수용할 수 있는 자그마한 채플이 있었다. 우리는 그 안에 들어갔고 나는 설교하는 시늉을 했다. 그런데 무슬림 가정에서 자란 타릭이 나무 의자에 앉은 모습이 별로 편해 보이지가 않았다.

조금 뒤에 캔자스의 코커시티를 가로질러 24번 고속도로를 신나게 타고 내려가다가 갑자기 브레이크를 세게 밟았다. 차를 후진하여 방금 우리가 지나쳐 온 물체를 확인했다. 거기에는 세계에서 가장 큰 실로 감은 공이 있었는데, 실 길이가 무려 2,100킬로미터에다가 전체 공 지름은 3미터에 달하는 거대한 작품으로 큰 전망대 속에 놓여 있었다. 경외감을 일으킬 정도는 아니었으나 사진 두어 장은 찍을 만했다.

캔자스시티가 가까워지면서 우리의 대화 소재는 신앙으로 바뀌었다. 나는 만일 타릭이 그리스도의 위안과 지혜를 얻고 그분의 인도를 받을 수만 있다면 현재 당면한 도전을 좀 더 잘 대처할 수 있을 것이라고 타릭에게 말해주었다.

이슬람 국가에서 태어난 타릭은 문화적으로는 무슬림이었으나 독실한 신자는 아니었다. 대학 시절에 종교 문제가 딱 한 번 제기된 적이 있었는데, 그때 우리는 하나님에 관해 의견을 달리했었다. 타릭은 내가 하나님을 믿지 않는다고 놀랐고, 나는 타릭이 그런 하나님을 믿는다고 놀랐던 기억이 있다.

차를 타고 가는 동안 나는 내가 어떻게 예수님에 관한 증거를 탐구했는지, 그리고 신앙을 갖고 나서 세계관과 태도와 우선순위가 어떻게 바뀌었는지 이야기했다. 우리는 캔자스시티에 들어가 그날 밤에 로얄즈 야구 경기를 보면서 짬짬이 기독교에 관해 이야기를 나누었다. 그 다음 날 우리는 70번 고속도로를 타고 콜롬비아에 가서 20여 년 전에 우리가 만났던 미주리 주립대학교를 방문했다.

옛 기숙사와 휴게실 등을 둘러보면서 좋은 시간을 가졌다. 하루가 끝날 즈음 나는 기독교 서점에 들러 타릭에게 성경을 사주었다. 이튿날 아침 우리가 호텔을 떠나기 전에 나는 타릭에게 기독교가 무엇인지 분명히 말해주고 싶다고 말했다. 그리고 신약성경에 나오는 로마서 6장 23절을 읽어주었다. "죄의 삯은 사망이요 하나님의 은사는 그리스도 예수 우리 주 안에 있는 영생이니라."

그 후 이렇게 설명했다. "이 구절이 기독교를 잘 요약해주고 있어. 우리는 우리의 죄와 잘못으로 인해 마땅히 죽어야 할 존재, 곧 하나님과 영원히 분리되어야 할 존재들이지. 그러나 하나님은 예수님을 우리 모든 죄를 위해 십자가에서 대속물로 죽게 함으로써 용서와 영생을 선물로 주셨어." 이슬람은 선행을 통해 알라를 달래야 한다고 강조하고 있는 만큼 그와 대조적으로 '선물'이란 단어를 부각시켰다.

타릭은 공손하게 듣고는 있었지만 말은 별로 하지 않았다. 다시 아이오와를 향해 북쪽으로 가는 동안에 가끔 복음을 끄집어내곤 했으나, 그는 더 이상 이야기하길 꺼리는 것 같았다. 나는 타릭이 그 말씀의 의미를 곰곰이 생각하고 있을지도 모른다고 스스로 위로하며 실망하지 않으려고 애썼다. 그런데 마음 깊숙한 곳에 이런 의구심이 들었다. '그가 직면한 도전이 그를 짓누르고 있어. 과연 그는 예수님이

자기를 도울 수 있다고 볼까, 아니면 무의미한 기분전환용 인물이라고 생각할까?'

우리가 타릭의 집에 도착한 때는 늦은 밤이었다. "내일 아침에 일찍 출발할 생각이야" 하고 손님방으로 가면서 말했다. 거기서 말을 멈추려고 생각했다가 한 번 더 찔러보기로 마음을 바꾸었다.

"너도 기억하다시피, 성경에서는 용서와 영생을 선물로 제시한다고 이야기했잖아. 그 선물을 받기 위해 나와 함께 기도하지 않을래? 당장 여기에서 그렇게 할 수 있어."

그의 반응은 나를 깜짝 놀라게 했다. "좋아, 그렇게 하고 싶어"라고 말하는 것 아닌가! 그날 밤에 타릭은 나와 함께 그리스도를 구원자로 영접하는 기도를 드렸다.

다음 날 아침 시카고로 돌아가는 길에 나는 신이 나서 경배의 찬양을 크게 틀었다. 타릭과 나는 닷새 동안 시골길을 정처 없이 돌아다녔다. 일터에서 얻은 귀중한 휴가를 둘만의 여행에 썼던 것이다. 하지만 그것은 영원한 결과에 비하면 작은 투자에 불과하다는 생각이 들었다.

행동 지침

수년 전에 자녀교육 '전문가들'은 자녀들과 함께 보내는 시간은 '양'이 중요한 게 아니라 '질'이 중요하다고 말했다. 물론 틀린 말이다. '둘 다' 중요하기 때문이다. 마찬가지로, 우리가 영적 진리를 구하는 친구들에게 줄 수 있는 최고의 선물은 우리의 시간과 듣는 귀와 배려하는 마음일 때가 많다.

모험에 뛰어들기

미식축구에서 '체공 시간'은 공을 찬 뒤에 그것이 공중에 떠 있는 시간을 가리킨다. 농구에서는 선수가 덩크슛을 하려고 공중에 치솟아 있는 시간을 말한다. 하지만 복음 전도의 모험에서 '체공 시간'은 그 의미가 다르다. 구도자 친구들과 어울려서 그들을 제대로 알고, 그들의 의문과 관심사를 이해하고, 상호 간의 신뢰를 쌓고, 영적인 대화로 깊이 끌고 들어가는 데 소요되는 시간을 뜻한다.

당신이 부모라면 자녀와 토론할 수 있는 시간은 보통 대화 초반에 오지 않는다는 사실을 알 것이다. 특히 어린 자녀의 경우에는 더 그렇다. 토론 시간은 충분한 시간을 투자해서 그들의 삶에 정말로 관심이 많다는 것을 보여준 다음에야 오는 법이다.

어쨌든 시간은 우리의 가장 귀중한 자산이 아닌가? 우리가 남들과 여유롭게 시간을 나눌 때, 그들이 진정 우리에게 중요한 존재라는 메시지를 전달하는 셈이다. 서두를 필요 없이 여유로운 환경을 만들 경우에는, 중요한 문제들에 관해 뜻깊은 대화를 나눌 가능성이 생긴다. 특히 영원한 운명과 관련된 대화가 그러하다.

그리스도인이 그런 '체공 시간'을 투자하는, 아주 감동적인 본보기를 테리 머크Terry Muck의《이웃이 믿는 다른 종교들 Those Other Religions in Your Neighborhood》에서 볼 수 있다. 이 책에서는 영적인 관심이라고는 눈곱만치도 없지만 헌신된 그리스도인의 옆집에 살았던 한 남자가 쓴 편지를 인용한다.

그들은 울타리 너머로 서로 이야기를 주고받거나 잔디 깎는 기계를 빌리곤 하는 관계였다. 그러다가 믿지 않는 남자의 아내가 암에 걸리고 얼마 안 있어 죽고 말았다. 그가 나중에 쓴 편지의 일부를 소개하면 다음과 같다.

나는 완전히 절망에 빠졌다. 마치 혼수상태에서 장례식을 준비하고 치른 것만 같았다. 장례식이 끝난 뒤에 나는 밤새도록 강둑을 걸었다. 하지만 홀로 걷지 않았다. 내 이웃이 밤새도록 나와 함께 있었다(아마 걱정이 되어서 그랬을 것이다).

그는 아무 말도 하지 않았다. 내 곁에서 걸은 것도 아니었다. 내 뒤를 따라왔을 뿐이다. 해가 마침내 강 너머에서 떠오르자 그는 내게 와서 "가서 아침식사나 하죠"라고 말했다.

나는 지금은 교회에 다닌다. 그 이웃이 다니는 교회에. 이웃이 내게 보여준 그런 배려와 사랑을 생산할 수 있는 종교라면 좀 더 알고 싶었기 때문이다. 나도 그런 사람이 되고 싶다. 남은 생애 동안에 그처럼 사랑하고 사랑받는 삶을 살고 싶다.[21]

강둑을 따라 몇 시간 걸은 것이 그 남자에게 얼마나 강력한 영향을 미쳤는가! 이웃이 그 남자와 함께한 시간을 (아무 말도 하지 않고 아무 일도 하지 않았음에도) '배려와 사랑'의 몸짓과 동일시한 것이 흥미롭지 않은가?

그렇다면 당신은 누구와 '체공 시간'을 가져야 할까? 어쩌면 인생의 위기를 겪고 있는 지인일 수도 있다. 또는 피상적으로만 알고 있는 직장 동료나 이웃일 수도 있다. 그런 사람들과 시간을 보내면 새로운 우정을 다질 수 있고 영적인 대화의 문이 열릴 수도 있다.

또는 내 친구 타릭과 같이 최근에 만나지 못한 어떤 사람일지도 모른다. 전화 한 통화나 방문이 순식간에 케케묵은 관계를 금방 회복시켜주고, 일생을 바꿔놓는 뜻깊은 만남으로 이어진다는 것이 얼마나 놀라운가!

기억할 말씀 (고후 5:20)

그러므로 우리가 그리스도를 대신하여 사신이 되어 하나님이 우리를 통하여 너희를 권면하시는 것 같이 그리스도를 대신하여 간청하노니 너희는 하나님과 화목하라.

복음의 수혜자는 수여자가 된다

마크 미텔버그

> 우리들 대부분은 주변에 있는 소수의 사람과
> 하나님의 메시지를 나누도록 부름을 받았다.

웬디는 잘나가는 회사의 대표이다. 하나님은 다양한 방법으로 웬디에게 손을 내미셨다. 그리스도인 친구들, 복음 전도를 강조하는 교회, 시간을 내어 믿도록 도전하는 어떤 리더,《여정: 영적 호기심을 품은 이를 위한 성경 *The Journey: A Bible for the Spiritually Curious*》이라는 책 등이 그 방법이었다. 웬디의 호기심이 하나님의 은혜를 만나 그녀는 곧 그리스도와 동행하는 삶에 진입했다.

이 경험은 웬디에게 완전히 새로운 세계를 열어주었다. 주변의 동료와 친구와 가족 중에서 하나님의 사랑과 용서와 인도를 필요로하는 사람이 얼마나 많은지, 그리고 그들을 전도하는 데 하나님이 웬디를 사용하기 원하시는 걸 깊이 깨닫게 되었다. 그래서 웬디는 초신자 시절부터 날마다 주변 사람들에게 신앙을 소개하는 모험을 감행했다. 당시에 나는 웬디를 만나게 되었고 그녀의 비공식적인 코치가 되는 동시에 이따금 파트너가 되는 특권도 누리게 되었다.

웬디가 그리스도에게 인도한 초창기 사람들 중에는 그녀의 아들이 있다. 어린 시절 TJ는 엄마에게서 일어나는 변화를 통하여 하나님이 살아 계시고, TJ를 사랑하시며 용서하시고 또 친구가 되길 바라신다는 것을 깨닫기 시작했다.

그 후 얼마 지나지 않아서 웬디는 주말 예배에 초대받아 온 아시아계 여성 사업가를 우리 교회 목사님에게 소개받았다. 목사님은 웬디라면 그녀를 영적으로 도와줄 수 있을 거라고 생각했던 모양이다. 둘 다 회사에서 일한 배경이 있는데다가 서로 친근감까지 느껴서 신앙의 문제를 포함한 다양한 주제에 관해 자주 토론하게 되었다. 빠른 시일 내에 웬디는 그녀를 그리스도에게 인도하는 데 성공했고, 그 결과 웬디의 전도를 향한 열정은 더욱 불타올랐다.

웬디의 영적 분별력이 자라가면서 그녀의 아버지가 교회에는 충실히 출석하지만 혹시 그리스도와 인격적인 관계가 없을지도 모른다는 생각이 들었다. 그래서 그 문제에 대해 전화로도 통화하고 만날 때마다 이야기를 나누었다.

웬디와 나는 그녀의 아버지 밥의 상황을 놓고 자주 토론했다. 그녀의 아버지는 강한 성격과 적극적인 리더십을 갖고 있는데다가 약간 괴짜 같은 면도 있었다. 최근에 그는 콜로라도의 외딴 곳에서 목장을 구입해서 개조하고 있는 중이었다. 그는 사륜구동 트럭을 타고 산악

지대를 누볐고, '혹시 무슨 일이 일어날지 몰라서' 항상 소화기를 싣고 다녔다.

그녀가 묘사한 아버지의 모습에 나는 흥미를 느꼈고 내가 잘 어울릴 수 있는 유형일 거란 생각이 들었다. 그래서 그녀의 아버지인 밥이 우리 지역에 오면 다함께 식사하는 자리를 마련하여 영적인 문제를 이야기해보자고 웬디에게 제안했다.

얼마 후에 밥은 시카고를 방문하게 되어, 아침식사 약속을 잡을 수 있었다. 웬디, TJ, 밥, 그리고 나는 내가 좋아하는 팬케이크 식당에서 만났다. 내 생각은 설사 대화가 잘 안 되더라도 밥이 내게 쏘아붙이기 전에 맛있는 음식이라도 먹자는 것이었다.

웬디가 예전에 밥에게 보내준 책들을 읽고 그에게 의문이 들었던 것들을 중심으로 우리는 맛있는 음식도 먹고 활발한 토론도 벌였다. 한동안 이런저런 영적인 주제를 되는대로 토론한 뒤에, 복음 메시지를 좀 더 완전하게 제시하면 명확한 그림이 그려지겠다는 생각이 머릿속에 떠올랐다.

나는 펜을 꺼내고 접시받침 종이(시럽이 묻지 않은 것)를 뒤집어놓고, 우리가《예수를 전염시키는 사람들》훈련 과정에서 가르치는 식으로 다리의 예화를 그렸다. 이 그림은 하나님을 깊은 틈의 한편에 그리고 우리는 다른 편에 각각 둔 그림으로, 우리의 불순종과 죄로 하나님과 분리된 모습을 보여주고 그 어떤 것으로도 우리가 그분에게 돌아갈 길이 없다는 것을 이해하도록 도와주는 유용한 도구이다. 이 그림은 우리가 아무리 노력해도 부족할 뿐이고 우리가 마땅히 받을 형벌은 죽음, 곧 하나님과의 영적인 분리라는 점을 생생하게 보여준다.

나는 밥에게 이 그림을 그려주고 각 부분을 신중하게 설명하면서, 마지막에는 그리스도의 십자가를 그리며 그것만이 다리가 되어 우리로 그 깊은 틈을 넘어 하나님에게 갈 수 있게 한다는 점을 강조했다. 나는 밥이 열린 자세로 이 성경 메시지를 듣기를 바랐다. 다행히도 그는 마음이 열려 있었을 뿐 아니라, 이미 하나님이 그 마음을 준비시켜 주셨다. 그는 즉시 그것을 진리로 받아들이고 깊은 틈을 넘어 하나님 쪽으로 가고 싶다고 말했다.

나는 곧바로 밥과 함께 헌신하는 기도를 드리고 싶었으나 시끄러운 음식점은 그러기에 적합한 장소가 아니었다. 그래서 밥의 자동차로 가서 조용한 분위기에서 토론을 계속하는 게 좋겠다고 제의했다. 우리는 그렇게 했고, 밥은 운전석에 나는 그 옆에 그리고 웬디와 TJ는 뒷좌석에 각각 앉았다.

조금 더 이야기를 나눈 뒤에 밥은 구원을 받기 위한 기도를 드릴 준비가 되었다. 차안에서 밥과 웬디와 내가 다함께 손을 잡은 것은 뜻깊은 순간이었다. 우리가 막 기도하려고 할 때 자그마한 TJ가 도톰한 손을 맨 위에 올려놓고 할아버지가 예수님을 구원자로 영접하는 모습을 지켜보았다.

이와 같은 경험이 얼마나 의미심장하고 얼마나 큰 영향을 주는지 말로는 표현하기 어렵다. 누군가를 인도하여 그리스도에게 헌신하는 기도를 드리게 하는 것만큼 감격적이고 보람 있는 일은 이 세상에 없다는 말을 하는 것으로 충분할까 모르겠다.

이 모험은 거기서 끝나지 않았다. 밥과 웬디는 2인조 부녀 전도 팀을 만들어 동부 연안에 사는, 죽음을 앞둔 내 친척에게 접근했다. 사실 나는 '린 삼촌'에게 이 두 사람이 찾아오면 일찌감치 항복하라고 일러주었어야 했다. 아니나 다를까 그는 죽음을 불과 두 주 앞둔 시점에 예수님의 제자가 되었다.

그때 이후로 웬디와 나는 미국의 여러 곳을 다녔다. 뿐만 아니라, 웬디와 그녀의 남편이 자기네가 사는 도시에서 대규모 전도 캠페인을 주도할 때 나도 거기에 동참하는 특권을 누렸는데, 이 캠페인으로 수천 명이 복음을 들었으며 그 가운데 많은 이들이 그리스도에게 헌신하게 되었다.

현재 밥은 콜로라도에서 여러 사역을 돕는 일에 참여하고 있다. 교회에서도 노련한 장로로 섬기고 있으며 이따금 주일 예배에서 설교를 하기도 한다. 이처럼 복음 전도의 영향력은 이 사람에게서 저 사람으로, 그리고 잔물결이 차츰차츰 퍼져가듯 계속해서 파급되고 있으며, 이는 결국 영원까지 이어질 것이다.

행동 지침

당신이 누군가에게 예수님을 소개할지 말지 재고 있을 때, 장차 그를 통해 많은 사람이 영향을 받게 될 것을 생각하면 동기가 유발될 것이다. 웬디의 경우처럼, 어린이, 친구, 부모, 친척을 차례로 전도하고 어쩌면 지역사회에까지 복음을 증언할 수도 있다. 아울러 시간적으로도 잔물결과 같은 영향을 끼쳐서 대대로, 셀 수 없이 많은 인생에게 선한 손길을 미치게 될 것이다.

모험에 뛰어들기

오늘날의 기준으로 보면 예수님은 대규모 청중에게 설교한 것이 아니다. 이따금 비교적 큰 군중을 가르치긴 했지만, 가령 빌리 그레이엄이 수십 년간 상대했던 청중처럼 많은 사람을 상대한 적은 없었다. 동시에 미디어에 접속하는 요즘의 청중수에 훨씬 못 미치는 규모였다. 대부분의 경우에는 아주 친밀한 친구들에게 그리고 주변에 몰려든 소수의 사람들에게 메시지를 전하셨다.

그럼에도 예수님은 세상을 바꾸셨다.

어떻게 그처럼 엄청난 영향력을 발휘했을까? 그분은 얼마 안 되는 사람들에게 복음을 전함으로써 장차 얻게 될 잔물결의 파급 효과를 알고 계셨다. 즉 그들을 헌신된 제자로 훈련시킨 뒤에, 예수님의 사랑과 진리를 가능한 많은 사람들에게 전하는 모험에 뛰어들도록 그들을 도전하신 것이다. 그 가운데 일부는 소수에게 영향을 미칠 테지만 어떤 이들은 온 민족을 흔들어놓을 것을 아셨다. 장기적으로 엄청난 영향을 미치게 될 것을 미리 내다보셨던 것이다.

당신은 어디에 들어맞는 사람인가? 당신은 어떻게 세상을 구원하시는 하나님의 계획에 동참할 것인가? 먼저 한 사람에게 복음을 전하라. 수많은 사람을 상대로 강연을 하거나, 미디어 사역을 시작하거나, 베스트셀러를 쓰지 않아도 된다. 만일 하나님이 당신을 이런 일에 부르신다면 그래도 좋다. 그러나 우리들 대부분은 주변에 있는 소수의 사람과 하나님의 메시지를 나누도록 부름을 받았다. 우리 집 아이들, 옆집에 사는 이웃, 주유소 직원, 웨이터나 웨이트리스, 세탁소 주인, 직장 동료, 프랭크 아저씨나 헬렌 아줌마, 엄마나 아빠, 조카나 조카의 배우자, 택배 아저씨, 도서관에서 자주 만나는 학생, 주일학교 어린이 등.

그들이 어떤 존재인지, 하나님에게 얼마나 소중한 사람인지, 하나님이 장차 그들을 통해 얼마나 큰일을 행할지 생각하면서 원대한 비전을 품어라. 당신이 전도한 그 젊은 여성이 결국 웬디와 같은 인물이 될지 누가 아는가? 당신이 믿음으로 인도한 그 가냘픈 소년이 장차 빌리 그레이엄과 같은 거물이 될지 누가 아는가? 당신의 손길이 닿는 사람들을 먼저 전도하고 장차 하나님이 놀라운 일을 이루실 것을 믿음으로 내다보라.

기억할 말씀 (고후 9:6)

이것이 곧 적게 심는 자는 적게 거두고 많이 심는 자는 많이 거둔다 하는 말이로다.

변화된 인생은 전도의 연료다

리 스트로벨

> 새로운 삶을 사는 이야기를 들을 때 우리는 하나님이
> '지금도' 인생을 변혁시키고 계심을 상기하게 된다.

좋다, 나도 인정한다. 제멋대로 살던 사람들의 인생에 혁명을 일으키는 하나님에게 중독되었다는 사실을! 나는 이런 이야기를 듣고 싶어서 안달난 사람이다.

강도짓을 하다가 노인을 살해했다고 자백한 빌리 무어의 이야기가 바로 그렇다. 빌리는 사형수 감방으로 끌려가기 전에 그리스도인 2명을 만나 그리스도를 통해 용서와 희망을 찾을 수 있다는 이야기를 들었다. "이제까지 아무도 나에게 예수님이 나를 사랑하고 나를 위해 죽었다는 소식을 전하지 않았습니다. 나는 가슴으로 그 사랑을 느낄 수 있었습니다. 그 사랑은 내가 원했던 것입니다. 그 사랑은 내게 '필요했던' 것입니다."

빌리는 감방 밖에 있는 목욕탕에서 세례를 받았고, 하나님은 그를 완전히 변화시키셨다. 그는 통신 과정으로 여러 성경공부 과정을 마쳤고, 다른 재소자를 상담하기 시작했으며, 지역교회가 보낸 십 대 문제아들을 선도하기까지 했다. 그리고 16년이란 세월 동안 감옥 안에서 겸손한 선교사로 살았다. 〈애틀랜타 저널 앤 컨스티투션Atlanta Journal and Constitution〉은 그를 '성자와 같은 인물'로 평했다.

빌리가 완전히 새 사람이 되는 바람에 '조지아 가석방 및 특사 위원회'는 마침내 유례없는 조치를 취하기에 이르렀다. 사형수 감방의 문을 열어 그를 석방한 것이다. 현재 그는 목사로서 상처 받고 소외된 사람들을 돕는 연민과 기도의 사람으로 살아가고 있다.

나는 빌리의 집을 방문해서 그의 놀라운 변신에 대해 물었다. "교도소 재활 프로그램 덕분이었죠?"

빌리는 "아닙니다, 그것 때문이 아니었습니다"라고 대답했다.

"그러면 자활 프로그램이나 '적극적 사고방식' 때문이었나요?" 내가 되물었다.

그는 고개를 심하게 젓더니 그것도 아니라고 말했다.

"우울증 치료제 프로작 때문인가요? 명상? 심리 상담?"

"아이, 왜 그러세요, 리. 당신도 그런 것 때문이 아니라는 걸 알잖아요."

그가 옳았다. 나는 진짜 이유를 알고 있었다. 그가 자기 입으로 말하는 소리를 듣고 싶었을 뿐이다.

"분명히 말하건대, 그건 예수 그리스도 덕분이었습니다"라고 그는 단언했다.

"그분은 나 혼자서는 도저히 이룰 수 없는 변화를 일으키셨습니다. 나에게 살 이유를 주셨지요. 올바른 일을 하도록 도와주셨습니다. 다른 사람을 배려할 마음도 주셨지요. 그분이 내 영혼을 구원했답니다."

이런 이야기는 내 가슴에 불을 지른다. 당신도 나만큼 뜨거운 가슴을 갖고 있다고 솔직히 인정하라. 하나님이 당신과 나 같이 구원받을 확률이 희박한 이들을 구원하시고 그들을 증인으로 사용하시는 장면을 목격하는 일이야말로 우리의 가슴을 뜨겁게 한다.

나는 로버트의 삶에서도 똑같은 것을 보았다. 그는 극적으로 죽음을 면하는 데서 스릴을 맛보는 사람이었다. 그는 온통 술에 찌들고 이 여자 저 여자의 치마폭을 옮겨다녔다. 돈은 많이 벌었으나 도박으로 거의 탕진해버렸다. 한번은 동료와 말싸움이 일어나 야구 방망이를 휘둘렀다가 감옥 신세를 지기도 했다.

로버트는 전형적인 나르시시스트였다. 한창 잘나갈 때는 시간당 수천 달러의 유지비가 드는 자가용 비행기 2대를 소유했었다. 하루는 2대 모두 공중에 띄우라고 지시하기도 했다. 왜 그랬을까? 비행기 안에서 값비싼 샴페인을 마시며 창문을 통해 다른 비행기도 나란히 나는 것을 보고 싶어서 그랬단다. 비행기 꼬리에 새겨진 자기 이름을 보며 즐기기 위해서.

로버트는 하나님을 미워하지 않았다. 미워하다 못해 그런 감정조차 잊어버렸다. 하나님을 멸시하려면 적어도 감정이라도 있어야 하지 않는가? 하나님은 한 마디로 그의 안중에 없었다. 쓸모없는 존재, 논란거리도 아닌 그런 존재였다.

그러던 어느 날 기상천외한 일이 벌어졌다. 하나님이 그에게 말씀하신 것이다. 소리를 내지 않고 마음속으로 말씀하셨다. 그는 실제로 하나님이 이렇게 말씀하시는 것을 느낄 수 있었다. "로버트, 나는 너도 모르는 사이에 너를 많이도 구해주었다. 이제는 네가 내 아들 예수를 통해 나에게 오기를 바란다."

로버트는 충격을 받았다. 왜 하나님은 뜬금없이 그에게 말씀하셨을까? 그리고 예수님은 도대체 누구인가? 도무지 종잡을 수가 없었다. 그래서 그리스도인인 친구에게 전화를 걸어서 질문을 던지기 시작했다. 그 친구는 나의 책《예수는 역사다》를 추천해주었고 그는 이 책을 처음부터 끝까지 정독했다. 하나님은 로버트에게 여러 방법으로 손을 내미셨다. 책과 그의 딸을 비롯한 교인들의 기도, 그리고 무엇보다도 성령님의 직접적인 손길을 통해서 다가오셨다.

"느닷없이 예수 그리스도를 믿게 된 겁니다. 정말 믿었어요! 나는 그분을 믿었어요!" 로버트는 눈을 부릅뜨고 열정적으로 소리쳤다. "나는 무릎을 꿇고 하나님에게 기도하기를, 그분의 팔을 내게 두르시고 나를 절대로 놓지 말아 달라고 했습니다."

그 순간을 기점으로 로버트는 성령님이 아니면 일어날 수 없는 변화를 경험하기 시작했다. 그의 딱딱한 껍질이 부드러워졌다. 자기중심적인 모습이 사라지기 시작했다. 우선순위가 완전히 뒤바뀌었다. 갑자기 하나님을 위해 한없이 일하고 싶어졌다. 그는 내가 만난 어느 누구 못지않게 그리스도와의 관계를 사모하게 되었다.

로버트는 세례를 받을 때 이처럼 단순하게, 가슴 뭉클하게, 그리고 어린이 같은 확신에 차서 간증했기 때문에 그 이야기는 듣는 이들의 눈시울을 적셨다. 하나님이 그날 아침에 참석한 사람들의 마음을 하나씩 만지기 시작하셨다. 예배당 전체에 하나님이 '이제는 네 차례야'라고 속삭이시는 소리가 들리는 듯했다.

드디어 목사가 그리스도를 영접하고 세례를 받고 싶은 사람이 있느냐고 묻자, 남녀노소 할 것 없이 온갖 사람들이 강단으로 몰려 나왔다. 처음에는 10명, 다음에는 20명이, 그 다음에는 100명, 200명, 300명… 이렇게 해서 두 차례에 걸친 예배 시간에 〈나 같은 죄인 살리신〉이 연주되는 동안 모두 700여 명이 강단으로 나왔다.

참으로 놀라운 은혜였다.

로버트는 내가 쓴 책들에 대해 감사하다며 전화를 걸어왔다. 이를 계기로 로버트와 나는 친구가 되었다. 우리는 각각 미국의 양쪽 끝에서 살았기에 평균 2주에 한 번꼴로 통화를 하곤 했다. 그는 줄곧 질문을 던졌고 언제나 하나님과 성경에 관해 더 배우고 싶다고 했다. 로버트는 좀 더 젊을 때 예수님에게 인생을 드리지 못한 것이 가장 후회된다고 말했다.

그는 "예수님을 위해서 하고 싶은 일이 너무나 많습니다"라고 거듭거듭 말했다.

그런데 안타깝게도 시간이 별로 없었다. 그 후 몇 달도 안 되어 로버트는 오랫동안 지병이었던 폐질환으로 죽고 말았다. 그가 어린 시절을 보냈던 몬태나에서 장례식이 거행되었을 때, 수천 명이나 되는 조문객이 참석하여 그에게 경의를 표했다.

그러나 마지막으로 로버트는 다른 곳에 그 경의를 돌렸다. 뜻밖에 그리스도인이 된 로버트 '이블' 크니블Robert 'Evel' Knievel, 세계적으로 악명 높은 폭주족이었다가 하나님의 놀라운 사랑에 무릎을 꿇은 사람이다. 그는 죽기 전에 자기 묘비에 온 세상이 보도록 이 글귀를 새겨달라고 부탁했다. "예수 그리스도를 믿으라."

하나님, 이런 이야기에 중독된 상태에서 결코 벗어나지 말게 하소서.

행동 지침

당신은 어떤 동기로 다른 사람에게 그리스도를 전하는가? 죄책감이나 의무감 때문인가? 아니면 인생이 변화되고 운명이 바뀌는 것을 보고 싶은 간절한 마음 때문인가? 이 뜻밖의 모험에 뛰어드는 가장 강력한 이유는 다름 아니라 '사람은 하나님에게 중요한 존재'이기 때문이다. 그러므로 우리에게도 사람은 중요한 존재들이다. 이것이 연료가 될 때, 전도의 열정은 활활 타오르게 된다.

모험에 뛰어들기

그리스도에 관해 누군가와 이야기하고픈 마음이 식을 때도 있다. 이는 교회 지도자에게도 일어나는 현상이다. 기독교를 연구하는 톰 라이너Thom Rainer가 2005년에 조사한 결과에 따르면, "절반이 넘는 목사들이 지난 6개월 동안 전도의 노력을 기울인 적이 없었다. 그들은 복음을 전하지 않았다. 어떤 수준에서든 교회와 관계없는 잃어버린 영혼을 구하려고 시도한 적이 없었다"[22]고 한다. 이와 같이 전도의 의욕이 줄어들기 시작하면(나 자신과 마크 미텔버그를 막론하고 어떤 그리스도인에게도 일어날 수 있는 일이다) 우리가 그 열정을 회복하기 위해 취할 수 있는 몇 가지 조치가 있다.

첫째, 우리는 하나님에게 우리의 마음이 식었다고 시인하고, 그분으로부터 멀리 있는 사람들을 향한 우리 심령의 불길을 다시 지펴달라고 기도할 수 있다. 야고보서 4장 2절은 "너희가 얻지 못함은 구하지 아니하기 때문"이라고 말하지 않는가?

둘째, 우리는 복음 전도의 열정을 전염시키는 이들을 가까이 할 수 있다. 가령, 마크와 같은 사람과 점심을 먹으면서 그의 화려한 전도 경력을 들으면 내 열정이 솟구치는 것을 느낀다. 마크도 나더러 열정에 불을 붙이는 존재라고 한다. 당신 주변에는 신앙을 나누고 싶은 심정이 불일 듯 일어나도록 당신을 도와줄 사람이 있는가?

셋째, 우리는 하나님이 영적으로 헤매는 사람들을 향해 얼마나 애를 태우시는지 묘사하는 성경 단락들을 읽고 또 읽을 수 있다. 내 경우에는 누가복음 15장에 나오는 탕자의 비유나 요한복음 4장에서 예수님이 사마리아 여인과 만나는 이야기를 다시 읽으면, 언제나 하나님의 심정을 공감하게 되는 것을 경험하곤 한다.

넷째, 우리가 과거에 목격한 변화된 인생들에 대해 묵상할 수 있다. 예컨대, 어느 날 교회에서 설교를 마치고 내려오는데 나에게 다가와 기도를 부탁했던 사람이 기억난다. 그는 내가 여태까지 만나본 사람들 가운데 가장 비참한 처지에 놓여 있었다.

직장을 잃고 돈도 없고 아내도 떠나고 셋집에서 쫓겨나기 직전에다가 자살 미수의 경력까지 있는 알코올 중독자였다. 텁수룩한 수염에 길고 헝클어진 머리칼 때문에 더 초췌해 보였다. 인생의 바닥을 친 그로서는 그리스도를 바라보는 것 말고는 달리 할 수 있는 일이 없었다.

그 남자가 두 달 뒤에 나를 찾아왔을 때는 도무지 그를 알아볼 수 없을 정도였다. 면도를 말끔하게 하고 머리를 단정하게 빗고 옷을 깔끔하게 차려입은 모습이었다. 정신이 말짱했고 직장을 얻었으며 온통 희망에 부풀어 있었다. 그리스도께서 그에게 참신한 목적의식을 불어넣으셨기 때문이다. 그 배후에는 그리스도인들이 나서서 실질적으로 그를 도운 사연이 있었다. 그날 그는 제2의 인생을 시작하게 해주신 하나님께 감사하는 마음으로 예배를 드리고 그분을 찬양하려고 교회에 왔던 것이다.

"나는 새로운 인생을 살고 있습니다." 내 손을 잡고 눈물을 흘리고 떨면서 했던 말이었다. "나는 새 인생을 살고 있습니다!"

이런 이야기들은 뜻밖의 모험을 추진시키는 원동력이다. 이런 이야기를 들을 때 우리는 하나님이 '지금도' 인생을 변혁시키고 계신다는 사실을 다시 한 번 상기하게 된다. 그러니 누군들 이 일에 동참하고 싶지 않겠는가?

기억할 말씀   (고후 5:17-18)

그런즉 누구든지 그리스도 안에 있으면 새로운 피조물이라. 이전 것은 지나갔으니 보라 새 것이 되었도다. 모든 것은 하나님께로서 났으며 그가 그리스도로 말미암아 우리를 자기와 화목하게 하시고 또 우리에게 화목하게 하는 직분을 주셨도다.

하나님은 지금 '당신'에게
누구의 문을 두드리라고 말씀하시는가

마크 미텔버그

'과연 저 문을 두드려야 할까? 남은 평생 여기에 서 있기만 한다고 이 사태를 피할 수 있을까?'

리 스트로벨과 나는 이 질문을 실제로 입 밖에 내지는 않았지만, 그 집 앞에서 우리의 도착을 알리기 전에 생각(그리고 용기)을 가다듬으며 고심하고 있었다. 이번이 영적인 영향을 미칠 수 있는 소중한 기회라는 것을 잘 알고 있었다. 그런데 큰 기회일수록 우리의 행동을 저지하는 세력도 그만큼 강해진다.

여기까지 오게 된 여정은 세계적으로 아주 유명한 운동선수의 여자 친구가 리의 책《예수는 역사다》를 읽고 그리스도인이 된 사실을

337

알면서부터 시작되었다. 그녀는 우리더러 자기 집에 와서 저명한 스포츠 아이콘이 된 자기 남자 친구에게 예수님에 관해 이야기해줄 수 있느냐고 물었다.

아, 그런데 그는 오랫동안 우리의 영웅이기도 했다는 걸 내가 언급했던가? 무척 똑똑한 사람이라는 것은? 아랍어로 된 코란을 읽는 무슬림이라는 것은? 아울러 자기를 '개종시키려는' 사람을 별로 좋아하지 않는다는 사실은?

'아뿔싸!'

그것은 우리가 실책을 범하고 싶지 않았던 게임이었다. 그래서 문 앞에서 잠시 멈춘 뒤에 변증의 대가 두 명의 담대함과 용기를 모두 집중시켰다. … 그러고는 또다시 주춤했다.

이 만남에는 상당히 많은 사안이 걸려 있었다. 그와 원만한 대화를 나눌 만큼 이슬람을 충분히 알고 있는가? 과연 기독교 메시지에 대한 그의 오랜 저항을 이겨낼 수 있을까? 우리는 마음속에 서서히 밀려오는 두려움을 느낄 수 있었다. 그 잔물결은 금세 파도가 되었다. 아주 '큰 파도'였다.

우리는 한 번 더 기도하고 심호흡을 한 뒤에, 이러다가 모험을 감행할 기회를 완전히 놓쳐버리겠다는 생각이 들어 재빨리 문을 두드렸다.

사실상 모든 그리스도인은 신앙의 울타리 밖에 있는 사람과 영적인 문제를 토론할 때 일종의 두려움을 느끼기 마련이다. 언젠가 나는 몇십 년 동안 수많은 나라를 다니며 수백만 사람들에게 복음을 전해 온 세계적인 복음 전도자인 루이스 팔라우Luis Palau에게, 누군가와 그리스도에 관해 이야기하기 전에 초조해지냐고 물었다. 그는 곧바로 적절한 대답을 해주었다. "그럼요, 물론이죠. … 언제나 그렇답니다."

'아, 그렇구나, 루이스도 인간이구나' 하고 생각했다. 그런데도 하나님이 그를 사용하시는 것을 보라. 루이스 같은 사람이 아직도 두려움을 느끼고 있다면, 우리 같은 사람들에게도 희망이 있는 것이다.

우리는 모두 모험이라는 '개념'을 좋아하지만 거기에는 다음과 같은 진실이 내포되어 있다. 모험은 반드시 위험 부담을 안고 있으며, 이는 언제나 어느 정도 초조함이나 불안함을 느끼게 한다는 사실이다. 그런즉 만일 당신이 전도할 기회가 왔는데 두려움을 느끼고 있다면, 그것은 아마 좋은 징표일 것이다. 달리 말하면, 진정한 모험을 경험하는 길로 제대로 들어서고 있다는 뜻이다.

모험으로 여길 만한 것은 무엇이든 위험 요소를 안고 있다는 점을 한번 생각해보라. 이를테면, 나는 산악 자전거타기를 좋아하는데, 이유는 이렇다. 나는 토요일 오후에 자전거로 교회 주차장 주변을 한가하게 돌아다니는 것을 즐기지 않는다. 그 대신 우리 집 근처에 있는 황무지로 나가서 꼬불꼬불한 흙길을 따라 크고 작은 나무와 수풀을 요리조리 피하고, 바위를 돌고 돌아 무슨 일이 벌어질지 모르는 가파른 비탈로 내려가곤 한다. 때로는 속도를 늦추고 뱀이 산길을 건너가도록 기다려야 한다. 이따금 코요테를 놀라게 하기도 하고, 독충과 마주치기도 하며, 그 지역에 사람을 잡아먹는 사자가 출몰한다는 풍문을 듣기도 한다.

놀이공원에서도 우리는 위험 수준에 따라 모험의 수위를 조절한다. 우리 아이들은 어린이용 기구에 대해서도 두려움을 느끼곤 했다. 놀이용 기차라도 실제로 '움직이니까' 무슨 일이 발생할지 모르지 않는가? 그런 시시한 기구라도 애들에게는 무서워하며 즐길 만한 것이었다. 그러나 나이가 들면서 모험에 대한 욕구도 커져서, 십 대가 된 그 아이들은 롤러코스터를 타자고 나를 꼬드기고 있는 상황이다. (아직까지는 아빠를 합류시키는 데 성공하지 못했지만, 흥분을 느끼기 시작하는 한계점에 있어서는 나를 능가한 것이 분명하다.)

사도 바울이 성경적으로 하나님 백성의 삶을 요약할 때 구약성경에 나오는 한 구절을 인용한 것은 무척 흥미롭다. "오직 의인은 믿음으로 말미암아 살리라"(합 2:4; 롬 1:17)는 말씀이다.

이 구절이 다음과 같은 의미가 아니라는 점에 유의하라. "의인은 먼저 믿음으로 구원을 받은 뒤에, 안전하고 예측 가능하고 편안한 곳으로 가게 되리라." 오히려 우리는 믿음에 의거해 '살고 있는'(현재 시제) 사람들이다.

그러면 성경적인 신앙이란 무엇인가? 그것은 '하나님의 인도를 받는 모험'이다. 하나님의 보이지 않는 구원을 받아들이고, 보이지 않는 보호를 신뢰하고, 보이지 않는 영에 순종하고, 보이지 않는 인도를 따라가고, 보이지 않는 왕국을 세우고, 아직은 보이지 않는 하늘의 집을 바라보며 우리 자신과 남들을 준비시키는 일이다.

이는 리 스트로벨이 그리스도인의 삶과 관련해 머리말에서 인용했던 인용문과 결코 다르지 않다. "어떤 사람에게는 위험하고 놀라움으로 가득 찬 모험, 무언가를 학수고대하며 사는 인생을 의미한다. … 성경을 근거로 하면 분명히 그리스도인은 춤을 추면서 껑충껑충 뛰고 대담무쌍한 인생을 사는 사람이다."

그러므로 방금 인용한 성경구절을 풀어서 쓴다면 이런 식이 될 것이다. "의인은 하나님에게 순종하고 그분을 영화롭게 하기 위해 위험을 감수하는 인생을 추구하리라." 우리의 믿음을 이렇게 이해하게 되면, 그리스도인의 삶은 본래 흥미진진한 모험으로 사는 인생이라는 걸 쉽게 알 수 있다.

이런 삶은 예수님에게서 볼 수 있다. 요한복음 4장에서 그분은 우물가에서 만난 제멋대로 사는 여자로부터 시작하여 그 동네의 사마리아인들과 교제하는 위험을 감수했다. 당시의 종교적, 윤리적 분리주의를 감안하면 참으로 위험한 행동이었다. 그분은 조심성 따위는 버려둔 채로 또 다른 구속의 모험에 뛰어들었다. 그래서 그 여자를 구원하고 사마리아 사람들 가운데 교회를 형성하기까지 하신다.

그리고 예수님이 얼마나 많은 수상한 인물들과 어울렸는지 주목해보라. 평판이 나쁘고 멸시받던 세리들과 심지어는 창녀들과도 가까이 했던 분이다. 죄로 물든 세상에서 예수님은 자기가 좋아하지 않았던 죄인이나 자신의 시간을 투자할 의향이 없는 사람들을 만나셨다. 위험천만한 행동이라고? 물론이다. 그렇게 해서 통치권을 넓혀갔다. 어쨌든 사랑에는 위험 부담이 따르는 법이다.

예수님의 사역이 그토록 매력적이고 흥미진진한 것은 하나님을 영화롭게 하는 모험으로 가득 차 있기 때문이다. 이 모험은 세상의 구속을 위해 모든 위험을 감수하는 데서 절정에 이르렀다.

이밖에도 위험천만한 여행을 감행하는 바울과 다른 사도들, 위험을 감수하는 초대교회의 지도자들, 땅끝까지 복음을 들고 가서 온갖 고생과 배신을 겪었던 용감한 선교사들 등 많은 본보기를 더 열거할 수도 있다.

이런 믿음의 영웅들은 우리에게 모범을 보였다. 이제 갈 길이 우리 앞에 놓여 있고, 이 시대의 흥미진진한 여행을 시작할 때가 되었다. 만일 당신이 더 많은 영적인 모험을 원한다면, 어떤 식으로든 영적인 위험을 감수하지 않으면 안 된다.

드디어 우리가 문을 두드리자마자 우리를 초대한 그 친구가 문을 열어주었다.

그녀의 뒤에는 차가운 차를 마시며 "이런 작자들이 '여기에' 오는 걸 원치 않아!" 하고 마치 몸으로 비명을 지르는 듯한 유명한 남자 친구가 서 있었다. 그녀가 우리를 소개할 때 우리는 약간 떨면서 걸어 들어갔다. 그는 손으로 악수는 했으나 눈은 제대로 쳐다보지 않았다.

이처럼 만남이 냉냉하게 시작되었지만 곧 따스한 분위기로 접어들었다. 그는 분명히 똑똑하고 아는 것이 많은 무슬림이었다. 그러나 한참 이야기를 나누고 점심을 먹는 동안에 긴장감은 사라졌다. 결국 우리는 그리스도인과 무슬림이 무엇을, 왜 믿는지에 관해 많은 이야기를 주고받으며 흥미롭고도 우호적인 대화를 나누었다.

몇 시간이 지나자 우리는 오랜 친구처럼 느껴졌다. 우리는 이 커플을 저녁식사에 초대했다. 2주 후에 우리는 리의 집에서 모였다. 또 다른 친구도 우리 모임에 합류했는데, 회의주의자였다가 그리스도에 대한 증거를 탐구한 뒤 그리스도인이 되어 33년 동안 방글라데시에서 무슬림을 전도한 사람이었다. 우리는 그 집 뒷마당에서 스테이크를 구워먹으며 또 한 번의 활발한 영적 토론을 벌였다.

나중에 나는 개인적으로 시내 중심가에 있는 커피숍에서 그 친구와 대화를 나누기도 했다. 늘 그랬듯이 그는 성실하고 진지한 질문을 던졌고 만만찮은 도전을 제기하기도 했다. 하지만 예수의 메시지에 관심이 있는 건 분명했다.

우리가 그와 나눈 대화가 어떤 결과를 가져왔는지 우리는 모르지만 한 가지 분명한 점이 있다. 그것은 위험 부담을 안고 그와 같은 사람에게 이야기하는 일이 아주 흥미진진한 경험이었다는 사실과, 우리가 그 기회를 외면하지 않아서 기뻤다는 점이다. 늘 그랬듯이 우리의 두려움은 뜻밖의 영적 모험으로 진입하는 출입구 역할을 했다.

이제까지 우리는 이야기를 충분히 들려주었다. 이 책에서 우리의 이야기를 되살리는 일은 재미있는 경험이었다. 전부는 아니더라도 대부분 그랬다는 말이다. 하지만 궁극적으로 이 뜻밖의 모험은 우리에 관한 이야기가 아니다. 그것은 하나님이 '당신의 삶'을 통해 다른 사람을 구원하는 것에 관한 이야기이다.

하나님은 지금 '당신'에게 누구의 문을 두드리라고 말씀하시는가? 당신은 누구에게 전화를 걸어야 할까? 누구에게 이메일을 꼭 보내야 할까? 그리고 어떤 이웃을 저녁식사에 초대해야 할까? 어떤 친척에게 복음을 전할 수 있을까? 옛 친구들 가운데 당신이 다시 접촉해야 할 사람은 누구인가? 당신이 이 뜻밖의 모험에 참여하는 데 필요한 단계를 보여달라고 성령님에게 부탁하라. 그런 다음 '오늘'부터 발걸음을 내딛고 성령님의 인도를 받으라.

그 길을 따라가면 반드시 이생과 내세에 영적인 보상이 따르는 보람 있는 인생을 살게 될 것이다.

1 Eugene H. Peterson, *Traveling Light: Modern Medetation on St. Paul's Letters of Freedom* (Downers Grove, Ill.: InterVarsity, 1988), p. 45.《자유》(IVP)

2 Immanuel Kant, *Critique of Pure Reason*, trans. Norman Kemp Smith (New York: Palgrave MacMillan, 2003), p. 65.《순수이성비판 1, 2》(아카넷)

3 Alan Loy Mcginnis, *Confidence: How to Succeed at Being Yourself* (Minneapolis: Augsburg, 1987), p. 95.《마흔의 승부수는 자신감이다》(책찌)

4 Kerry Shook and Chris Shook, *One Month to Live: Thirty Days to a No Regrets Life* (Colorado Springs: WaterBrook, 2008), p. 1.《내 생애 마지막 한 달》(포이에마)

5 앞의 책, pp. 1-2.

6 Frank Newport, "Questions and Answers about Americans' Religion," gallup. com/poll/103459/Questions-Answers-About-Americans-Religion.aspx#3 (Dec. 1, 2008).

7 "Unchurched," Barna.org/FlexPage.aspx?Page=topic&topicID=38 (Dec. 1, 2008).

8 Mark Mittelberg, *Choosing Your Faith ... In a World of Spiritual Options* (Wheaton, Ill : Tyndale, 2008), p. 17.

9 Charles R. Swindoll, *Come Before Winter and Share My Hope* (Sisters, Ore.: Multnomah, 1985), p. 43.《겨울이 오기 전에 돌아오라》(CLC)

10 앞의 책.

11 앞의 책, p. 160.

12 Bill Hybels (with LaVonne Neff and Ashley Wiersma), *Too Busy Not to Pray: Slowing Down to Be with God*, 3rd ed. (Downers Grove, Ill.: InterVasity, 2008), p. 18.《너무 바빠서 기도합니다》(IVP)

13 John R. W. Stott, *The Message of the Sermon on the Mount* (Downers Grove, Ill.: InterVarsity, 1993), p. 119.《존 스토트의 산상수훈》(생명의말씀사)

14 Aldous Huxley, *Ends and Means* (London: Chatto & Windus, 1969), pp. 270, 273.

15 Sheldon Vanauken, *A Severe Mercy* (New York: Harper & Row, 2nd ed., 1980), p. 85.《잔인한 자비》(복있는사람)

16 Michael Wilins and J. P. Morelands, eds., *Jesus Under Fire* (Grand Rapids, Mich.: Zondervan, 1996), p. 144ff.

17 Georg W. F. Hegel, *Hegel: The Essential Writings* (New York: Harper Perennial, 1977), p. 15.

18 Bill Hybels and Mark Mittelberg, *Becoming a Contagious Christian* (Grand Rapids, Mich.: Zondervan, 2002), p. 70.《예수를 전염시키는 사람들》(두란노)

19 Lee Strobel, *The Case for Faith: A Journalist Investigates the Toughest Objection to Christianity* (Grand Rapids, Mich.: Zondervan, 2000), p. 162.《특종! 믿음 사건》(두란노)

20 Philip Yancey , *What's So Amazing About Grace?* (Grand Rapis, Mich.: Zondervan, 2002), p. 70.《놀라운 하나님의 은혜》(IVP)

21 Terry C. Muck, *Those Other Religions in Your Neighborhood: Loving Your Neighbor When You Don't Know How* (Grand Rapids, Mich.: Zondervan, 1992), pp. 150-51.

22 Thom Rainer, "The Dying American Church," Baptist Press (March 28, 2006).

추천도서

★복음 전도에 관한 책

Hybels, Bill. *Just Walk Across the Room*. Grand Rapids, Mich.: Zondervan, 2006. 《사랑하면 전도합니다》(두란노)

Hybels, Bill, and Mark Mittelberg. *Becoming a Contagious Christian*. Grand Rapids, Mich.: Zondervan, 1994. 《예수를 전염시키는 사람들》(두란노)

Koukl, Gregory. *Tactics: A Game Plan for Discussing Your Christian Convictions*. Grand Rapids, Mich.: Zondervan, 2008.

Little, Paul. *How to Give Away Your Faith*. Downers Grove, Ill.: InterVarsity, updated edition, 2007. 《이렇게 전한다》(생명의말씀사)

Mittelberg, Mark. *Becoming a Contagious Church*. Grand Rapids, Mich.: Zondervan, updated edition, 2007.

Pippert, Rebecca Manley. *Out of the Saltshaker and into the World*. Downers Grove, Ill.: InterVarsity, updated edition, 1999. 《빛으로 소금으로》(IVP)

Poole, Garry. *Seeker Small Groups*. Grand Rapids, Mich.: Zondervan, 2003.

Richardson, Rich. *Evangelism Outside the Box*. Downers Grove, Ill.: InterVarsity, 2000.

★전도 훈련 과정

Hybels, Bill. *Just Walk Across the Room Curriculum Kit*. Grand Rapids, Mich.: Zondervan, 2006. 소그룹 모임용.

Mittelberg, Mark, Lee Strobel, and Bill Hybels, *Becoming a Contagious Christian* Training Course. Grand Rapids, Mich.: Zondervan, updated DVD edition, 2007. 세미나 및 소그룹 모임용.

★구도자 초급 과정

Lewis, C. S. *Mere Christianity*, New York: HarperOne, 2001. 《순전한 기독교》(홍성사)

McDowell, Josh, and Sean McDowell. *More Than a Carpenter*. Carol Stream, Ill.: Tyndale, updated edition, 2009. 《누가 예수를 종교라 하는가》(두란노)

_____, *Evidence for the Resurrection*. Ventura, Calif.: Regal, 2008.

Mittelberg, Mark, contributor. *Choosing Your Faith New Testament*. Carol Stream, Ill.: Tyndale, 2008.

Poling, Judson, and Mark Mittelberg, et al., eds. *The Journey: A Bible for the Spiritually Curious*. Grand Rapids, Mich.: Zondervan, 1998.

Strobel, Lee. *The Case for Christ*. Grand Rapids, Mich.: Zondervan, 1998. (Also available in student and children edition and on DVD.)《예수는 역사다》(두란노)

_____. *The Case for Faith*. Grand Rapids, Mich.: Zondervan, 2000. (Also available in student and children edition and on DVD.)《특종! 믿음 사건》(두란노)

_____. *Finding the Real Jesus*. Grand Rapids, Mich.: Zondervan, 2008.

Warren, Rick. *The Purpose-Driven Life*. Grand Rapids, Mich.: Zondervan, 2002.
《목적이 이끄는 삶》(디모데)

★구도자 상급 과정

Bowman, Robert M. Jr., and J. Ed Komoszewski. *Putting Jesus in His Place: The Case for the Deity of Christ*. Grand Rapids, Mich.: Kregel, 2007.

Craig, William Lane. *Reasonable Faith*. Wheaton, Ill.: Crossway, update edition, 2008.

Habermas, Gary and Michael Licona, *The Case for the Resurrection of Jesus*, Grand Rapids, Mich.: Kregel, 2004.

Keller, Timothy. *The Reason for God: Belief in an Age of Skepticism*. New York: Dutton, 2008.《살아 있는 신》(베가북스)

Roberts, Mark D. *Can We Trust the Gospel?* Wheaton, Ill.: Crossway, 2007.

Strobel, Lee. *The Case for the Real Jesus*. Grand Rapids, Mich.: Zondervan, 2007. (Also available in student edition)《리 스트로벨의 예수 그리스도》(두란노)

_____. *The Case for a Creator*. Grand Rapids, Mich.: Zondervan, 2005. (Also available in student and children edition and on DVD.)《창조설계의 비밀》(두란노)

Wilkins, Michael J., and J. P. Moreland, eds. *Jesus Under Fire*. Grand Rapids, Mich.: Zondervan, 1996.

★소그룹 모임을 위한 DVD 포함 도서

Strobel, Lee, and Garry Poole. *The Case for the Real Jesus*. Grand Rapids, Mich.: Zondervan, 2008.

_____. *The Case for Faith*. Grand Rapids, Mich.: Zondervan, 2009.

_____. *The Case for a Creator*. Grand Rapids, Mich.: Zondervan, 2008.

_____. *Faith Under Fire* (4 volumes). Grand Rapids, Mich.: Zondervan, 2006.

_____. *Discussing the DaVinci Code*. Grand Rapids, Mich.: Zondervan, 2006.

★소그룹 모임을 위한 지침서

Ashton, Mark. *Reality Check* (multiple volumes). Grand Rapids, Mich.: Zondervan, 2002.

Poole, Garry, and Judson Poling. *Tough Questions* (multiple volumes). Grand Rapids, Mich.: Zondervan, 2003.

Richardson, Rich, and Daniel Hill. *Groups Investigating God* (multiple volumes).